博士论文
出版项目

论被遗忘权的法律保护

On the Legal Protection of the Right to be Forgotten

于　靓　著

中国社会科学出版社

图书在版编目（CIP）数据

论被遗忘权的法律保护／于靓著 . —北京：中国社会科学出版社，2020. 7
ISBN 978-7-5203-6017-3

Ⅰ . ①论…　Ⅱ . ①于…　Ⅲ . ①个人信息—法律保护—研究—中国
Ⅳ . ①D923. 74

中国版本图书馆 CIP 数据核字（2020）第 028316 号

出　版　人	赵剑英
责任编辑	任　明
责任校对	闫　萃
责任印制	郝美娜

出　　　版	中国社会科学出版社
社　　　址	北京鼓楼西大街甲 158 号
邮　　　编	100720
网　　　址	http：//www. csspw. cn
发 行 部	010-84083685
门 市 部	010-84029450
经　　　销	新华书店及其他书店

印刷装订	北京君升印刷有限公司
版　　　次	2020 年 7 月第 1 版
印　　　次	2020 年 7 月第 1 次印刷

开　　　本	710×1000　1/16
印　　　张	16. 25
字　　　数	227 千字
定　　　价	98. 00 元

出 版 说 明

　　为进一步加大对哲学社会科学领域青年人才扶持力度，促进优秀青年学者更快更好成长，国家社科基金设立博士论文出版项目，重点资助学术基础扎实、具有创新意识和发展潜力的青年学者。2019 年经组织申报、专家评审、社会公示，评选出首批博士论文项目。按照"统一标识、统一封面、统一版式、统一标准"的总体要求，现予出版，以飨读者。

全国哲学社会科学工作办公室

2020 年 7 月

序

    在马克思主义思想传统中,科学技术一直被视为是推动人类历史发展的革命性力量。针对近代工业革命的技术创新,马克思评价说,"蒸汽、电力和自动走锭纺纱机甚至是比巴尔贝斯、拉斯拜尔和布朗基诸公民更危险万分的革命家"。近年来,以移动互联网、大数据、人工智能、生命科技等为代表的新一轮科技革命,正在以远远超出前几次科技革命的颠覆性力量,改变人类的生产方式、生活方式、交往方式,改写法律的生态环境、运作方式、秩序模式。就对法理学发展的影响而言,各种突飞猛进并席卷人类生活的科技进步,无疑将扮演"创造性破坏""毁灭性创新"的革命家角色,要求我们重新定义人、人的位格、人的尊严等一切与人相关的法律概念,重新构建人本、人性、人道、人权等一切与人相关的法律理论。国内外法学界关于被遗忘权等一系列新兴权利的理论研究,可以看作是对新一轮科技革命的一种系统化、学理化的回应。正是在这样的时代背景和学术氛围下,于靓博士选择"被遗忘权的法律保护"作为博士论文选题,撰写了一篇具有较高学术价值的论文,获得了评审专家和答辩委员会专家的好评,被评为吉林大学优秀博士学位论文。

    于靓博士的《论被遗忘权的法律保护》一文共分为五章。第一章对被遗忘权的概念、性质、内容、结构等进行分析,澄清"被遗忘权是什么"这一本体论的问题。第二章从抽象层次对被遗忘权值得保护的正当性进行证成。第三章从具象层次来分析被遗忘权保护中的权益冲突问题以及解决之道,从而对被遗忘权值得保护的正当性进行证成。第四章从比较法的角度来分析域外保护被遗忘权的成功经验。第五章为被遗忘权的本土化提供可行的现实方案。我认为，该文的学术价值和理论特色有如下三方面。第一，研究对象的前沿性。被遗忘权作为一种新兴权利，国内对其研究尚处于起步阶段，尽管最近几年有一些研究被遗忘权的学术论文被陆续发表，但该文是国内第一篇专门研究被遗忘权的博士论文，在被遗忘权的概念、属性以及本土化的路径选择等方面做了系统性的梳理分析。第二，研究维度的创新性。从本体论、价值论、实践论三个维度对被遗忘权进行了深度研究。本体论层面上，对被遗忘权的概念、性质、内容、结构等进行分析；价值论层面上，对被遗忘权值得保护的正当性依据以及被遗忘权的权利冲突问题进行研究；实践论层面上，在对域外立法经验进行比较分析的基础上，为我国被遗忘权保护的法律构建提供合理的路径选择。第三，研究层面的系统性。理论上，有助于澄清被遗忘权的核心内涵，厘清人格权家族的谱系，深入认识和妥善解决权利冲突问题。实践上，主张被遗忘权的立法化，呼吁尽快出台《个人信息保护法》，期望建构科学化、本土化的个人信息权利体系。

2019 年是于靓博士从吉林大学毕业进入吉林财经大学工作后的学术丰收之年。今年年底，她依托博士学位论文申报的"被遗忘权的法律保护"项目获得了 2019 年国家社科基金后期资助项目立项。在她的博士学位论文即将付梓之际，作为她的博士论文指导教师，我仅以此短序表示祝贺！同时，祝愿于靓博士在求学治学路上产出更多高水平研究成果，为新时代新法学的繁荣发展作出贡献！

是为序。

黄文艺

2019 年 12 月 28 日

摘　　要

　　被遗忘权是一项新兴权利，虽然早在 20 世纪 90 年代就有学者提出，但是直到最近几年，被遗忘权的立法及司法问题才逐渐成为人们讨论的热点。被遗忘权属于人格权的范畴，它是个人信息权的一部分。被遗忘权以删除权为实现手段，以维护人性尊严为最终目的，其旨在使已经公开的个人信息重新回归隐私领域。被遗忘权可以分为前互联网时代的"传统被遗忘权"和互联网时代的"数字被遗忘权"。现在人们经常谈论的"被遗忘权"主要指的是"数字被遗忘权"，即数据主体所享有的对于互联网上已经公开的、不适当的、不相关的或不再相关的、过时的个人信息进行删除的权利。

　　被遗忘权体现了信息自主的理念，对于维护人性尊严具有举足轻重的地位。在互联网时代，海量个人数据被互联网所永久记忆。互联网公司可以通过这些个人数据描绘出每个人的"人格画像"，信息时代里的每个人都有可能成为"透明人"，这给公民的生活安宁、人性尊严带来了严重困扰。传统隐私权保护的个人信息主要是未公开的个人信息。这些私密的信息关涉公民的人性尊严，因此不得非法披露。而被遗忘权所保护的个人信息主要是已经公开的个人信息，而且往往是合法公开的信息。对于这些已经合法公开的个人信息，传统隐私权鞭长莫及。因此，被遗忘权的出现具有其合理性和必然性。

　　数字技术的发展打破了信息的原有存在方式，使记忆成常态，而遗忘成例外。被遗忘权的出现，可以让人类走出"数字化全景式监狱"，使遗忘回归常态。尽管被遗忘权与公众知情权、言论自由、国家公权力等存在紧张关系，但是本文研究将表明，通过比例原则在立法和司法上的有效运用，这些紧张关系是完全可以化解的。被遗忘权和权利（权力）家族中的其他成员的冲突，并不能成为否定被遗忘权的充足理由。

欧盟在被遗忘权的立法和司法上起步较早。欧盟委员会于2012年提出了《通用数据保护条例》草案。在2014年的"冈萨雷斯案"中，欧洲法院对1995年《个人数据保护指令》第12条和第14条进行了扩张解释，扩大了数据删除的范围，从而在司法上确立了被遗忘权。《通用数据保护条例》草案经过多次修改，最终在2016年正式获得通过。"被遗忘权"正式成为一项法定权利，数据主体有权要求数据控制者删除其个人数据信息。但是，欧盟所确立的被遗忘权也存在着一定的局限性。《通用数据保护条例》既没有区分擦除权和被遗忘权的关系，也没有明确界定数据控制者的义务的范围。

美国更加注重对言论自由的保护，其对待被遗忘权的态度比较谨慎，对被遗忘权可能给言论自由带来的威胁非常警惕。美国仅在专门保护未成年人的法律中规定了未成年人的被遗忘权。《儿童在线隐私保护法》、"加州第568号法案"、《儿童防追踪法》都有未成年人被遗忘权的相关规定。美国法律所保护的被遗忘权的权利主体非常有限，只限于未成年人；删除的范围也比较狭窄，只限于未成年人自己发布的个人信息。

我国宜借鉴欧盟保护被遗忘权的先进经验，将被遗忘权确定为一项法定权利。在立法上，可以在未来的《个人信息保护法》中明确规定被遗忘权，要详细规定被遗忘权的权利主体、义务主体、权利内容、例外情形等。可以将被遗忘权的主体分为一般主体和特殊主体。一般主体指普通个人，而特殊主体则包括强势群体和弱势群体。对于不同的主体，被遗忘权的保护力度要有所差异。此外，在立法上要平衡好被遗忘权与言论自由、公众知情权等权利的关系。在当下，可以通过对《民法总则》第111条的扩大解释来保护被遗忘权。

　　在司法上，我国最高人民法院宜制定与被遗忘权有关的司法解释，以明晰被遗忘权的适用范围和操作流程。最高人民法院享有法定的司法解释权，而法官则不享有法律解释权。在法律条文出现语义模糊的情况下，法官往往不敢也不善于运用权力来填补法律的漏洞；当法律条文规定的不够明确的时候，法官往往倾向于否定当事人的权利主张。因此，通过司法解释对被遗忘权的明晰化，能够减少法官的顾虑，有利于被遗忘权的保护。此外，要充分发挥行业自律的作用以有效保护被遗忘权。可以通过市场导向机制鼓励行业自律，并且利用技术手段为个人可识别信息设置有效存储期限等方式，弥补立法和司法上的不足，以充分保障公民的被遗忘权。

　　关键词： 被遗忘权；个人信息权；隐私权；言论自由；个人信息保护法

Abstract

Right to be forgotten is an emerging topic, although as early as the 1990 s some scholars put forward the right to be forgotten, but it was not until recent years been forgotten rights legislation and judicial application to gradually become the hot topic . The right to be forgotten belongs to the category of personality right, which is a part of personal information right. The right to be forgotten is the realization of the right to delete, to maintain the dignity of the person as the ultimate goal, which aims to restore the already public personal information to the realm of privacy. The right of oblivion can be divided into the "traditional right of oblivion" in the pre−internet era and the "digital right to be forgotten" in the Internet era. Now people often talk about the "right to be forgotten" mainly refers to the "digital right to be forgotten", namely the data subjects have already open, not suitable for the Internet, irrelevant, or no longer relevant, the right to delete obsolete personal information.

The right of oblivion embodies the idea of information autonomy, and it plays an important role in the maintenance of human dignity. In the Internet era, huge amounts of personal data are remembered by the Internet. Internet companies can through these personal data paint everyone's portrait "personality", everyone in the information age has the potential to be "transparent", this peace, dignity to civic life brought serious problems. The personal information of traditional privacy protection is mainly private information. This private information is concerned with the dignity of the citizens, and therefore must not be disclosed illegally. The personal information protected by the right of oblivion is mainly personal information that has been disclosed, and it is often legal and public information. The traditional right to privacy is beyond the reach of any personal information that is legitimately public. Therefore, the emergence of the right to be forgotten has its rationality and inevitability, and it is justified and necessary to protect the right to be forgotten.

The development of digital technology has broken the original balance, making the memory become the norm, and forgetting is the exception. The emergence of the right of oblivion can let the human go out of the "digitized panoramic prison" and make the forgetting return to normal. Although the forgotten and the right of public right to know, freedom of speech, tensions exist, such as national public power, but by proportion principle in the effective use of legislation and judicial, is can completely resolve these tensions. Therefore, the conflict between the right to be forgotten and other rights and basic elements can be resolved. The possibility of conflict between rights cannot be a sufficient reason to deny the right to be forgotten.

The EU has played a leading role in the legislative and judicial aspects of the right to be forgotten. The European commission introduced the universal data protection bill in 2012. "Gonzalez's case" in 2014, the European court of justice of the EU Directive 95/46/EC − The Data Protection Directive article 12 and article 14 expanded explanations, expand the scope of data to delete, thus established the forgotten on the judicial power. The general data protection bill was amended several times and was finally adopted in 2016. The "right to be forgotten" officially becomes a legal right, and the data subject has the right to require the data controller to delete his or her personal data. But there are limits to the right to be forgotten. The general data protection ordinance does not distinguish between erasure and oblivion, nor does it clearly define the scope of the data controller's obligations.

The United States pays more attention to the protection of freedom of speech, and its attitude towards the right to be forgotten is more cautious, which is very vigilant for the threat of freedom of speech that may be brought to freedom of speech. Children's Online Privacy Protection Act, California Senate Bill No. 568, and Do Not Track Kids Act all have provisions regarding minors' right to be forgotten. The United States only stipulates the right to be forgotten for minors in the law that specializes in the protection of minors. The right subject of the right of oblivion protected by American law is extremely limited, which is only limited to minors. The scope of deletion is relatively narrow, which is limited to the personal information released by the minors themselves.

Our country should draw on the advanced experience of the EU to protect the right to be forgotten and raise the right to be forgotten as a legal right. In legislation, we can clearly stipulate the right to be forgotten in the future personal information protection act. We should specify the subjects of rights, obligations, rights, exceptions, etc. The subject of the right to be forgotten can be divided into the general subject and the special subject. The general subject refers to the ordinary individual, while the special subject includes the strong group and the disadvantaged group. For different subjects, the protection of the right to be forgotten should be different. In addition, the relationship between the right to be forgotten and freedom of speech and the right to know the public should be balanced in legislation. In the present, the right to be forgotten can be protected by the expanded interpretation of the 111st article of the general law of the civil law.

In judicature, the Supreme People's Court of our country should formulate judicial interpretations related to the right to be forgotten, so as to clarify the scope of application and the operation process of the right to be forgotten. The Supreme People's court has the legal right of judicial interpretation, while the judge does not have the right to interpret the law. In the case of semantic ambiguity, the judge often dared not be good at using power to fill the loopholes in the law. When the provisions of the law are not clear enough, the judges tend to deny the rights of the parties. Therefore, the clarity of the right to be forgotten through judicial interpretation can reduce the concerns of the judges and be conducive to the protection of the right to be forgotten. In addition, we should give full play to the role of self-discipline in the industry in order to effectively protect the right to be forgotten. We can encourage industry self-discipline through market-oriented mechanism and make use of technical means to setup effective storage period for personal identifiable information, so as to make up for legislative and judicial deficiencies so as to fully protect citizens' right to be forgotten.

Key words: The Right to be Forgotten; Personal Information Rights; The Right to Privacy; Freedom of Speech; Personal Information Act

目　　录

Contents

绪　　论

一　选题的背景和意义

（一）选题的背景

互联网技术的跨越式发展提高了经济效率，促进了科技的进步，便利了人们的日常生活。互联网产业在最近几年发展异常迅猛，大批互联网公司如雨后春笋般纷纷涌现出来，网络虚拟社会发展迅速。[①] 然而，伴随着互联网技术的飞速发展，网络普及率的快速提高，个人信息安全问题也日益凸显。个人信息泄露事件时有发生，个人信息的非法交易异常猖獗。网络运营商对公民的个人信息大肆进行收集、处理和使用。网络用户在互联网上发布的许多个人信息也会被互联网所永久记忆。在互联网时代，"记忆成为常态，而遗忘则成为例外"[②]。网络的永久记忆，使人类进入了空间和时间的"数字化全景式监狱"，人类的自由和尊严因此受到严重的挑战。

在互联网时代，许多公司在招聘员工的时候会在社交网站上检

---

① 郑志平：《国家与社会关系视角下的中国虚拟社会治理方式创新研究》，博士学位论文，吉林大学，2016年。

② ［英］维克托·迈尔-舍恩伯格：《删除：大数据取舍之道》，袁杰译，浙江人民出版社2013年版，第6页。

索应聘者的相关个人信息，以作为是否录用的依据之一。[①] 有些学校在招收学生的时候，也会通过互联网来检索学生在网络上发布的个人信息，从而来判断学生的性格，并以此作为是否招收学生的重要依据。[②] 一方面，互联网通过收集、处理、储存人们的信息，扩大了人类记忆的范围；另一方面，网络上的发帖、评论、图片会对信息主体造成永恒的"烙印"[③]。一个人的"数字历史"可能会影响他的声誉和发展机遇，网络上的违法记录、犯罪记录以及不良信息，将使许多人在升学、就业、参与社会公共生活等方面受到各种各样的歧视性待遇。有学者统计，至少有超过160部法律对于受过刑事处罚的公民进行了权利限制。[④] 如果对有负面记录的人进行过度排斥，将会人为制造出一个不断膨胀、恶化且难以消解的社会敌对阶层，并最终对社会安全构成威胁。因此，人类需要一项新的权利，帮助我们走出数字化的阴影，让遗忘回归常态。

尽管现有法律已经对隐私权提供了较为全面的保护，但是隐私权所保护的个人信息主要是未公开的信息。非法公开他人的个人信息构成对其隐私权的侵犯。但是，对于已经合法公开的个人信息，则存在法律保护的盲区。许多涉及个人的信息在公开时都是合法的，但是随着时间的流逝，这些曾经被合法公开的个人信息有些已经失去了继续存在的必要性。例如，高校的评优评奖信息，在公示目的达到后，其继续存在的必要性就完全丧失了。有些合法公开的个人

[①] Brian Geremia, "Chapter 336: Protecting Minors' Online Reputations and Preventing Exposure to Harmful Advertising on the Internet", *McGeorge Law Review*, Vol. 45, 2013, p. 440.

[②] Ibid..

[③] Erving Goffman, *Stigma: Notes on the Management of Spoiled Identity*, Touchstone Press, 1986, pp. 25-26.

[④] 《新刑诉法视野下构建未成年人前科消灭制度》，中国法院网，http://www.chinacourt.org/article/detail/ 2013/09/id/1083484. shtml，最后访问日期：2017 年 9 月 7 日。

信息会对公民的生活产生非常负面的影响。"信息社会使个人成为所谓的'透明人',甚至裸体化。"① 如果对于这些合法公开的个人信息不能进行有效删除,那么互联网上累积的个人信息将会拼接出每个人的"人格画像",人类的隐私和尊严将荡然无存。因此,应当为人们在法律上设置一种删除已公开个人信息的权利。②

被遗忘权作为一项新兴权利,其针对的主要是已经合法公开的个人信息,其旨在使已经公开的个人信息重新回归隐私领域。③ 它试图扭转拥有永久记忆的网络体系,让数据主体可以通过特殊手段选择性地"遗忘"数据。国外已经有相关的判例来保护被遗忘权。在2014年的"冈萨雷斯案"中,欧洲法院在裁判中,基于1995年《欧盟数据保护指令》第12条和第14条的规定,在司法上确立了被遗忘权,明确了谷歌公司作为数据控制者的删除义务。④ 2014年,日本法院的一个判例也要求雅虎在搜索结果中删除涉及未成年人犯罪记录的信息,使其不良记录消失在公众的视野之中⑤,从而保护了未成年人的被遗忘权。⑥ 由此可见,正是因为原有的隐私权等既有权利已经无法对某些新的利益进行保护,"被遗忘"的权利才应运而生。这一权利将原先不为法律所明确认可的利益纳入了保护的范围。

---

① 王泽鉴:《人格权法》,北京大学出版社2013年版,第177页。

② Bert-JaapKoops, "Forgetting Footprints, Shunning Shadows. A Critical Analysis of 'the Right to be Forgotten' in Big Data Practice", *SCRIPTed*, Vol. 8, No. 3, 2011, p. 230.

③ Meg Leta Ambrose and Jef Ausloos, The Right to Be Forgotten across the Pond, *Journal of Information Policy*, Vol. 3, 2013, p. 14.

④ Michael L. Rustad, Sanna Kulevska, "Reconceptualizing the Right to Be Forgotten to Enable Transatlantic Date Flow", *Harvard Journal of Law and Technology*, Vol. 28, 2015, p. 360.

⑤ James Lee, "SB 568: Does California's Online Eraser Button Protect the Privacy of Minors?", *University of California*, *Davis Law Review*, Vol. 48, 2015, pp. 1204-1205.

⑥ 王茜茹、马海群:《开放数据视域下的国外被遗忘权法律规制发展动向研究》,《图书情报知识》2015年第5期。

人类需要宽恕，也需要遗忘。① 被遗忘权对于遏制人的裸体化趋势，维护人类尊严具有非常重要的作用。

（二）选题的意义

1. 理论意义

被遗忘权是互联网时代的一项新兴权利，研究被遗忘权的法律保护问题具有重要的理论意义，其理论意义主要体现在以下几个方面：

第一，有助于澄清被遗忘权的核心内涵。学者们对被遗忘权的概念有不同的理解和定义，由此导致学术交流的困难。通过对被遗忘权概念的研究，可以澄清被遗忘权的核心内涵，从而为人们的对话和交流提供一个良好的平台。本书认为，被遗忘权赋予了个人删除其个人数据信息的权利，尤其是当这些个人数据与其不再相关时。被遗忘权旨在使已经公开的个人信息重新归于隐私领域。通过对互联网上已经公开的个人信息的删除，被遗忘权从而解决了互联网的持久记忆给人类尊严所带来的问题，它使公开的个人信息重新转化为隐私信息②，从而使这些已经公开的个人信息消失在公众视野之中。

第二，有助于厘清人格权家族的谱系。被遗忘权通过隐藏或删除具有人格特征的已经公开的、不相关或不再相关、过时的个人信息，保护了数据主体的人格利益，因此，被遗忘权属于人格权的范畴。但是，被遗忘权究竟在人格权家族中处于何种地位则值得进行深入分析。被遗忘权属于个人信息权还是隐私权的范畴？个人信息权与隐私权又是什么关系？对于这些问题的澄清需要放在整个人格权的家族谱系中来具体展开。因此，研究被遗忘权有助于厘清不同

① Michael L. Rustad, Sanna Kulevska, "Reconceptualizing the Right to Be Forgotten to Enable Transatlantic Date Flow", *Harvard Journal of Law and Technology*, Vol. 28, 2015, p. 352.

② Meg Leta Ambrose and Jef Ausloos, The Right to Be Forgotten across the Pond, *Journal of Information Policy*, Vol. 3, 2013, p. 371.

的具体人格权之间的关系，进而使人格权家族的谱系更加清晰。

第三，有助于深刻地认识权利冲突问题。被遗忘权与言论自由、公众知情权之间存在紧张关系。本书认为，对被遗忘权的法律保护可以在立法上引入比例原则，从而来解决不同权利之间的冲突问题。在司法实践上，要坚持个案平衡原则，将权利冲突问题放在具体的个案中来进行平衡，通过个案来总结和发展解决权利冲突问题的规律和经验。在具体的个案中，要依照宪法和法律的精神，针对不同的情形和问题，予以具体分析，以求实现个案公平与实质正义。

2. 实践意义

当前，在国际上被遗忘权的立法化已然成为一种世界性的潮流和趋势，对被遗忘权进行深入的研究具有重大的实践意义，其实践意义主要体现在以下几个方面：

第一，研究被遗忘权有助于促进被遗忘权的立法化。虽然，我国法律中的一些规定已经暗合了被遗忘权的理念，但是，被遗忘权尚未成为一项明确的法定权利。2016 年 11 月，全国人大常委会正式通过了《网络安全法》。根据《网络安全法》第 43 条的规定，当发现网络运营者违法或违约收集、使用个人信息时，个人有权要求其予以删除，当发现个人信息存在错误时，有权要求其予以更正。但是，该条的保护范围依然十分有效，不足以对公民的被遗忘权进行全面的保护。被遗忘权尚未在人格权的谱系中真正找到一席之地，其应当在法律中被明确加以规定，而研究被遗忘权对于被遗忘权的立法化具有巨大的促进作用。

第二，研究被遗忘权有助于促进我国《个人信息保护法》的制定。我国在互联网技术领域取得了举世瞩目的巨大成就，但在个人信息保护的立法方面却仍存在严重不足。我国对个人信息进行保护的法律分散在多部法律、法规之中，但是，却至今没有出台针对保护个人信息的专门性法律。研究被遗忘权对于制定科学的《个人信息保护法》具有重大的实践意义。

第三，研究被遗忘权有利于建构科学合理的个人信息权利体系。

无论是英美还是欧陆，其在个人信息权利保护方面都走在了时代的前列，而我国个人信息保护的法律则比较落后，个人信息权利体系尚没有完全建立起来。我国仍处于个人信息保护的初级阶段。现有的保护个人信息的法律存在许多不足，具体包括以下几个方面：其一，立法分散，条文规定缺乏体系性；① 其二，部门规章居多，缺乏对信息主体权利体系的法律架构；其三，仅针对特定行业，缺乏统一的保护规范；其四，个人信息保护理念滞后，保护力度不足，亟待构建个人信息权利体系。因此，研究被遗忘权有助于建构科学合理的个人信息保护权利体系。

二　研究现状

（一）国外研究现状

国外学者对于被遗忘权的研究比较全面和深入，但对被遗忘权的概念、性质、权利冲突等几个方面仍然存在巨大的争议。

第一，关于被遗忘权的概念存在诸多不同的观点。其一，贝纳尔（Bernal）认为被遗忘权（right to be forgotten）是一项新的权利，其本质上是在删除权（right to delete）基础上所进行的新的实质性的扩充。② 其二，梅格·莉塔·安布罗斯（Meg Leta Ambrose）根据数据是否已经公开，区分了"擦除权"（right to erasure）和"被忘却权"（right to oblivion）。③ 前者体现为个人对数据的控制权，指的是数据主体有权删除自动化处理过程中产生的个人信息；④ 后者体现为对数据主体的人格和名誉的维护，指的是数据主体有权删除已经公

---

① 李媛：《大数据时代个人信息保护研究》，博士学位论文，西南政法大学，2016 年。

② Paul Bernal, "A Right to Delete?", *European Journal of Law and Technology*, 2011, p. 1.

③ 郑文明：《个人信息保护与数字遗忘权》，《新闻与传播研究》2014 年第 5 期。

④ Alessia Ghezzi, Ângela Guimarães Pereira, Lucia Vesnic "-Alujevic", *The Ethics of Memory in a Digital Age*, London：Palgrave Macmillan UK Press, 2014, pp. 85-87.

开的个人信息。其三，劳弗罗依（Rouvroy）按照不同人称的视角，区分了两种意义上的被遗忘权，即第三人称的"被遗忘权"（right to be forgotten）和第一人称的"遗忘权"（right to forgot）。① 前者使用的是第三人称的视角，指的是他人应该忘记信息主体的个人信息。后者使用的是第一人称的视角，指的是作为信息主体的"我"有权不去面对自己的过去。其四，库普斯（Koops）从法律、社会和个人三个视角将被遗忘权分为三种：（1）被遗忘权是对超出存储期限的信息进行删除的权利；（2）被遗忘权是主张清白历史的权利；（3）被遗忘权是随时随地进行自由表达的权利。② 对于被遗忘权概念，至今仍没有形成一个较为统一的观点。

第二，关于"被遗忘权的性质"存在诸多争议。关于被遗忘权性质的学说主要有"权利说"③"社会价值说"④"目标说"⑤"虚拟角色说"⑥ 等不同的学说，但"权利说"被越来越多的人所支持。⑦ 在"权利说"中，存在两种代表性的观点。其一，受美国法的影响，主张被遗忘权是"信息隐私权"（Information Privacy）。⑧ 其二，受

---

① Bert-JaapKoops, "Forgetting Footprints, Shunning Shadows. A Critical Analysisi of 'the Right to be Forgotten' in Big Data Practice", *SCRIPTed*, Vol. 8, No. 3, 2011, p. 231.

② Ibid., pp. 232-235.

③ V Reding, "The Upcoming Data Protection Reform for the European Union", *International Data Privacy Law*, Vol. 1, 2011, pp. 3-5.

④ Jean-François Blanchette, Deborah G. Johnson, "Data Retention and the Panoptic Society: The Social benefits of Forgetfulness", *The Information Society*, Vol. 18, 2002, pp. 33-45.

⑤ Victor Mayer-Schonberger, *Delete*: *The Virtue of Forgetting in the Digital Age*, Princeton: Princeton University Press, 2009, pp. 3-5.

⑥ Joshua Fairfield, "Virtual Property", *Boston University Law Review*, Vol. 85, 2005, p. 1047.

⑦ Bert-JaapKoops, "Forgetting Footprints, Shunning Shadows. A Critical Analysisi of 'the Right to be Forgotten' in Big Data Practice", *SCRIPTed*, Vol. 8, No. 3, 2011, p. 231.

⑧ Graux, Hans, Jef Ausloos, and Peggy Valcke, "The Right to Be Forgotten in the Internet Era", *ICRI Research Paper*, Vol. 11, 2012, pp. 2-15.

德国法的影响，主张被遗忘权是"信息自主权"（Information Selbst-bestimmungsrecht）。两种观点至今未达成一致。

第三，在被遗忘权的权利冲突中，被遗忘权与言论自由的冲突备受关注。欧盟主张，对被遗忘权的保护并不会对言论自由造成过度侵害。但也有学者认为，被遗忘权将严重侵犯公民在互联网上的言论自由。[①] 美国基于自身考虑，更加注重对言论自由的保护，其对被遗忘权可能给言论自由所带来的威胁非常警惕。美国宪法修正案第一条规定："国会不得制定关于禁止言论自由的法律。"这赋予了新闻自由和言论自由崇高的宪法地位。而欧盟不断扩充公民个人信息的保护范围，除了对信息自主的保障外，更深层的原因在于担忧网络安全的主动权落入美国之手，被遗忘权扩张的目的也是牵制美国互联网企业过度收集、储存、处理欧盟公民的个人信息的行为。美国对待被遗忘权的态度与欧盟完全不同，其对被遗忘权的立法化非常谨慎。

（二）国内研究现状

国内对被遗忘权的研究尚处于起步阶段，尽管最近几年有一些研究被遗忘权的学术论文被陆续发表，但是在理论深度上还有待进一步提高。国内目前对被遗忘权的研究论文总计有100多篇，但是专门研究被遗忘权的博士论文则尚未问世。国内学者对被遗忘权的研究主要集中在被遗忘权的概念、属性以及本土化的路径选择等方面。

第一，对被遗忘权的法律定位存在争议，代表性的观点主要有三种。其一，"隐私权说"，代表性的学者有杨立新教授等。杨立新教授认为，在我国个人信息保护法尚未出台的情况下，被遗忘权应

---

① "The Right to Be Forgotten", Jeffrey Rosen, Stanford Law Review, last modified December 1, 2017, https：//www. stanfordlawreview. org/online/privacy-paradox-the-right-to-be-forgotten/.

当作为隐私权来进行保护。① 其二，"个人信息权说"，代表性的学者有郑志峰等。持"个人信息权说"的学者认为，被遗忘权应被纳入个人信息权之中，其可以为规范搜索引擎上的过时个人信息提供充分的法理支持。② 其三，"人格利益说"，以张建文教授等为代表。张建文教授认为，被遗忘权是一项人格利益，不附属于任何具体人格权，被遗忘权应当被归入《侵权责任法》中的"人身权益"来进行保护。③ 这种学说的优势在于能够避免陷入被遗忘权与隐私权、个人信息权的纠葛之中。有学者提出，被遗忘权起源于法语的"le droit à l'oubli"，指的是刑满释放的人所享有的要求其犯罪记录被人所遗忘的权利。④ 总之，国内学界对被遗忘权的概念尚未达成一致意见。

　　第二，对于被遗忘权的本土化，多数学者持赞成态度。连志英教授认为，被遗忘权的借鉴意义在于保证数据控制者合理收集、储存、处理个人信息，以及数据主体有效保护个人信息，其赋予了公民重新开启美好生活的权利。⑤ 但也有学者对被遗忘权的法定化持质疑态度，其认为被遗忘权的引入会对已经蜷缩扭曲的公共表达自由

---

　　① 杨立新、韩煦：《被遗忘权的中国本土化及法律适用》，《法律适用》2015 年第 2 期；彭支援：《被遗忘权初探》，《中北大学学报》（社会科学版）2014 年第 1 期；邵国松：《"被遗忘的权利"：个人信息保护的新问题及对策》，《南京社会科学》2013 年第 2 期。

　　② 郑志峰：《网络社会的被遗忘权研究》，《法商研究》2015 年第 6 期；罗浏虎：《被遗忘权：搜索引擎上过时个人信息的私法规制》，《重庆邮电大学学报》（社会科学版）2016 年 5 月。

　　③ 张建文、李倩：《被遗忘权的保护标准研究——以我国"被遗忘权第一案"为中心》，《晋阳学刊》2016 年第 6 期；陶乾：《论数字时代的被遗忘权》，《现代传播》2015 年第 6 期；袁梦倩：《"被遗忘权之争"：大数据时代的数字化记忆与隐私边界》，《学海》2015 年第 4 期。

　　④ 郑远民、李志春：《被遗忘权的概念分析》，《长春师范大学学报》2015 年第 1 期。

　　⑤ 连志英：《大数据时代的被遗忘权》，《图书馆建设》2015 年第 2 期。

环境带来巨大威胁，被遗忘权会沦为言论审查的工具。① 有的学者主张，应当有限度地引入国外的被遗忘权，创立中国特色的个人信息保护法以维护数据主体的合法权益。②

第三，对于被遗忘权本土化的路径选择，我国学界存在两种代表性的观点。其一，主张通过新的立法来保护被遗忘权。周汉华教授主持了《个人信息保护法》（专家建议稿）的起草工作，他主张通过制定《个人信息保护法》来确立被遗忘权，从而推进个人信息保护的法律体系的建设，回应法治社会的建设需求。③ 其二，主张通过对既有法律的扩张解释来保护被遗忘权。即通过对《民法总则》《网络安全法》《侵权责任法》等现有法律的扩张解释来对被遗忘权进行保护。朱巍教授主张，被遗忘权起源于隐私权和个人信息权，因此，对被遗忘权的保护可以通过对《侵权责任法》中"通知删除规则"的扩张解释来获得实现。④ 杨立新教授也认为，依据《侵权责任法》对被遗忘权予以保护，在法律适用上更为便利。⑤

三　论文的基本框架

本书对被遗忘权的研究主要从三个维度来进行分析：其一，本体论的维度，主要对被遗忘权的概念、性质、内容、结构等进行分析，澄清被遗忘权是什么这一本体论的问题；其二，价值论的维度，主要对被遗忘权值得保护的正当性依据以及被遗忘权的权利冲突问

①　李汶龙：《大数据时代的隐私保护与被遗忘权》，《研究生法学》2015年第2期。

②　万方：《终将被遗忘的权利——我国引入被遗忘权的思考》，《法学评论》2016年第6期。

③　周汉华：《制定我国个人信息保护法的意义》，《中国经济时报》2005年1月11日。

④　朱巍：《被遗忘权是大数据时代用户核心权利》，《中国社会科学网》2014年12月3日第B01版。

⑤　杨立新、韩煦：《被遗忘权的中国本土化及法律适用》，《法律适用》2015年第2期。

题进行研究，从而回答为什么要保护被遗忘权这一价值论的问题；其三，实践论的维度，在对域外立法经验进行比较分析的基础上，为我国被遗忘权保护的法律构建提供合理的路径选择，从而回答如何保护被遗忘权这一实践论的问题。除绪论外，本书的主体部分将以五章的篇幅来对被遗忘权进行上述三个维度的分析和研究。

第一章被遗忘权的概念界定（本体论）。第一章旨在澄清被遗忘权的概念，从而为后文的分析奠定概念基础。首先，将被遗忘权的概念之争归结为三种学说，即"一层含义说""两层含义说"和"三层含义说"。其次，对被遗忘权的法律属性进行分析，进而说明被遗忘权同时具有人格权、请求权、相对权和基本人权的性质。再次，对被遗忘权在人格权家族中的地位进行分析，从而说明被遗忘权属于个人信息权的一部分，被遗忘权是独立于隐私权的一项新兴权利。最后，对被遗忘权的权利结构进行分析，从而厘清被遗忘权的逻辑构造和内在机理。

第二章被遗忘权保护的正当性（价值论）。第二章旨在从抽象层次对被遗忘权值得保护的正当性进行证成。首先，对被遗忘权与人性尊严的关系进行分析，论证被遗忘权有利于维护人性尊严，因此值得进行保护。其次，对被遗忘权与信息自主的关系进行分析，论证被遗忘权有利于保护信息自主，因此法律应当给予保护。最后，在归纳出批判被遗忘权的几种反对意见的基础上，分别予以正面回应，从而来论证被遗忘权值得保护的正当性和必要性。

第三章被遗忘权保护的权益冲突（价值论）。第三章旨在从具象层次来分析被遗忘权保护中的权益冲突问题以及解决之道，从而对被遗忘权值得保护的正当性进行证成。首先，对权利之间的冲突问题进行分析，来揭示被遗忘权与言论自由、公众知情权之间的紧张关系。其次，对权利与利益的冲突问题进行分析，来揭示被遗忘权与网络服务提供者、国家公共利益的紧张关系。最后，通过比例原则的引入来消解权益冲突问题，从而来论证权益冲突并不能成为否定被遗忘权的充分理由。

第四章被遗忘权保护的域外经验（实践论）。第四章旨在从比较法的角度来分析域外保护被遗忘权的成功经验。首先，将以《欧盟数据保护指令》《通用数据保护条例》等为文本，对欧盟的立法经验进行细致的分析。其次，将以《儿童在线隐私保护法》、加州"第 568 号法案"等为研究对象，对美国保护被遗忘权的立法经验进行认真总结。再次，对欧盟和美国保护被遗忘权的立法经验进行深入的比较和分析，反思其各自的优势和不足。最后，对其他国家和地区保护被遗忘权的经验进行分析，从而为我们把握被遗忘权保护的整体趋势提供有力的支持。

第五章我国被遗忘权保护的路径选择（实践论）。第五章旨在为被遗忘权的本土化提供可行的现实方案。首先，对我国保护被遗忘权的法律基础进行分析，从而说明我国法律中已经存在一些关于被遗忘权的零星规定。其次，对我国被遗忘权第一案进行深入的案例分析和反思，进而说明既有法律保护被遗忘权的局限性和被遗忘权立法化的必要性。再次，在借鉴域外先进经验的基础上，来为我国被遗忘权的法律保护提供切实可行的具体方案。最后，对保护被遗忘权的辅助性机制进行分析，从而说明全面保护被遗忘权的必要性和可行性。

经过上述五章的分析，得出本书的研究结论。本书的基本观点是：面对互联网的无限搜索和记忆的功能①，保护公民的被遗忘权具有必要性和正当性。被遗忘权针对的主要是已经公开的个人信息，特别是已经合法公开的信息，其旨在使已经公开的个人信息重新回到隐私领域。被遗忘权重新赋予人以神秘性，有利于维护人性尊严和信息自主。用权益冲突来作为否定被遗忘权的理由过于武断，不具有足够的说服力。通过比例原则的合理引入，完全可以平衡和解

---

① "The EU Data Protection Reform 2012: Making Europe the Standard Setter for Modern Data Protection Rules in the Digital Age", Viviane Reding, Innovation Conference Digital, Life, Design, Munich, Jan. 22, 2012.

决好权益的冲突。我国应在专门的个人信息保护法中明确规定被遗忘权，并且通过司法解释的形式来细致规定保护被遗忘权的具体举措。

四　研究方法

（一）文献分析法

本书将对研究被遗忘权的有关中英文文献进行细致的文本分析。从搜索结果来看，欧美国家关于"被遗忘权"的文献资料比较丰富，官方文件、学术著作、期刊文献和电子文献等资料不胜枚举。例如，"冈萨雷斯案"的判决书，欧盟《通用数据保护条例》的原始文本等非常值得进行细致的文本分析。我国学界也将"被遗忘权"视为"新兴权利"，最近几年的研究热度非常之高，相关论文已经有一百余篇，但是博士论文没有一篇。通过对国内外的相关文献进行文本分析，有助于推进被遗忘权的研究深度。

（二）案例分析法

本书搜集了多起与被遗忘权有关的案例，如"冈萨雷斯案""人口普查案""雷巴赫士兵案""莫里斯诉《世界新闻报》案""喝醉的海盗案""任某诉百度案""阿根廷歌手达昆哈诉谷歌和雅虎案""罪犯之子诉瑞士电视台案""沃夫冈兄弟杀人案"等案例。本书将对相关案例进行细致的分析，从而揭示被遗忘权保护的司法经验以及实践困境，从而为我国保护被遗忘权提供有益的借鉴。

（三）规范分析法

本书将对各国保护被遗忘权的法律规范进行深入分析。欧盟保护被遗忘权的法律规范主要有：《欧盟基本权利宪章》《欧洲人权公约》《欧盟数据保护指令》《通用数据保护条例》等法律。美国保护被遗忘权的法律规范主要有：《消费者隐私权法案》《儿童在线隐私保护法》、加州"第568号法案"、《儿童防追踪法》等法律。其他国家制定的个人信息保护法也将成为本书的研究对象。通过对这些法律规范的分析，能够对被遗忘权的立法情况以及存在的问题有更为深入的认识。

（四）比较分析法

本书将对国内外学者关于被遗忘权的论述进行比较分析，从而澄清被遗忘权的核心意涵，从而为被遗忘权的法律保护提供概念前提和理论依据。对于欧盟与美国的立法经验，本书将重点进行比较分析，力图从二者在法律规定上的差异来反思其背后在立法理念上的分野。本书也将对其他国家和地区关于被遗忘权的立法经验进行比较分析，以为我们全面而清晰地认识被遗忘权的立法趋势提供现实依据。最后，结合我国当前关于被遗忘权的立法和司法情况，为我国被遗忘权的法定化提出切实可行的具体方案。

第 一 章

被遗忘权的概念界定

第一节　被遗忘权的概念之争

一　被遗忘权的历史流变

拉希卡（Lasica）曾说："我们的过去就像纹身一样'烙印'在我们的数字皮肤上。"[①] 诚然，在互联网时代，数字记忆具有持久性的特征[②]，让记忆成为常态，而遗忘却成为例外[③]，由此带来个人无法控制自己隐私信息的难题。为了解决这一问题，"被遗忘权"就此产生。对于被遗忘权的缘起，存在多种说法。有人说是舍恩伯格首次提出被遗忘权的构想[④]，他提出："大数据的取舍之道是把有意义的留下来，把无意义的去掉，让遗忘回归常态。"[⑤] 还有学者说，被

---

① Lasica J D, *The Net Never Forgets*, Salon Press, 1998, https：//www. salon. com/ 1998/11/25/feature_ 253/.

② Lawrence Siry, "Forget Me, Forget Me Not：Reconciling Two Different Paradigms of the Right to Be Forgotten", *Kentucky Law Journal*, Vol. 103, 2014, p. 313.

③ ［英］维克托·迈尔-舍恩伯格：《删除：大数据取舍之道》，袁杰译，浙江人民出版社 2013 年版，第 6 页。

④ 同上书，第 161—201 页。

⑤ Lawrence Siry, "Forget Me, Forget Me Not：Reconciling Two Different Paradigms of the Right to Be Forgotten", *Kentucky Law Journal*, Vol. 103, 2014, p. 313.

遗忘权源自法国首次提出的"le droit à l'oubli"，英文中表述为"right to oblivion"，意大利称之为"dirito a l'oblio"①。实际上，1989年弗莱彻（Flaherty）首次提出与隐私信息数据相关联的"被遗忘权"，指在释囚的案件中犯罪记录的遗忘②，即罪犯在刑罚执行完毕之后有要求自己的犯罪记录不被公开的权利或删除过去犯罪记录的权利。③

从社会的角度来看，被遗忘权的创设给数字化时代带来新的挑战，改变了人们看待世界的方式。被遗忘权要么完全取代传统权利，要么重塑旧的权利。为了提供一个既真实又准确的定义，学者们试图尽可能地丰富被遗忘权的内容。对于被遗忘权的概念和性质，有权利说④、道德或社会价值说⑤、美德或政策目标说⑥、电子监控⑦、虚拟财产和虚拟角色⑧等学说，但权利说被越来越多的人所支持。⑨并且，被遗忘权有多种称呼，英文称呼诸如被遗忘权（right to be forgotten）、遗忘权（right to forget）、擦除权（right to erasure）、删除

---

① Chris Conley, "The Right to Delete", *AAAI Springy Symposium: Intelligent Information Privacy Management*, 2010, pp. 53-57.

② 郑远民、李志春：《被遗忘权的概念分析》，《长春师范大学学报》2015 年第 1 期。

③ 郑文明：《个人信息保护与数字遗忘权》，《新闻与传播研究》2014 年第 5 期。

④ V Reding, "The Upcoming Data Protection Reform for the European Union", *International Data Privacy Law*, Vol. 1, 2011, pp. 3-5.

⑤ Jean-François Blanchette, Deborah G. Johnson, "Data Retention and the Panoptic Society: The Social benefits of Forgetfulness", *The Information Society*, Vol. 18, 2002, pp. 33-45.

⑥ Victor Mayer-Schonberger, *Delete: The Virtue of Forgetting in the Digital Age*, Princeton: Princeton University Press, 2009, pp. 3-5.

⑦ David Lyon, *The Electronic Eye: The Rise of Surveillance Society - Computers and Social Control in Context*, Polity Press, 1994, p. 1.

⑧ Joshua Fairfield, "Virtual Property", *Boston University Law Review*, Vol. 85, 2005, p. 1047.

⑨ Bert-JaapKoops, "Forgetting Footprints, Shunning Shadows. A Critical Analysisi of 'the Right to be Forgotten' in Big Data Practice", *SCRIPTed*, Vol. 8, No. 3, 2011, p. 231.

权（right to delete）、被忘却权（right to oblivion）、社会遗忘权（social forgetfulness）[1] 等概念，意大利称之为 "dirito a l'oblio"，法国称之为 "le droit à l'oubli"。有些情况下，这些与 "被遗忘权" 同义的权利名称使用时可以互换，等同于潜在的重叠概念。但在某些表达具体概念的情况下，学者会在定义时对这一术语赋予特殊含义，就会承认这些概念之间确实存在差异。明确被遗忘权的概念存在一定难度，因为这个概念并不是全新的，存在巨大争议又具有复杂性。目前，学者们在该权利是否应该存在、权利包含什么内容上仍存在不同看法。因此，应通过全面的理论分析考量不同学者的想法，以克服司法管辖的障碍。

二　被遗忘权的多重含义

对被遗忘权的争论大致有五种观点，可以将其归纳为三类："一层含义说""两层含义说" 和 "三层含义说"。

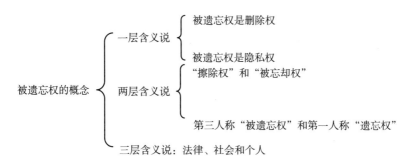

图1-1　被遗忘权的概念之争

（一）一层含义说

被遗忘权的一层含义说主要包括两种观点：其一，被遗忘权是删除权（right to delete）；其二，被遗忘权是隐私权（right of priva-

① Jean-François Blanchette，Deborah G. Johnson，"Data Retention and the Panoptic Society：The Social benefits of Forgetfulness"，*The Information Society*，Vol. 18，2002，p. 33.

cy）。

1. 被遗忘权是删除权

权利说中，贝纳尔（Bernal）认为被遗忘权（right to be forgotten）是一项新的权利，是在删除权（right to delete）基础上作出了新的扩充。[①] 而加夫列拉（Gabriela）主张，被遗忘权不是一项新的权利，而是"新瓶装旧酒"，是由 1995 年颁布的《欧盟数据保护指令》中删除权与更正权演变而来。[②]指令第 12 条（b）项规定，当数据不完整或不准确时，数据主体享有更正、删除或阻断对数据的处理的权利。该条被认为是被遗忘权的直接法条依据，尤其是其中关于删除权的规定。[③] 而且指令第 14 条关于反对权的规定也为被遗忘权提供了依据。这两个法条同时构成了欧洲法院保护被遗忘权的直接裁判依据，在"冈萨雷斯案"中，欧洲法院直接根据第 12 条（b）项的删除权和第 14 条的反对权作为保护被遗忘权的直接裁判依据。欧盟的被遗忘权体现了"信息自主"的理念，其试图使已经公开的信息重新回到隐私领域。[④]

笔者认为，被遗忘权与删除权存在区别。第一，被遗忘权是基础权利，是删除权的权利基础；删除权是一种请求权，是实现被遗忘权的手段。但是，与删除权相比，被遗忘权更倾向"信息自主权"，即公民根据自己的想法自由决定个人信息何时、何地、以何种方式被处理的控制权。第二，被遗忘权通常表现为要求数据控制者删除已公开的个人数据的权利；而广义的删除权之下，无论是自动

---

① Paul Bernal，"A Right to Delete?"，*European Journal of Law and Technology*，2011，p. 1.

② Gabriela Zanfir，Tracing the right to be forgotten in the short history of data protection law：The "new clothes" of an old right，Serge Gutwirth，Ronald Leenes，Paul de Hert ed.，*Reforming European Data Protection Law*，Springer，2015，pp. 227-247.

③ Ibid. .

④ Meg Leta Ambrose and Jef Ausloos，The Right to Be Forgotten across the Pond，*Journal of Information Policy*，Vol. 3，2013，p. 14.

化处理产生的、被机器所记忆的未公开的信息，还是数据主体自己公布或他人公布的已公开的信息，只要涉及删除个人信息数据的情形，就属于删除权的范围。尽管被遗忘权与删除权有内容相互重合，但不能认为二者完全一样，即使被遗忘权的行使方式是通过删除这一形式而获得实现的，也并不代表被遗忘权没有新的内容。第三，被遗忘权是根据时间的流变触发的权利，而删除权与信息发布时间长短没有关联。有学者指出，信息经过的时间越长，个人利益越可能优先于公共利益。[1] 可见，被遗忘权的侵权发生原因有其自身特殊性，大多是合法的信息公开行为随着时间的流逝变得不相关、不再相关、违法或者不适当。综上所述，被遗忘权是删除权的请求权基础，而删除权是被遗忘权的手段，二者不能等同。

2. 被遗忘权是隐私权

受美国法影响，有学者认为被遗忘权是隐私权扩充而来的权利。[2] 1974 年美国国会通过第一部《隐私权法》，为规制政府的个人信息处理设立了一系列的责任，提出可将个人信息的保护纳入隐私权保护范围。[3] 在美国法律体系下，"信息隐私权"不仅包括个人生活私密领域，还包括了个人信息自主。美国的个人信息权（信息隐私权）的保护是通过对隐私权范围的不断扩张而实现的，美国很多基本权利都是通过隐私权的扩张进行保护。所以，有学者主张被遗忘权是隐私权在大数据时代的升级。王泽鉴教授提出，美国法规定的"信息隐私权"（Information Privacy）相当于德国法规定的"信息

---

[1]　Meg Leta Ambrose and Jef Ausloos, The Right to Be Forgotten across the Pond, *Journal of Information Policy*, Vol. 3, 2013, p. 16.

[2]　杨立新、韩煦：《被遗忘权的中国本土化及法律适用》，《法律适用》2015 年第 2 期；彭支援：《被遗忘权初探》，《中北大学学报》（社会科学版）2014 年第 1 期；邵国松：《"被遗忘的权利"：个人信息保护的新问题及对策》，《南京社会科学》2013 年第 2 期。

[3]　王泽鉴：《人格权法：法释义学、比较法、案例研究》，北京大学出版社 2013 年版，第 79—80 页。

自主权"（Information Selbstbestimmungsrecht）。①而"信息隐私权"包含于美国法规定的隐私权，被遗忘权是德国"信息自主权"的延续，被遗忘权与美国"信息隐私权"均有权决定通过哪些方式、何种程度传达与自己相关的信息。另外，我国现行的司法实践中，隐私权是具体人格权。有学者认为，如果将被遗忘权看作隐私权的内容，被遗忘权可以依据《侵权法》予以保护，法律适用上更加便利。②

但是，笔者认为，被遗忘权是数据主体试图删除已经公开的个人信息及本来属于公众范畴的个人信息，只是随着时间的消逝该信息逐渐变得不再相关。而隐私权保护的是生活安宁和私人秘密，指未向社会公众公开的个人私密信息。由于保护客体范围的差异性，将被遗忘权理解为隐私权的看法欠妥。

（二）两层含义说

被遗忘权的两层含义说主要包括两种观点：其一，按照数据是否已经公开，将其分为"擦除权"（right to erasure）和"被忘却权"（right to oblivion）；其二，按照不同人称的视角将其分为第三人称的"被遗忘权"（right to be forgotten）和第一人称的"遗忘权"（right to forgot）。

1. "擦除权"和"被忘却权"

梅格·莉塔·安布罗斯（Meg Leta Ambrose）根据数据是否已经公开，将被遗忘权分为"擦除权"（right to erasure）和"被忘却权"（right to oblivion）。③ 前者体现个人对数据的控制权，指数据主体有权删除自动化处理的个人信息；后者体现对数据主体人格、名誉的维护，指数据主体有权删除已经公开的个人信息。

---

① 王泽鉴：《人格权法：法释义学、比较法、案例研究》，北京大学出版社 2013 年版，第 207—209 页。

② 杨立新、韩煦：《被遗忘权的中国本土化及法律适用》，《法律适用》2015 年第 2 期。

③ 郑文明：《个人信息保护与数字遗忘权》，《新闻与传播研究》2014 年第 5 期。

第一，"擦除权"（right to erasure），允许数据主体可以自行删除在互联网上操作时自动化处理过程中产生的个人数据（cookies）。这些数据具有特殊性：其一，可以视为一种隐私数据，往往是尚未公开的、不为公众所知且不可见的；其二，是数据主体在上网过程中消极产生的个人数据，不涉及第三人发布，是信息自动化产生的。

第二，"被忘却权"（right to oblivion），其删除的数据是已经公开的。[①] 被忘却权分为前互联网时代的"传统遗忘权"（线下被遗忘权）和互联网时代的"数字遗忘权"（线上被遗忘权）。[②] 二者都可以被称为"被遗忘权"。其一，"传统遗忘权"起源于 20 世纪 70 年代法国的 droit à l'oubli，体现为一种隐私主张。[③] 当时的含义为：罪犯在刑罚执行完毕之后有要求自己的犯罪记录不被公开的权利。[④] 它在前互联网时代的理论基础是隐私权，建立在如下基础之上，为了保护人的尊严、人格、名誉等基本人权免遭侵害，而与他人的基本权利存在潜在的冲突。其二，"数字遗忘权"，进入互联网时代后，被遗忘权开始由线下转移到线上，个人信息在被网络服务运营商收集、使用、处理个人数据后，数据主体有权请求删除。尽管它涉及的是已经公开的信息的领域，但该权利体现为一种把已经公开的信息归于隐私领域的主张。[⑤] 无论请求删除的个人信息有无新闻价值，被忘却权对抗的都是公众的知情权。其三，区分"被忘却权"和"擦除权"。擦除权针对的是未公开的、信息处理自动化产生的个人数据；而被忘却权针对的是已公开的，但重新归于隐私的个人信息，

① Meg Leta Ambrose and Jef Ausloos, The Right to Be Forgotten across the Pond, *Journal of Information Policy*, Vol. 3, 2013, pp. 1-23.

② 郑文明：《个人信息保护与数字遗忘权》，《新闻与传播研究》2014 年第 5 期。

③ Meg Leta Ambrose and Jef Ausloos, The Right to Be Forgotten across the Pond, *Journal of Information Policy*, Vol. 3, 2013, p. 14.

④ 郑文明：《个人信息保护与数字遗忘权》，《新闻与传播研究》2014 年第 5 期。

⑤ Meg Leta Ambrose and Jef Ausloos, The Right to Be Forgotten across the Pond, *Journal of Information Policy*, Vol. 3, 2013, p. 14.

具体包括自己公开和他人公开的个人信息。

虽然被遗忘权起源于前互联网时代①，但是现在人们经常谈论的"被遗忘权"往往指的是"数字被遗忘权"，其旨在通过对互联网上已经公开的个人数据信息进行删除，从而解决互联网的持久记忆给人类尊严所带来的问题，使公开的个人信息转化为隐私信息②，从而使其被人们所遗忘。该权利与互联网领域下的"信息自主权"相通③，指每个公民都有自行决定是否将本人信息交付给他人，供其利用或转移的权利。信息自主权源自1983年"德国人口普查案"，并成为个人信息保护的宪法依据。因此，"数字被遗忘权"为人们控制自己的数据提供了一种新的方式④，删除过时的、不相关或不再相关的个人信息，使被互联网所永久记忆的个人信息被人们所遗忘。美国卫生教育福利部（USDHEW）下属的专门委员会提出的"公平信息实践原则"（FIPPs）就涉及"数字遗忘权"的概念；美国《儿童防追踪法》（DNKA）提出的"橡皮擦按钮"赋予未成年人删除已经公开的个人信息的权利⑤，符合"数字遗忘权"的概念。尽管欧盟《通用数据保护条例》（GDPR）中第17条的标题是"擦除权"（被遗忘权）［right to erasure（right to be forgotten）］，但GDPR合并了"擦除权"和"被忘却权"的概念。主张个人信息是自己发布，还

---

① Lawrence Siry, "Forget Me, Forget Me Not: Reconciling Two Different Paradigms of the Right to Be Forgotten", Kentucky Law Journal, Vol. 103, 2014, p. 313.

② Meg Leta Ambrose, It's About Time: Privacy, Information Life Cycles, and the Right to Be Forgotten, *Stanford Technology Law Reviews*, Vol. 16, 2013, p. 371.

③ Antoinette Rouvroy, Yves Poullet, "The Right to Informational Self-Determination and the Value of Self- Development: Reassessing the Importance of Privacy for Democracy," *Reinventing Data Protection?*, ed. Serge Gutwirth, Yves Poullet, Paul de Hert, Cécile de Terwangne, and Sjaak Nouwt, New York: Springer press, 2009, pp. 45-76.

④ Allyson Haynes Stuart, "Google Search Results: Buried If Not Forgotten", *The North Carolina Journal of Law & Technology*, Vol. 15, 2014, p. 480.

⑤ Alexis M. Peddy, "Dangerous Classroom Apptitude: Protecting Student Privacy from Third-Party Educational Service Providers", *BYU Education & Law Journal*, 2017, p. 141.

是在征得同意后被他人收集、处理和存储是截然不同的，两种情况应该被区别对待。但是，欧盟 GDPR 对于被遗忘权的定义是最广义的被遗忘权。笔者认为，互联网时代的被遗忘权应该是狭义的被遗忘权，即"数字被遗忘权"。

2. 第三人称的"被遗忘权"和第一人称的"遗忘权"

劳弗罗依（Rouvroy）从不同人称的视角将被遗忘权分为，第三人称的"被遗忘权"（right to be forgotten）和第一人称的"遗忘权"（right to forgot）。[①] 他用"一项权利"或者"遗忘和被遗忘的合法利益"来描述被遗忘权。主张该权利不仅与"被遗忘"相关，与"遗忘"同样有关联。通过探讨"究竟谁在忘记"和"忘记的内容是什么"，将被遗忘权分为以下两种：第一，第三人称"被遗忘权"使用第三方的视角，"被遗忘"的主体是除"我"以外的其他人，"被遗忘"的客体是"我"的信息，指的是别人应该忘记信息主体，也就是"我"的过去。第二，第一人称"遗忘权"使用第一人称的视角，忘记的主体是"我"自己，忘记的客体是"我"的信息，指的是作为信息主体的"我"有权不去面对自己的过去。虽然遗忘通常是人类大脑的一种自然功能，它不需要心理上的强化，但是当"我"已经忘记或者想让自己忘记过去时，他人不得通过公开披露或者不断在"我"面前提醒的方式，使"我"无法遗忘。[②]

其实，劳弗罗依观点的实质包括以下两个方面。第一，从遗忘的主体来进行区分，遗忘的主体分为他人和自己两部分；遗忘的内容都是数据主体的个人信息。第二，第一人称的"遗忘权"可以通过隐私权、生活安宁权和人性尊严不受侵犯来得到救济。这种侵犯包含两种情况：其一，他人公开披露"我"的伤心往事，如将"我"的伤心往事告诉他人，侵犯了"我"的隐私权；其二，他人

---

① Bert-JaapKoops, "Forgetting Footprints, Shunning Shadows. A Critical Analysis of 'the Right to be Forgotten' in Big Data Practice", *SCRIPTed*, Vol. 8, No. 3, 2011, p. 231.

② Ibid. , p. 232.

在"我"面前提醒"我"的伤心往事、窘迫的过去，逼迫"我"强制回忆侵犯"我"的人性尊严和生活安宁权。

"遗忘权"和"被遗忘权"不仅可以被理解为法律权利，也可以被看作一种值得保护的价值或利益（价值说），还可以看作是通过法律或其他监管机制实现的政策目标。并且，"忘却权"（forgetfulness）或法国法中的"le droit à l'oubli"均能作为伞状概念包含"遗忘"和"被遗忘"这两个要素，但劳弗罗依仍对被遗忘权的内涵重新定义。因此，笔者认为，研究被遗忘权主要研究第三人称的"被遗忘权"，而第一人称的"遗忘权"可以通过隐私权、生活安宁权和人格尊严不受侵犯来保护。

（三）三层含义说

库普斯（Koops）从法律、社会和个人三个视角将被遗忘权概念化为三种定义：（1）被遗忘权是将超出存储期限的信息删除的权利；（2）主张清白历史的权利；（3）强调随时随地地自由表达，个人之前说过、写过的表达不能对抗未来的自我发展。[①] 首先，第一种定义下的被遗忘权是从法律政策的角度进行分析，被大多数人所主张，指个人享有控制和删除自己或第三方已发布信息的权利。这一愿景符合"信息自主权"的理念，用户可以事前设定截止日期，之后数据到期会被自动删除，或事后提前通知用户可以发出删除请求。第二种与第三种定义从理论角度进行分析，是少数派的观点，二者都为被遗忘权提供了一个新的开端，通过他人履行义务，赋予数据主体重新"塑造人生"的权利。[②] 而理论角度分为社会视角和个人视角两种声音，与政策角度在遗忘的观点上略有不同。其次，第二种

---

① Bert-JaapKoops, "Forgetting Footprints, Shunning Shadows. A Critical Analysis of 'the Right to be Forgotten' in Big Data Practice", *SCRIPTed*, Vol. 8, No. 3, 2011, pp. 232–235.

② Michael L. Rustad, Sanna Kulevska, "Reconceptualizing the Right to Be Forgotten to Enable Transatlantic Date Flow", *Harvard Journal of Law and Technology*, Vol. 28, 2015, p. 367.

定义从社会视角出发，被遗忘权保证信息主体的"清白历史"或"新的开始"①。长期以来，个人一直依靠法律督促社会"遗忘"，如破产法，未成年人刑事法律，信用报告等。同样，有学者将"被遗忘权"界定为人格权。② 如瑞士法规定，个人有权排除他人识别与个人相关的犯罪记录信息，该规定重点不在于数据的删除，而在于如何规范数据的使用。根据瑞士法律，只有在经过长时间与证明有罪的信息仍有新闻价值时，才可以公布犯罪记录中罪犯的姓名，否则不予批准。可见，个人隐私权的保护可能阻碍信息披露。③ 最后，第三种定义从个人视角出发，强调随时随地的自由表达。劳弗罗依（Rouvroy）主张，被遗忘权是指个人有权自如地表达看法，你之前说过、写过的表达不能成为对抗未来自己的自我发展的依据，保证自己不被之前所表达的东西固化，你可以自由地改变。④ 班农（Bannon）表达了类似的担忧，他指出："收集、存储关于人类活动的数据不能不加鉴别地全盘接受，现在我们有必要重拾对现在和未来的尊重。"⑤ 实际上，由于数字记忆能力的持久性，不一定只限于数据在到期日后被删除，而要在人类遗忘各种形式功能增强的基础上，可以考虑多种策略。

在被遗忘权的三种设想之间作出选择是一个有前瞻性问题。笔者认为，第一种全面基于用户控制的想法并不可取，更倾向于采用第二种更加简洁清晰的愿景。纵观我们生活的大数据世界，数据洪

---

① Bert-JaapKoops，"Forgetting Footprints, Shunning Shadows. A Critical Analysis of 'the Right to be Forgotten' in Big Data Practice"，*SCRIPTed*，Vol. 8，No. 3，2011，p. 233.

② Franz Werro，"The Right to Inform v. the Right to be Forgotten：A Transatlantic Clash"，*Georgetown University Center for Transnational Legal Studies Colloquium*，Vol. 2，2009，p. 291.

③ Bert-JaapKoops，"Forgetting Footprints, Shunning Shadows. A Critical Analysis of 'the Right to be Forgotten' in Big Data Practice"，*SCRIPTed*，Vol. 8，No. 3，2011，p. 234.

④ Ibid.，p. 233.

⑤ LJ Bannon，"Forgetting as a Feature, not a Bug：The Duality of Memory and Implications for Ubiquitous Computing"，*CoDesig*，Vol. 2，2006，pp. 3-15.

流的 "精灵" 已经不装载在瓶子里了。① 无论信息自决的理念多么具有影响力，用户也无法再把它放回瓶中。因此，Koops 主张欧洲修改数据保护法确实存在紧迫性，数据主体享有删除数据的权利，使人们有权以任何方式被遗忘。然而，持不同观点的学者和政策制定者可能会有不同的看法，但无论是通过立法还是依靠技术方案解决，都需要面临大数据时代数据信息化带来的挑战。

三　被遗忘权的核心意涵

规则有核心情形和边缘情形②，概念也有其核心含义和边缘含义。当我们把具体情况涵摄于抽象规则时，总会出现具有确定性的核心以及值得怀疑的边缘，这使规则都有模糊边缘或者说开放性结构（open texture）。③ 虽然人们对被遗忘权的概念有不同的理解，不同定义在细节上存在差异。但普遍存在一个共同点，即被遗忘权将已经公开的个人信息重新归于隐私领域，它赋予个人不必面对他人披露本人过去的权利，尤其当披露的过去数据与现在的个人想法不再相关。其旨在通过对互联网上已经公开的个人数据信息进行删除，从而解决互联网的持久记忆给人类尊严所带来的问题，使公开的个人信息转化为隐私信息，从而使其被人们所遗忘。④ 笔者认为，被遗忘权是一项新兴的权利，属于具体人格权中的个人信息权，其核心概念还是相对比较清晰的。⑤ 现在人们经常谈论的 "被遗忘权" 往

---

① Bert-JaapKoops, "Forgetting Footprints, Shunning Shadows. A Critical Analysis of 'the Right to be Forgotten' in Big Data Practice", *SCRIPTed*, Vol. 8, No. 3, 2011, p. 256.

② H. L. A. Hart, *The Concept of Law*, Second Edition, Oxford: Oxford University Press, 1994, p. 123.

③ ［英］H. L. A. 哈特：《法律的概念》（第二版），许家馨、李冠宜译，法律出版社 2011 年版，第 112 页。

④ Meg Leta Ambrose, It's About Time: Privacy, Information Life Cycles, and the Right to Be Forgotten, *Stanford Technology Law Reviews*, Vol. 16, 2013, p. 371.

⑤ Ashley Massenger, "What would a 'Right to Be forgotten' mean for media in the United States?", *Communications Lawyer*, 2012, p. 29.

往指的是"数字被遗忘权",即数据主体所享有的对于互联网上的已经公开的、不适当的、不相关的或不再相关的、过时的个人信息进行删除或者隐藏的权利。① 被遗忘权为人们控制数据提供了一种新的方式②,它犹如一把奥卡姆剃刀,在记忆与忘却之间来回穿梭,将那些过时的个人信息剔除出去,使被互联网所永久记忆的个人信息被人们所遗忘。

第二节　被遗忘权的法律属性

一　被遗忘权是人格权

按照传统的人格权与财产权的二分法,被遗忘权究竟属于哪一属性值得探究。有学者提出"个人信息财产化"的观点③,主张个人信息可以成为财产权的客体,数据主体享有对个人信息的所有权,可以通过侵权法保护个人信息。但也有学者持反对意见,主张除对信息的加工整理形成的知识产权外,数据主体不享有个人信息的财产权;另外,他们认为数据主体是个人信息的来源,却未必是有财产属性的个人信息的缔造者,所以数据主体不享有个人信息的财产权。欧盟注重人格权保护,很少提及财产权。美国认为个人数据可以买卖,但并未规定其为财产权。但我国《民法总则》第 127 条明确提出,法律对数据、网络虚拟财产的保护有规定的,依照其规定。在《民法总则》草案征求意见稿时,数据信息被纳入知识产权的保护范畴,但在最终通过的法案中,数据信息被从第 123 条"知识产

---

① Lawrence Siry, "Forget Me, Forget Me Not: Reconciling Two Different Paradigms of the Right to Be Forgotten", *Kentucky Law Journal*, Vol. 103, 2014, p. 325.

② Allyson Haynes Stuart, "Google Search Results: Buried If Not Forgotten", *The North Carolina Journal of Law & Technology*, Vol. 15, 2014, p. 480.

③ Arthur R. Miller, *Personal Privacy in the Computer Age: The Challenge of New Technology in an Information-Oriented Society*, Michigan Law Review Press, 1969, pp. 35-40.

权"的法律条款中拿出来，并且单独作为第 127 条规定的"数据"。这一调整无疑代表数据信息不再被视为知识产权的保护领域，而是作为一种财产被保护。可见，个人信息具有财产属性，个人信息财产权有望成为一种新型财产权，数据处理者应享有信息处理带来的经济收益。这种新兴权利不同于物权，物权是权利人直接支配并排他性地享受其利益的权利，而个人信息具有非排他性、非损耗性和无限复制性。其实，很多个人信息是有财产属性的，如商业秘密和数据库。其一，商业秘密有财产属性。世界贸易组织的《知识产权协定》将商业秘密纳入财产权的保护范畴，属于知识产权的保护领域;① 我国《刑法》第 219 条提出"侵犯商业秘密罪"，规定获取、使用或者披露他人的商业秘密给权利人造成重大损失的，处以刑事处罚。其二，数据库有财产属性。欧盟 1996 年通过了《关于数据库法律保护指令》，规定原创数据库或开发者投入大量人力、物力、财力的数据库都可以受到保护；美国也修改著作权法，保护具有财产属性的数据库；而我国受保护的数据库必须具有独创性，在财力或者时间上具有实质性的投入。② 因此，某些个人信息是具有财产属性的。

尽管个人信息作为被遗忘权保护的客体具有财产属性，但被遗忘权不是财产权。其一，被遗忘权具有人格依附性，与人性尊严密切相关。尽管被遗忘权从属于人格权，但它不是独立的具体人格权，只能附属于一项具体人格权，不能作为财产权。其二，财产权与人身权相对应，是权利主体享有的能带来经济利益的权利。可是被遗忘权是隐藏或删除具有人格特征的已经公开的、不相关或不再相关、过时的个人信息，并不能为数据主体带来经济利益。其三，财产权具有可转让性、继承性，被遗忘权仅为权利人享有，具有专属性，

---

① 郭瑜:《个人数据保护法研究》，北京大学出版社 2012 年版，第 35 页。
② 同上书，第 36—37 页。

不得转让或继承。①因此，被遗忘权不是财产权。

意大利学者乔治·皮诺（Giorgio Pino）主张被遗忘权是人格权②，瑞士学者弗朗茨·韦罗（Franz Wero）也认为被遗忘权从属于数据人格权的保护范围，而非财产权。③ 现代民法所称的"人格权"拥有一种"内在于人"的法律地位④，就被遗忘权来说，它属于人格权的原因在于以下两个方面：其一，被遗忘权具有人格依附性，与人性尊严密切相关，应属于人格权的范畴。其二，人格权仅为权利人享有，具有专属性，不得转让或继承；财产权具有可转让性、继承性。⑤ 而被遗忘权仅为数据主体享有，其更正、删除、撤回同意的权利不得转让。因此，被遗忘权附属于人格权保护范畴。人格权也被划分为一般人格权和具体人格权，被遗忘权在人格权谱系中究竟属于何种人格权仍需要进一步分析。

国外有学者认为，被遗忘权是一般人格权在法律上的具体化。⑥但有学者认为，根据 1977 年的德国《联邦数据保护法》，保护个人信息的权利有望成为具体人格权。⑦ 被遗忘权究竟属于一般人格权还是具体人格权，笔者作出如下几方面分析：第一，一般人格权代表

---

① 王泽鉴：《人格权法：法释义学、比较法、案例研究》，北京大学出版社 2013 年版，第 46 页。

② Giorgio Pino, The Right to Personal Identity in Italian Private Law: Constitutional Interpretation and Judge-Made Rights, *The Harmonization of Private Law In Europe*, M. Van Hoecke and F. Ost, eds., Hart Publishing, Oxford 2000, pp. 225-237.

③ Franz Werro, "The Right to Inform v. the Right to be Forgotten: A Transatlantic Clash", *Georgetown University Center for Transnational Legal Studies Colloquium*, Vol. 2, 2009, p. 291.

④ 马俊驹：《人格和人格权理论讲稿》，法律出版社 2009 年版，第 71 页。

⑤ 王泽鉴：《人格权法：法释义学、比较法、案例研究》，北京大学出版社 2013 年版，第 46 页。

⑥ ［德］卡尔·拉伦茨：《德国民法通论》，王晓晔等译，法律出版社 2003 年版，第 174 页。

⑦ ［德］迪特尔·梅迪库斯：《德国民法总论》，邵建东译，法律出版社 2001 年版，第 802 页。

人身自由、人性尊严，体现了法治观念从注重对财产的保护发展到更为注重自然人人格利益的保护。人格权表现司法制裁为顺应时代发展而对立法的突破，一般人格权的功能是解释、创造、补充明确立法的具体人格权。我国《侵权责任法》保护的民事权益，包括生命权、健康权、姓名权、名誉权、荣誉权、肖像权、隐私权、婚姻自主权、监护权、所有权、用益物权、担保物权、著作权、专利权、商标专用权、发现权、股权、继承权等人身、财产权益。其中一般人格权对应"等"所代表的人身权益，而被遗忘权和个人信息权在我国均未确立为具体人格权，是否可以纳入一般人格权的保护值得探究。第二，在德国，法院通过判例的形式将《德国民法典》没有规定的人格权归于一般人格权来保护，即一般人格权的扩张可以保护具体人格权。可这种一般人格权的推演解释，是我国司法解释所无法达到的。我国《宪法》第 38 条规定，中华人民共和国公民的人性尊严不受侵犯。确定了人性尊严的法律地位，是个人数据保护的法律基础。2001 年最高法《关于确定民事侵权精神损害赔偿责任若干问题的解释》中，将"人性尊严权"作为单独的人格权，尽管这也无法确定其为基本人权，但"人性尊严权"从理论出发确实是一般人格权，通过一般人格权保护被遗忘权也未尝不是一种方式①。第三，一般人格权是抽象概括的属概念，个人信息权是种概念。在立法上，我国也不同于德国，在无法援引基本法制定一般人格权概念的同时扩大具体人格权的范围。② 这种做法超出我国法院职权，加重了法律的不确定性。因此，笔者认为，被遗忘权不从属于一般人格权的保护范畴。我国被遗忘权本土化应注重法律明晰，法条清楚，讲究具象化思维。如果法律中找不到或者法条过于抽象只会导致法官采取消极拒绝的态度，这在国内被遗忘权第一案——"任某诉百

---

① 王利明：《论个人信息权在人格权法中的地位》，《苏州大学学报》2012 年第 6 期。

② 马俊驹：《人格和人格权理论讲稿》，法律出版社 2009 年版，第 199 页。

度案"的判决结果中可以明确看出。

同样，被遗忘权也不是独立的具体人格权，只能附属于一项具体人格权。① 在我国，具体人格权包括生命权、健康权、姓名权、名誉权、荣誉权、肖像权、隐私权、婚姻自主权、监护权、所有权、用益物权、担保物权、著作权、专利权、商标专用权、发现权、股权、继承权等人身、财产权益，而被遗忘权并未位列其中。被遗忘权通过隐藏或删除具有人格特征的已经公开的、不相关或不再相关、过时的个人信息，保护数据主体的人格利益，但这种人格利益不是具体独立的，仅从属于某一种独立型人格利益的组成部分。综上所述，被遗忘权不是财产权，而是人格权；且被遗忘权既不是一般人格权，也无法作为一项具体人格权，只能附属于一项具体人格权。

二　被遗忘权是请求权

被遗忘权的权利主体在行使被遗忘权时，行使方式可以分为："自主删除"信息和"要求他人删除"信息。二者并不等同。"自主删除"是指数据主体有权删除自己发布在网络上的信息。"要求他人删除"是指数据主体有权要求数据控制者删除他人转载或者发布的与数据主体有关的个人信息。有必要将被遗忘权的"自主删除"和"要求他人删除"分开讨论，探讨两种删除方式各自与请求权的关系。其一，自主删除信息的权利是一种自由权，不属于请求权。如微信用户在自己的朋友圈删除自己发布的信息，仅需要借助在线服务设置的删除自己发布信息的功能，而数据主体无须依据法律关系请求另一方主体为或不为一定行为。其二，要求他人删除信息的权利则体现为一种要求权，属于请求权。由于数据主体不能对他人转载或者发布的个人信息进行直接支配，需要借助被遗忘权的义务主

---

① 张建文、高完成：《被遗忘权的本体论及本土化研究》，《吉首大学学报》（社会科学版）2016 年第 3 期。

体——网络服务运营商进行配合，数据主体请求数据控制者删除或隐藏在互联网上的已经公开的、不适当的、不相关的或不再相关的、过时的个人信息。这属于请求权的类型，如用户请求网站删除他人发布的诽谤言论更需要向网络平台发出申请。其实，无论是"自主删除"还是"要求他人删除"，实现的前提都是信息控制者有配合信息主体删除个人信息的义务。因此，被遗忘权最为核心的内容实质上是：被遗忘权的权利主体有要求信息控制者删除个人信息的请求权。

三　被遗忘权是相对权①

各国的数据保护立法，都明确提出了数据主体不得请求删除个人信息的例外情况。如欧盟《通用数据保护条例》规定，数据控制者可以不履行删除义务的五种豁免情形，具体包括基于言论自由、公众利益的保护、公共健康的集体利益、历史统计或科学研究，以及制定、运用或者抗辩而作出的法律主张。美国加州第568号法案第22581节规定，对联邦法案或者州法案的规定、匿名化处理用户信息、用户获得对价补偿等情况，运营商或第三方没有义务抹去痕迹或者移除有关未成年人的个人信息。可见，被遗忘权不是一项绝对权，而是一项相对权，并不必然优先于表达自由、公众知情权或公众利益。其一，过于重视信息自主会侵害言论自由。言论自由与被遗忘权之间也存在一定程度的冲突关系②，我们应该以人性尊严不受侵犯为原则，秉持信息自主优先的理念，但并不意味着信息自主和被遗忘权可以绝对优先于言论自由。言论自由

---

① 本书所说的"相对权"指的是相对的权利，而并非一项绝对的权利，与民法中的"相对权"内涵不同。

② Adam Thierer, "The Pursuit of Privacy in a World Where Information Control Is Failing", *Harvard Journal of Law & Public Policy*, Vol. 36, 2013, p. 421.

使互联网得以蓬勃发展①，应该协调信息自主与言论自由的利益平衡，保证数据信息自由流转。其二，被遗忘权不能侵犯公众知情权。信息的自主流转是言论自由和公众知情权的保证。1946 年，联合国大会将"信息自由"确定为基本人权，主张"知情权"是人内在的根本权利。另外，公众获取信息的权利在欧盟基本权利宪章中是基本权利，具有宪法属性。其三，某些个人信息的收集、储存或处理是正常社会生活的必备条件，有利于公众利益的实现。如公司企业收集客户的购买记录、购买偏好，给商品作出更加明确的定位，有针对性的制作营销信息，说服用户购买，这样针对性营销可减少运营成本，在支付价格上给消费者更多的实惠。因此，被遗忘权并非一项绝对的权利，存在被遗忘权使用的例外情形。

对于绝大多数人来说，网上生活已经从一种利益变成了一种习惯。在线平台创造的功能已经变得不可替代。微信、微博等社交媒体，以及求职网站、交友相亲网站迅速成为用户生活中不可或缺的元素。用户的在线档案、"人格画像"已经成为他们社会角色难以摒弃的一部分。② 适当限制被遗忘权，不仅是出于表达自由、公众知情权及公众利益的保护，更是社交网络上保持竞争力的需要，便于人们通过虚拟身份推销自己。如网络档案的完善增加了获取就业求职的机会，所以没有用户为了逃避隐私威胁，自愿接受选择从网络世界中完全退出。因此，对于保护公民个人信息的被遗忘权来说，适度地控制更有利于个人在社会生活中的发展。

四 被遗忘权是基本人权

基本人权是因其为人而应享有的普遍的人类权利，而每个人都

---

① Stephen J. Astringer, "The Endless Bummer: California's Latest Attempt to Protect Children Online Is Far Out（side）Effective", *Notre Dame Journal of Law*, *Ethics & Public Policy*, Vol. 29, 2015, p. 272.

② 个人信息保护课题组：《个人信息保护国际比较研究》，中国金融出版社 2017 年版，第 7 页。

应该享有遗忘自己的过去、重新开始的权利，当个人选择遗忘时不应该遭受外界的干扰。有学者可能认为，确立被遗忘权为基本人权，能更好地保障公民的人性尊严不受侵犯。欧盟主张个人信息权属于基本人权的保护范围，而有学者主张被遗忘权属于个人信息权①，认为被遗忘权可以作为个人信息权的具体类型，那么也是间接认可被遗忘权属于基本人权。美国虽然没有将个人信息权纳入宪法，但是美国的隐私权含义非常丰富，美国法"信息隐私权"（Information Privacy）的功能等同于德国信息保护法"信息自主权"（Information Selbstbestimmungsrecht）的功能②，也等同于我国"个人信息权"的功能。可见，在美国，被遗忘权源于隐私权的保护，隐私权是宪法的基本权利，美国的被遗忘权有成为基本人权的可能。③ 有学者提出，人格权作为一项新兴的宪法基本权利，能够加长宪法基本权利的清单，完善宪法基本权利体系。④ 如果借鉴欧美的价值立场，我国确立个人信息权之后，可以将其设定为基本人权。

我国被遗忘权作为基本人权的权利证成，首要考虑的是对人性尊严的保护。第一，被遗忘权确立为基本人权的国内法基础。我国《宪法》第 38 条规定，公民的人性尊严不受侵犯。确定人性尊严的法律地位，是个人数据保护的法律基础。2001 年最高法《关于确定民事侵权精神损害赔偿责任若干问题的解释》中，将"人性尊严权"作为单独的人格权。尽管这也无法确定其为基本人权，但也以

---

① 郑志峰：《网络社会的被遗忘权研究》，《法商研究》2015 年第 6 期；罗浏虎：《被遗忘权：搜索引擎上过时个人信息的私法规制》，《重庆邮电大学学报》（社会科学版）2016 年 5 月。

② 王泽鉴：《人格权法：法释义学、比较法、案例研究》，北京大学出版社 2013 年版，第 207—209 页。

③ Ioana Stupariu, "Defining the Right to be Forgotten. A Comparative Analysis between the EU and the US", LL. M. Short Thesis, Central European University, 2015, pp. 52-53.

④ 张红：《人格权总论》，北京大学出版社 2012 年版，第 155 页。

民法作为保护的法律基础。另外，《民法总则》第 111 条规定，自然人的个人信息受法律保护，他人应当合法获取个人信息，并确保信息安全。法条具有开放性，从民法解释上来说，可以对内容进行实质性的扩张解释，抽象理解为从立法上初步确立了"个人信息权"。第二，将被遗忘权纳入宪法保护，可以防止公权力侵犯公民的被遗忘权。这里可以引入自由主义中"积极自由"与"消极自由"的定义，从政府公权力的角度进行分析，保障公民的被遗忘权。其一，从积极自由的角度看，如果将被遗忘权确立为基本人权，政府应该为公民的信息自主提供保障，可以通过立法的形式制定《个人信息保护法》，消除公民的不良记录。其二，从消极自由角度看，如果将被遗忘权确立为基本人权，则政府不得干预、妨碍公民的信息自主，过度的国家干预会削弱公民的积极性，也会侵犯公民的人性尊严。综上所述，被遗忘权有望成为基本人权。

第三节　被遗忘权在人格权家族中的地位

被遗忘权归属于人格权的保护范畴，通过隐藏或删除具有人格特征的个人信息，保护数据主体的人格利益，但这种人格利益不是具体独立的。因此，被遗忘权无法独立作为一种具体人格权，只能附属于一项具体人格权。对此，学界存在两种观点：其一，被遗忘权附属于隐私权；其二，被遗忘权附属于个人信息权。这两种观点引发学界的巨大争议。笔者认为，可以先确定隐私权与个人信息权的关系，再行讨论被遗忘权究竟归属于哪一种具体人格权。

一　个人信息权与隐私权的关系

隐私权概念源于美国，是自然人在私生活领域内对其私人信息、私生活安宁以及私人事务自主决定和控制的人格权。① 隐私权保护的是个人的隐私,隐私指对个人资料的控制。② 尽管各国对隐私的定义不同,不同学者认定的隐私保护范围差异很大,有时同一国家的法律也无法划分出明确的隐私权保护范围。但是,这项权利是一种人格利益在私领域的具体化,主要保护个人私生活不受干扰,以及人格上的精神利益。个人信息权在多国的个人信息保护法中都有提出,保护的是公民在大数据时代的新权利。欧盟各国从权利本位出发,主张数据主体有拒绝权、知情权、修改权;以日本为代表的一些国家主张义务本位,其《个人信息保护法》主要规定对数据控制者的限制。尽管各国对个人信息权的概念没有统一意见,但普遍认可的是:个人信息权保障的是数据主体对个人信息的支配、控制且排除他人妨害的利益,个人信息权对保护公民的人性尊严不受侵犯、维护社会的正常秩序具有重大的现实意义。到目前为止,学界对于隐私权与个人信息权的关系持两种观点:第一,个人信息权包含于隐私权;第二,个人信息权与隐私权有重叠部分,但相互独立。

(一) 个人信息权包含于隐私权

1890 年,美国法学家布兰蒂斯(Brandeis)和沃伦(Warren)在哈佛大学《法学评论》上发表了一篇题为《隐私权》的文章,文中首次使用了“隐私权”这一概念③,将其形容为“不被打扰的权利”,标志着隐私权的出现。④ 在 19 世纪 90 年代,美国最高法院大法官路易斯·布兰代斯主张,隐私权是准许每个人享有不同的生活,

① 马特:《隐私权研究——以体系构建为中心》,中国人民大学出版社 2014 年版,第 186—187 页。

② 王泽鉴:《人格权法:法释义学、比较法、案例研究》,北京大学出版社 2013 年版,第 51 页。

③ 张民安:《隐私权的比较研究——法国、德国、美国及其他国家的隐私权》,中山大学出版社 2013 年版,第 3 页。

④ 王泽鉴:《人格权的具体化及其保护范围:隐私权篇》(上),《比较法研究》2008 年第 6 期。

保障个性自由发展的权利。① 他在任期间提出三个涉及隐私权的司法意见。其一，在"吉尔伯特诉明尼苏达州案"中，提出了家庭生活中的隐私权；其二，在"奥姆斯特德诉美国案"中，提出了公共场合的隐私权；其三，在"帕克公司诉犹他州案"中，提出了"针对政府的独处权"——不受非法监视的隐私权。当时，隐私权属于"侵权隐私权"，作为保护个人自由与人性尊严的武器，具有维护社会组织的价值，象征着家庭与社区、与整个社会规则间的利益关系。家庭代表个人与社会正面抗争以防止个人基本权利被侵犯，侵权隐私权就是保护家庭、保护个人的权利。② 正因如此，布兰代斯阐述的隐私权保护范围非常广泛，并没有区分个人信息是否已经公开。

1965 年，通过美国联邦最高法院的判例，将隐私权确认为宪法保护的基本权利。1974 年，美国颁布第一部《隐私权法》，旨在规制政府的个人信息处理，提出可将个人数据的保护纳入隐私权保护范围。但该法后被并入《美国法典》关于"个人信息记录"的规定中，这表示在传统的隐私权保护之外，人们开始关注对与隐私相关的个人信息的控制，而非只在意信息处理带来的利益侵犯。如媒体要求政府公开犯罪记录，媒体的请求被拒绝后则有权提出诉讼，主张这种将原来已经合法公布的信息重新归入隐私的做法不属于隐私权保护范围。可见，当时美国已经开始接近"个人信息权可以超越隐私权"的想法，却没有正式表达。

之后，美国隐私权的保护范围变得更加广泛，很多基本权利都是通过隐私权的扩张进行保护。隐私权包括生育自主、家庭自主、个人自主及信息隐私自主。③ 所以，美国的个人信息权（信息隐私

① ［美］路易斯·D. 布兰代斯等：《隐私权》，官盛奎译，北京大学出版社 2014 年版，第6—7 页。

② Randall P. Bezanson, "The Right to Privacy Revisted: Privacy, News and Social Change", *California Law Review*, Vol. 80, 1992, pp. 1134–1137.

③ 王泽鉴：《人格权法：法释义学、比较法、案例研究》，北京大学出版社 2013 年版，第187 页。

权）的保护是通过对隐私权范围的不断扩张而实现的。美国法规定的"信息隐私权"（Information Privacy）相当于德国法规定的"信息自主权"（Information Selbstbestimmungsrecht）和我国提出的"个人信息权"。"信息隐私权"包含于美国法规定的隐私权。① 因此，美国法律规定的"隐私权"包含"个人信息权"。

与美国的主流观点相同，王泽鉴教授提出："个人信息权是隐私权在大数据时代的升级。"起初，在我国台湾地区，隐私权的概念为个人生活私密领域免受他人侵扰；信息自主权的概念为个人信息的自主控制权。② 尽管二者存在交叉，但各自独立。直到台湾地区司法院"释字第 603 号解释"明确提出了"信息隐私权"之后，扩大了隐私权原有的保护范围。③ "信息隐私权"不仅包括个人生活私密领域，还包括了个人信息自主。个人生活私密领域指个人有权决定能否、如何从公众视野隐去、获得独处的权利。个人信息自主指个人有权自主决定能否、如何公开个人信息。可见，我国台湾地区深受美国法上隐私权概念的影响，主张隐私权包含个人信息权。

（二）个人信息权独立于隐私权

1983 年，德国联邦宪法法院第一法庭在"人口普查案"的判决中首次提出"信息自主权"，该权利后来成为个人信息保护的宪法依据。该案判决书指出，通过统计的目的而进行的调查，按照行政执行目标作出非匿名化的信息收集会侵犯公民的"信息自主权"④。该案的审查标准是遵循德国《基本法》第一条第一款和第二条第一款

---

① 王泽鉴：《人格权的具体化及其保护范围：隐私权篇》（中），《比较法研究》2008 年第 6 期。

② 刁胜先：《论个人信息权的权利结构——以"控制权"为束点和视角》，《北京理工大学学报》（社会科学版）2011 年第 3 期。

③ 王泽鉴：《人格权法：法释义学、比较法、案例研究》，北京大学出版社 2013 年版，第 79—80 页。

④ 陈戈、柳建龙等：《德国联邦宪法法院典型判例研究：基础权利篇》，法律出版社 2015 年版，第 83 页。

中"一般人格权"的规定，即在现代化信息处理的条件下，对个人信息不得没有限制地收集、储存、处理以及传递。由此延伸而来的"信息自主权"代表个人在现有信息技术发展的环境下，对个人数据有自我决定的权利，即作为或不作为的自由。值得注意的是，德国联邦宪法法院规定的"信息自主权"是独立的人格权，不同于隐私领域。因此，德国的"信息自主权"不包含于"隐私权"，它相当于我国的"个人信息权"，也相当于美国法上的"信息隐私权"（Information Privacy）。

《德国民法典》中起初并没有关于隐私权的规定，这不代表隐私权保护的相关利益在德国没有受到保护，而是以另一种方式来呈现隐私权的概念。① 直到 1959 年德国联邦最高法院确认《德国民法典》保护"一般人格权"，其中包括"肖像权""姓名权""隐私权"等。② 欧洲国家普遍对隐私的保护仅限于个人私密生活。如《法国民法典》起初也并没有对隐私权作出相关规定，直到 1970 年增设《民法典》第 9 条规定，对私人生活加以保护③，但也并未对"私人生活"的范围作出界定。④ 《俄罗斯民法典》第 150 条规定，保护个人隐私生活、个人秘密和家庭秘密不受侵犯。所以，德国法规定的一般人格权属于"兜底性"权利，德国的隐私权包含于一般人格权。另外，欧盟《人权宪章》第 8 条规定个人信息的保护，第 7 条规定个人私生活的保护，这也表示隐私权和个人信息权并非同一种权利，但个人信息权保护的客体与隐私权有重合部分。据此，德国法主张个人信息权（信息自主权）与隐私权相互独立，却也有重叠的部分。

---

① 徐亮：《论隐私权》，博士学位论文，武汉大学，2005 年。

② 马特：《隐私权研究——以体系构建为中心》，中国人民大学出版社 2014 年版，第 186—187 页。

③ 张善斌：《权利能力论》，中国社会科学出版社 2016 年版，第 93—96 页。

④ 张民安：《隐私权的比较研究——法国、德国、美国及其他国家的隐私权》，中山大学出版社 2013 年版，第 164 页。

(三) 我国学界的主流学术观点

王利明教授认为："个人信息 (personal information) 是指与特定个人相关联的、反映个体特征的、具有可识别性的符号系统，包括个人身份、工作、家庭、财产、健康等各方面的信息。"① 他还指出："个人信息权 (个人信息资料权) 是指个人对于自身信息资料的一种控制权，并非完全属于消极排除他人使用的权利，更倾向于是一种自主控制信息适当传播的权利。"② 张新宝教授认为："隐私权是指自然人享有的私人生活安宁与私人信息秘密依法受到保护，不被他人非法侵扰、知悉、搜集、利用和公开的一种人格权。隐私权的权利主体有权决定他人在何种程度上可以介入自己的私生活、是否向他人公开隐私以及公开的程度。"③ 可见，我国的个人信息权和隐私权之间相互独立，但存在重叠部分，重叠的部分就是私人生活秘密。④ 私人生活秘密既包括个人的生理隐私、身体隐私、财产隐私、健康隐私等，也包括个人家庭生活中的夫妻生活、亲属关系、婚姻状况、个人情感生活等。⑤ 个人信息与私人生活秘密的在定义上进行对比，不难看出个人信息包含私人生活秘密。因此，个人信息权和隐私权的内涵和外延并不一致⑥，彼此独立，却又存在重叠部分。

同时，从国内法的角度分析我国个人信息权和隐私权的关系。尽管我国尚未将个人信息权法定化，但《民法总则》第 111 条规定，自然人的个人信息受法律保护。从民法解释上来说，可以对内容进

① 王利明：《论个人信息权在人格权法中的地位》，《苏州大学学报》2012 年第 6 期。
② 王利明：《隐私权概念的再界定》，《法学家》2012 年第 1 期。
③ 张新宝：《隐私权的法律保护》，群众出版社 2004 版，第 12 页。
④ 段卫利：《论被遗忘权的法律保护——兼谈被遗忘权在人格权谱系中的地位》，《学习与探索》2016 年第 4 期。
⑤ 王利明：《隐私权概念的再界定》，《法学家》2012 年第 1 期。
⑥ 张涛：《个人信息权的界定及其民法保护——基于利益衡量之展开》，博士学位论文，吉林大学，2012 年。

行实质性的扩张解释，抽象理解为从立法上初步确立了"个人信息权"。个人信息权是指个人信息本人依法对其个人信息所享有的支配、控制并排除他人侵害的权利。1986 年，我国制定的《民法通则》还没将隐私权作为民事权利进行保护，隐私权在司法实践中受"名誉权"保护。2010 年 7 月 1 日起施行的《侵权责任法》，才确定了隐私权的独立。隐私权是指自然人享有的私人生活安宁与私人信息秘密依法受到保护，不被他人非法侵扰、知悉、收集、利用和公开的一种人格权，而且权利主体对他人在何种程度上可以介入自己的私生活，对自己的隐私是否向他人公开以及公开的人群范围和程度等具有决定权。

　　经过对比，个人信息权和隐私权联系紧密，但存在差异。其一，个人信息权是包含人格利益和财产利益的综合性权利，隐私权主要是包含人格利益的精神性人格权。[①]　其二，个人信息权是一项积极主动性权利，如果他人未经许可使用个人信息，数据主体有权请求他人更改、删除。隐私权是一项消极防御性权利，只有在权利人遭侵害时才有权要求排除妨害、赔偿损失。其三，个人信息权的制度重心在于对个人信息的控制，而隐私权在于防止个人隐私信息被披露，而不在于保护隐私信息的控制与利用，这也导致了两种权利的分立和独立。[②]　其四，个人信息权的客体具有丰富性，个人信息中的一部分信息不属于隐私，而隐私权的客体范围仅包括未向社会公众公开的个人私密信息。个人信息权与隐私权在客体上有交错性。其五，个人信息权相对于信息技术的发展而产生，隐私权相对于新闻自由产生，不能合二为一。

　　无论从国内学者的理论进行探讨，还是从我国立法实践角度进行分析，可以肯定我国个人信息权与隐私权之间存在重叠，却又相

---

　　①　王利明：《论个人信息权的法律保护——以个人信息权与隐私权的界分为中心》，《现代法学》2013 年第 4 期。

　　②　孔令杰：《个人资料隐私权的法律保护》，武汉大学出版社 2009 年版，第 90 页。

互独立。

二 被遗忘权与个人信息权的关系

我国在立法中尚未明确提出个人信息权，学界对个人信息权的权利内容也没有统一意见。《民法总则》第 111 条规定："自然人的个人信息受法律保护，他人应当合法获取个人信息，并确保信息安全。"法条本身具有开放性，从民法解释上来说，可以对内容进行实质性的扩张解释，抽象理解为从立法上确立了"个人信息权"的理念，为制定统一的个人信息保护法奠定基础。齐爱民教授将"个人信息权"定义为："信息主体依法对个人信息享有的支配、控制，并排除他人侵害的权利，包括信息的处决权、保密权、查询权、更正权、封锁权、删除权等。"[1] 贺栩栩主张，个人信息权包括个人信息的知情权、决定权、控制权及安全请求权。[2] 其实，个人信息权就是对信息的支配权，学者们提出的其他权利均由支配权延伸而来。而被遗忘权指的是，数据主体所享有的对于互联网上的已经公开的、不适当的、不相关的或不再相关的、过时的个人信息进行删除或者隐藏的权利。[3] 可见，被遗忘权与信息自主权具有密切的关系，被遗忘权可以看作信息自决权的延伸。

个人信息权与被遗忘权之间存在关联性，具体原因包括以下几个方面：第一，个人信息权和被遗忘权均有利于维护人性尊严，促进人格平等。[4] 人格权制度的发展逐步从物质性人格权转变为精神性人格权，过去对人的控制主要依赖人身和财产来实现。人类进入个

---

① 齐爱民：《中华人民共和国个人信息保护法示范法草案学者建议稿》，《河北法学》2005 年第 6 期。

② 贺栩栩：《比较法上的个人数据信息自决权》，《比较法研究》2013 年第 2 期。

③ Lawrence Siry, "Forget Me, Forget Me Not: Reconciling Two Different Paradigms of the Right to Be Forgotten", *Kentucky Law Journal*, Vol. 103, 2014, p. 325.

④ 王利明：《论个人信息权在人格权法中的地位》，《苏州大学学报》2012 年第 6 期。

人数据信息化的时代以来，对人的控制手段转变为对个人信息的处理来实现。他人借助互联网科学技术的力量，可以为每个人建立一个全面的"人格画像"。个人逐渐成为"透明人"①，被当作"个人信息的客体"，被他人任意分析和监视。然而，个人作为数据主体的主体性被逐渐代替，人性尊严受到巨大威胁。一方面，个人信息权正是为了防止个人被异化，以及不能独立存在的"物"而创设的；另一方面，被遗忘权保护的也是个人的人性尊严，防止他人借助互联网科学技术的力量，了解个人的日常安排、消费偏好、社交网络关系，保障公民在隐私领域和公开领域不会成为"透明人"。同时，被遗忘权保障公民能够回归社会、重新做人，使个人生活恢复宁静、不被打扰的状态。② 据此，个人信息权与被遗忘权均有利于维护人性尊严。第二，被遗忘权保护的客体范围包含于个人信息权之中。个人信息权的客体范围十分丰富，凡是与个人身份有关联的信息都属于被遗忘权的客体范围。无论是单个信息指向或信息组合指向个人，都可以认为具有身份识别性。但个人信息权客体范围内的个人信息必须可以通过数字化形式记忆下来，才算是可识别的个人信息。个人信息权的客体既包括已公开的个人信息，也包括信息自动化处理产生的未公开的个人信息。而被遗忘权的客体为已公开的个人信息，指与确定的或可识别的自然人（数据主体）相关的任何已公开信息。因此，个人信息权的客体范围包含被遗忘权的客体范围。第三，被遗忘权的实现手段包含于个人信息权。被遗忘权主张的是使用隐藏或删除的手段，将已经公开的、不相关或不再相关、过时的个人信息重新归于隐私领域。我国"个人信息权"在理念上与德国法规定的"信息自主权"（Information Selbstbestimmungsrecht）和美国法规

---

① 陈戈、柳建龙等：《德国联邦宪法法院典型判例研究：基础权利篇》，法律出版社 2015 年版，第 59 页。

② 王利明：《论个人信息权在人格权法中的地位》，《苏州大学学报》2012 年第 6 期。

定的"信息隐私权"（Information Privacy）相同，主张信息主体有控制与自己相关信息的权利①，包括数据主体对信息被收集、处理的知情权，以及自己处理或者授权他人处理的决定权，除非出于公共利益的使用、收集。可见，隐藏和删除仅是控制的一种手段，个人信息权的实现手段包含被遗忘权的实现手段。

拉兹指出，有些权利是从其他权利派生而来的。② 这将权利分为核心权利（core rights）和派生权利（derivative rights），核心权利可以延伸出派生权利。例如，某人购买了这一条街上所有的房产，核心权利相当于他对这些房子享有的所有权，而派生权利相当于他对这一条街享有所有权。个人信息权与被遗忘权的关系亦是如此，个人信息权是核心权利，也是一种框架性权利③，而主张信息自主的被遗忘权是派生权利。综上所述，被遗忘权依附于个人信息权，从维护利益、客体范围、实现手段三个方面，被遗忘权都包含于个人信息权。

三 被遗忘权与隐私权的关系

信息处理体制建立的初衷是为人类服务，该体制以符合自然人的基本权利为前提，重点保护个人隐私权，推动经济社会全面发展。可见，个人信息的处理与隐私保护息息相关，被遗忘权与隐私权的关系值得深入思考。先从隐私权的起源入手，分析我国隐私权的法定化历程。其一，1984年《世界人权宣言》第12条明确规定："任何人的私生活、家庭、住宅和通信不得任意干涉，他的荣誉和名誉不得加以攻击。人人有权享受法律保护，以免受这种干涉或攻击。"

---

① Paul Schwartz, "The Computer in German and American Constitutional Law: Towards an American Right of Informational Self-Determination", *American Journal of Comparative Law*, Vol. 37, 1989, pp. 686–687.

② Joseph Raz, *The Authority of Law: Essays on Law and Morality*, 2nd ed, Oxford: Oxford University Press, 2009, p. 168.

③ 任龙龙:《大数据时代的人信息民法保护》，博士学位论文，吉林大学，2017年。

这是隐私权最重要的国际人权法渊源。尽管各国对隐私权的定义不同，但普遍被接受的观点是：隐私权主要保护个人私生活不受干扰，且只有国家才能提供对隐私的保护。① 其二，在隐私权没有明文出现在我国法律规定之前，在司法实践中依靠"名誉权"的概念进行保护。最高人民法院《关于审理名原件若干问题的解答》和《关于确定民事侵权精神损害赔偿责任若干问题的解释》，均将侵犯他人隐私利益作为法院的受理范围，并且将侵犯名誉权和侵犯隐私利益分开规定，相当于承认隐私权可以成为独立的民事权利。其三，我国《宪法》第38条、第39条、第40条规定，公民的人性尊严、住宅、通信自由及通信秘密不受侵犯，尽管《宪法》中没有直接提出隐私权不受侵犯，但为隐私权的保护提供了宪法基础，也明确了隐私权作为宪法基本权利的法律地位。有学者提出，在没有宪法条文规定的情况下，也可以通过具体案件运用宪法解释技术，完成宪法保护隐私权的任务，这一过程展现的是隐私权宪法保护的实效发挥。② 其四，2009年通过的《侵权责任法》首次在法律中明确提出"隐私权"这一概念。与美国的隐私权相比，我国的隐私权属于狭义隐私权，指自然人享有的私人生活安宁与私人信息秘密依法受到保护，不被他人非法侵扰、知悉、收集、利用和公开的一种人格权，而且权利主体对他人在何种程度上可以介入自己的私生活，对自己的隐私是否向他人公开以及公开的人群范围和程度等具有决定权。与隐私权相比，被遗忘权是将已公开的信息重新回归隐私的权利，保障数据主体回归幽居独处、生活得到宁静、不被打扰的状态。被遗忘权最终将保护的客体重新归于隐私领域，且被遗忘权与隐私权都旨在保障人性尊严不受侵犯。可见，二者存在一定关联。

---

① ［西］布兰卡·R. 瑞兹：《电子通信中的隐私权——欧洲法与美国法的比较视角》，林喜芬等译，上海交通大学出版社2017年版，第37页。

② 王秀哲：《信息社会个人隐私权的公法保护研究》，中国民主法制出版社2017年版，第100—101页。

　　尽管隐私权与被遗忘权有关联性，但我国被遗忘权与隐私权存在很大区别，具体包括以下几个方面：

　　第一，权利属性不同。隐私权是一项消极防御性权利，只有在遭侵害时才要求排除妨害、赔偿损失，无法预测个人信息的使用是否会对个人产生负面影响。即使个人能够预见到影响，这些影响也存在抽象性、不可预测性及不确定性。[①] 被遗忘权是一项积极主动性权利，如果自己或他人发布与数据主体相关的个人信息，而该信息已经过时、不相关，那么数据主体有权请求数据控制者更改、删除。

　　第二，信息公布行为是否合法存在不同。隐私遭受侵害，正是通过他人非法公布个人私密信息而导致的。被遗忘权遭受侵害时，个人信息的发布是合法的，立法目的是将合法公布的个人信息重新归于隐私领域。

　　第三，客体范围不同。隐私权保护的是生活安宁和私人秘密，指未向社会公众公开的个人私密信息。被遗忘权的客体范围是在互联网上已经公开的个人信息及本来属于公众范畴的个人信息，只是随着时间的消逝而逐渐变得不再相关。个人信息和个人隐私之间是包含关系。[②]

　　第四，制度重心不同。隐私权的创设是为了防止个人私密信息被披露，而不是保护隐私的控制与支配。被遗忘权强调的是对个人信息的控制与支配，试图将已经合法公开的信息从公共领域重新归于隐私领域的。

　　第五，保护方式不同。隐私权的保护依靠事后救济，保护范围更多地涉及个人利益，并不涉及公共利益或公共安全，仅能通过法律进行。被遗忘权的保护是事前救济，应该注重预防。被遗忘

　　[①] Meg Leta Ambrose and Jef Ausloos, The Right to Be Forgotten across the Pond, *Journal of Information Policy*, Vol. 3, 2013, p. 4.

　　[②] 梁辰曦、董天策：《试论大数据背景下"被遗忘权"的属性及其边界》，《学术研究》2015 年第 9 期。

权有时不仅关系到个人利益，也可能涉及公共利益、公共安全，除法律保护外，也通过行政手段对其加以保护。如对非法利用他人个人信息的行为，政府有权制止并采用行政处罚等方式；对于互联网上出现的不良信息或危害公共安全的信息，政府有权予以删除。

综上所述，我国隐私权与被遗忘权存在差异，被遗忘权不从属于隐私权。

四　被遗忘权与其他人格权的关系

（一）被遗忘权与姓名权、肖像权、名誉权的关系

姓名权、肖像权、名誉权都是我国法律规定的具体人格权。关于姓名权，《民法总则》第99条规定，保护公民姓名不被干涉、盗用、假冒；关于肖像权，第100条规定，保护公民的肖像不被他人以营利为目的而使用；关于名誉权，第109条规定，保护公民的人身自由和人性尊严。某些个人信息的不当使用可以通过姓名权、肖像权、名誉权的保护进行法律救济。如冒用他人姓名，非法获取他人的帐号、密码，使用他人个人信息进行"身份盗窃"，都可以通过姓名权的保护进行法律救济；在网络上发布的捏造、诽谤他人的侮辱性信息、贬低他人人格的信息，造成败坏他人名誉的危害结果，可以通过名誉权的保护进行法律救济。据此，姓名权、肖像权、名誉权在某些情况下可以保护个人信息，但被遗忘权的保护利益具有宽泛性，不能被名誉、姓名权等具体人格权所涵盖。

发生在德国"沃尔夫冈兄弟杀人案"中，法院判决：沃尔夫冈·沃勒（Wolfgang Werle）和曼弗莱德·劳勃（Manfred Lauber）兄弟俩谋杀演员沃尔特·赛德马耶（Walter Sedlmayr）的罪名成立，引起社会媒体广泛关注，二人的名字在维基百科搜索词条中出现。服刑完毕后，两兄弟要求维基百科删掉搜索词条中二人的名字，这一诉求援引德国法院判决中的恢复名誉的"自我决定权"，即罪犯服

刑完毕后可以要求维基百科删除犯罪信息。① 可见，被遗忘权保护利益的宽泛性不能被名誉权、姓名权等具体人格权所涵盖。姓名权、肖像权、名誉权对个人信息保护的作用有限，与被遗忘权的保护范围存在差异。换言之，公民的姓名、肖像、名誉相关的个人信息处理不会总被确定为侵犯了公民姓名权、肖像权、名誉权。例如，将带有他人肖像的照片上传到网络上，如果不以营利为目的，数据主体的权利也无法依据肖像权得到保护；将他人的不良信用记录被公众知晓，如果该记录真实有效，数据主体的权利也无法依据名誉权得到保护。而被遗忘权是数据主体所享有的对于互联网上的已经公开的、不适当的、不相关的或不再相关的、过时的个人信息进行删除或者隐藏的权利②，通过将已经公开的信息重新归入隐私领域的方式使公众不能轻易获取。被遗忘权不要求删除、隐藏的个人信息必然侵犯姓名权、肖像权、名誉权，而是该个人信息的存在已经不适当或不相关了。所以，被遗忘权保护的利益范围大于姓名权、肖像权、名誉权的权利范围。

（二）被遗忘权与其他具体人格权的想象竞合

在社会生活中，各种基本权利间相互竞合的情况广泛存在，被遗忘权与其他权利也存在竞合关系，行为人实施的一种行为可能同时侵害包括被遗忘权在内的多种权利。如随意散播具有私密性特征的个人信息，可能既侵犯个人的被遗忘权，又侵犯个人的隐私权。在权利竞合的情况下优选哪一项权利进行保护值得探究，如国内的被遗忘权第一案——"任某诉百度案"中就出现了被遗忘权与名誉权、姓名权的权利竞合。原告任某在百度搜索引擎中输入自己的姓名后，在点击搜索键之前，搜索栏下方出现的"相关搜索"列表中

---

① Katharine Larsen, "Europe's 'Right to Be Forgotten' Regulation May Restrict Free Speech", *First Amedment & Media Litig*, Vol. 17, 2013, p. 13.

② Lawrence Siry, "Forget Me, Forget Me Not: Reconciling Two Different Paradigms of the Right to Be Forgotten", *Kentucky Law Journal*, Vol. 103, 2014, p. 325.

显示"陶氏教育任某"等关键词。任某认为陶氏教育的业界名声并不好，并且在2014年她已经与无锡陶氏生物科技有限公司解除劳动关系。而百度公司公开将其姓名与陶氏教育联系在一起，对原告现工作单位的信任及其就业前景产生不利影响。任某在多次向百度公司主张删除该"相关搜索"后无果，遂向法院起诉，主张百度公司的行为侵犯自己的一般人格权（被遗忘权）、姓名权和名誉权。原告要求保护的三种权利，即被遗忘权、姓名权和名誉权之间是权利竞合的关系，只要三种权利任意一个得到法院的认可，都可以通过删除个人信息的方式保护原告的利益。如果名誉权和姓名权的救济无法实现，被遗忘权可以作为"兜底性权利"，删除个人信息。然而，原告并未胜诉。法院表示，关于被遗忘权的保护，我国法律没有相关规定，法院本着严谨的态度并未同意原告提出的诉讼请求。其实，如果该案的法官能摒弃消极的态度，根据法学方法论的相关理论，将被遗忘权涵盖的利益纳入法律保护范畴，在被遗忘权与名誉权、姓名权的权利竞合的情况下，仅通过被遗忘权就能维护原告的合法权益，那么将对大数据时代的人格权保护具有重要意义。

无论作为独立的人格权，还是依附于某一种具体人格权，被遗忘权与其他权利间的竞合关系都值得深入分析。第一，奥托·巴霍夫（Otto Bachof）通过基本权利释义学的方式引发了公众对权利竞合的讨论。权利竞合可以类比一个行为触犯多个法条一样，主张两项或两项以上基本权利的规范在一件法律案件中适用的情况。如果一项权益被多个法律保护，那么只要其中一个法律生效就达到目的。第二，如果被遗忘权与同一位阶的权利竞合，可以具体问题具体分析，择一适用；如果无法确定的情况下，被遗忘权可以"最后出场"，作为保障权益的"秘密武器"。例如被遗忘权与隐私权、名誉权、姓名权之间的竞合，可以择一使用，如果隐私权、名誉权、姓名权的救济无法实现，被遗忘权可以作为"兜底性权利"实行保护。第三，如果被遗忘权与非同一位阶的权利竞合，则按照"特别法优先于一般法"的方式，确定竞合的权利哪个出自一般法，哪个出自特别法，再予以适用。如人性尊严和被遗忘权之间的权利竞合，则优选特别法中的被遗忘权进行权益保护。

第四节　被遗忘权的权利结构

一　被遗忘权的主体

（一）权利主体

被遗忘权给快速发展的数字化时代带来新的挑战，改变人们看待世界的方式。其中，被遗忘权的权利主体至关重要，直接描绘了接管现实生活的网络世界。由于各国的被遗忘权的立法模式存在差异，在权利主体的规定上也存在不同。例如，欧盟将被遗忘权的权利主体规定为一个确定的或可识别的自然人，这个自然人是可以通过一个或多个因素标识符而被直接地或间接地确定身份，可参考的标识符具体包括：姓名、身份证号码、位置数据、网络标识或具体到物理、生理、遗传、心理、经济、文化、社会身份等。而美国对被遗忘权持谨慎态度，从当前的法律规定上来说仅有未成年人对自己的信息享有有限的被遗忘权。而美国对享有被遗忘权的未成年人的年龄在立法上也存在不同的意见。一种将权利主体规定为联邦区域内不满13周岁的未成年人，另一种规定为居住在加州的不满18周岁的人。①

在一些法治比较完善的国家和地区，包括政府机关、政府官员或公务员等的人格权益不会受到过多的保护，公民言论自由也不会

---

① Jessica Ronay, "Adults Post the Darndest Things: Freedom of Speech to Our Past", *University of Toledo Law Review*, Vol. 46, 2014, p. 78.

受到过多的压制，各种形式的批评言论可以在法律的限度内自由表达。① 因此，有学者提出，公众人物、罪犯、恐怖分子的被遗忘权受到限制，立法时需要谨慎对待。② 公众人物可能试图利用被遗忘权，删除自己不光彩的过去。而罪犯和恐怖分子可能借此机会大做文章，企图从公众视野中删除他们的累累罪行。还有学者提出，恋童癖或性犯罪的罪犯不适用被遗忘权，由于受害人和未成年人属于弱势群体，其利益应该受到特殊保护。③ 由此可见，被遗忘权的权利主体急需进一步界定。

笔者建议，被遗忘权的权利主体应该采取欧盟的模式，覆盖所有的自然人，但是，需要明确不同的数据主体所享有的权利范围是不同的。除普通个人以外，自然人中的公众人物、政府官员等强势群体的被遗忘权适用范围应该受到限制，而自然人中的被害人、未成年人等弱势群体的被遗忘权应该受到特殊保护。另外，被遗忘权的权利主体仅包括自然人，不包括企业、法人。这是由于企业和法人并无私生活，也无精神痛苦。因此，企业和法人不享有信息隐私权，理应不享有被遗忘权。如果企业和法人的信息被非法公开，可以通过商业秘密或财产权的途径主张救济。④

（二）义务主体

大数据时代背景之下，各种网站、在线服务、在线应用、移动应用的运营商和自媒体不断涌现，他们借助互联网的永久记忆和科学技术的力量整合碎片化的个人信息，可以为每个公民建立一个全

---

① 孙平：《冲突与协调：言论自由与人格权法律问题研究》，北京大学出版社 2016 年版，第 177 页。

② 郑志峰：《网络社会的被遗忘权研究》，《法商研究》2015 年第 6 期。

③ Juliete Garside, *Right to Be Forgotten Is a False Right*, *Spanish editor tells Google Panel*, The Guardian, last modified January 5, 2018. https：//www. theguardian. com/technology/ 2014/sep/09/right-to-be-forgotten-spanish- hearing-google.

④ 王泽鉴：《人格权法：法释义学、比较法、案例研究》，北京大学出版社 2013 年版，第 229 页。

面的"人格画像"。① 因此，应该明确界定信息控制者，要求其履行"被遗忘"的义务。当今世界范围内，被遗忘权义务主体的具体规定不尽相同，但范围基本一致。例如，欧盟将被遗忘权的义务主体规定为数据控制者，包括个人或个人与他人共同决定个人数据处理的目的和手段的人，通常是指公共机构或私人机构，但也可以是个人。而美国将被遗忘权的义务主体分为两个方面：其一，直接针对未成年人的商业网站和在线服务的经营者；其二，虽然是针对普通用户，但知道是从未成年人那里收集信息的网站和在线服务的经营者。"数据控制者"的概念在 20 世纪 90 年代"欧盟 95 指令"被采纳时广泛应用②，但随着时代变化，当前多种混杂的信息处理过程中，判断数据处理的目的和手段究竟出自哪些"数据控制者"比那时更加困难。由此可见，各国有必要进一步界定被遗忘权的义务主体。

　　笔者认为，根据他国的立法，被遗忘权义务主体可以分为如下三个方面。第一，传统的电信运营商。如"手机定位数据"作为个人信息时，电信运营商就是数据控制者，有义务在"法定保留期限"后删除该数据。第二，互联网时代的社交网络服务商。第二代互联网（web2.0）刚刚启用时并未明确微博是否属于"数据控制者"，尤其是在社交网络服务刚刚兴起的阶段。直到欧盟"第29 条工作小组"在他们关于数据控制者概念的意见中，出于对微博等社交网络服务处理数据目的和手段的分析，正式将社交网络服务提供者确定为"数据控制者"。③ 第三，上传他人个人数据的网络用户。如果用户上传关于其他人的信息，则具备成为数据控制者的资格。如微博和朋友圈发布的消息中包含他人可识别的个人数据，发布者有义务在信息主体的要求下删除数据。但前提是

---

① Serge Gutwirth, Ronald Leenes, Paul de Hert, *Reforming European Data Protection Law*, Berlin: Springer Netherlands Press, 2015, pp. 11-12.

② Bert-Jaap Koops, "Forgetting Footprints, Shunning Shadows. A Critical Analysis of 'the Right to be Forgotten' in Big Data Practice", *SCRIPTed*, Vol. 8, No. 3, 2011, p. 237.

③ Ibid. , p. 238.

他们上传数据的行为不符合"私人和家庭生活例外原则"。这出自"欧盟95指令"中第3条第（2）款："当个人在纯粹私人和家庭活动中作出的数据处理，不受指令的约束。如个人收集、使用他人个人信息后，编写通讯簿的行为，通讯簿中的信息主体无权要求个人删除通讯簿中自己的信息。"GDPR第二条第2款第（c）项也对该原则作出同样的规定。

二　被遗忘权的客体

伴随数字信息总量逐年攀升，给数字化时代带来新的挑战。各国关于被遗忘权的立法模式存在差异，包括被遗忘权的客体范围也是存在不同的。例如，欧盟将被遗忘权的客体规定为没有继续存在理由的个人信息，具体包括已经公开的个人信息，以及未公开的个人信息。未公开的信息包括：浏览器自带记忆功能记录的信息；网站提供的储存个人提供的信息。已公开的信息具体包括：数据主体自己发布在网络上的信息；数据主体自己发布后，被他人复制、转载的信息；他人发布的与数据主体有关的信息；他人发布后，被第三人转载的信息，且该信息与数据主体有关。而美国将被遗忘权的客体规定为，未成年人已经公开的个人信息。[①]

笔者认为，被遗忘权的客体应该采取美国的模式，规定为已公开的信息。已公开的信息可以划分为两部分，由"个人创造"的个人信息和"他人创造"的个人信息组成。

第一，个人创造的个人信息称为"数字足迹"[②]。在互联网兴起之后，每一个互联网用户也是一个内容创造者。社交网络兴起，用户间的信息共享创造了每个用户的"数字足迹"，即人们积极生产的

---

① Jaclyn Kurin, "Does the Internet Eraser Button for Youth Delete First Amendment Right of Others", *Revista de Investigacoes Constitucionais*, Vol. 4, 2017, p. 17.

② Bert-Jaap Koops, "Forgetting Footprints, Shunning Shadows. A Critical Analysis of 'the Right to be Forgotten' in Big Data Practice", *SCRIPTed*, Vol. 8, No. 3, 2011, p. 235.

大量的数字痕迹。

第二，他人创造的个人信息称为"数字化影子"。主要通过公共机构和私人机构收集、储存个人信息建立数据库形成。① 其一，公共机构方面，荷兰数据保护局调查表示，每个荷兰公民的个人信息被 250—500 个数据库储存，活跃的公民可能会被 1000 个以上的数据库收集。尤其是公共安全和司法领域，欧盟大规模的数据库系统包含数以千万的公民信息和数据处理操作，单是英国就有 2000 个以上的治安数据库。② 其二，私人机构方面，如谷歌、百度等搜索引擎都会储存用户的搜索问题，储存时间不确定，但时间相当长，通过搜索的问题描绘出用户细节的"人格画像"（profiling）。令人难以置信的是，搜索引擎对你的了解可能多于你对自己的了解。社交网络通过浏览痕迹（cookies）收集个人偏好，不仅包括注册用户，甚至包括没有注册的浏览用户，可能只因为他们点了"赞"这个按钮而被收集信息。③ 另外，海量的数据收集、比对会产生新的个人数据，通过对某个人的信息收集，还会收集到别人的信息。如社交网络中上传的照片可以"标签"出你的好友，可以借此掌握他人的信息。

当今我们生活在大数据时代，越来越多的数据是由他人收集、储存而产生的，而不是完全依靠个人制造产生的数据。换言之，他人创造的"数字化影子"数量远超我们自己留下的"数字化脚印"。其实，这些客体为如何塑造被遗忘权提供启示。

---

① Bert-Jaap Koops, "Forgetting Footprints, Shunning Shadows. A Critical Analysis of 'the Right to be Forgotten' in Big Data Practice", *SCRIPTed*, Vol. 8, No. 3, 2011, p. 236.

② Erin Murphy, "Databases, Doctrine & Constitutional Criminal Procedure", *Fordham Urban Law Journal*, Vol. 37, 2010, p. 803.

③ "Facebook Tracks and Traces Everyone: Like This!", Arnold Roosendal, *Tilburg Law School Research Paper* No. 0312011, last modified November 10, 2017, https://papers.ssrn.com/sol3/papers.cfm? abstract_id=1717563.

三　被遗忘权的内容

（一）权利的行使

何种情况可以援引被遗忘权？被遗忘权的适用情形是，数据处理目的不再、数据处理期限届满、数据主体撤回同意或拒绝处理个人数据等情况。被遗忘权的权利行使是指，数据主体有权要求数据控制者删除相关的个人信息。值得注意的是，被遗忘权的行使体现了信息主体的自由意志。即使对于没有价值的个人信息，信息主体依然可以请求删除；即使删除信息本身对于信息主体没有利益可言，信息主体仍然可以主张删除。信息主体可以行使删除请求权，也可以不行使删除请求权；既可以要求信息控制者履行删除义务，也可以免除其删除义务；既可以请求损害赔偿，也可以免除损害赔偿。被遗忘权体现的自由意志在欧盟和美国的立法中均有体现，仅是在权利行使的具体情形有所不同。

笔者认为，可以将被遗忘权具体适用情形分为两个方面。

第一，现在的具体风险。当过时数据保留对个人造成即时危害时，可以对数据主体进行预警。1995 年颁布的《欧盟数据保护指令》第 14 条规定："成员国赋予数据主体权利，有权在任何时间以合适理由反对与自己相关的数据被处理，除非国内立法另有规定的情况下除外。"尽管这种权利允许随时使用，但其局限性在于：其一，要求数据主体证明有令人信服的合法理由停止数据处理，这给用户带来了很大的举证负担，并给数据控制者留下了很大的自由裁量权。① 其二，数据主体提出的停止处理的请求无法顾及所有形式的处理（包括收集、储存、使用和披露）。如数据主体只反对使用、披露数据，但没有拒绝基本不侵犯隐私权的存储数据。即使数据控制者当前储存数据的行为是合法的，但将来很可能会使用、处理数

---

① Bert-Jaap Koops, "Forgetting Footprints, Shunning Shadows. A Critical Analysis of 'the Right to be Forgotten' in Big Data Practice", *SCRIPTed*, Vol. 8, No. 3, 2011, p. 240.

据，届时数据主体将不得不反复地要求数据控制者停止处理的行为。其三，该规定为处理数据的法律义务提供了豁免情况。政府和企业在某些情况下必须享有处理数据的权利，如打击犯罪或欺诈，所以数据处理需要豁免的情况。国家立法机关有很大的自由裁量权，排除个人反对数据处理的请求。

第二，将来的抽象风险。数据的保留可能在未来某时对数据主体造成损害，为了防止已经过时的数据引发不良后果，数据主体可以事前作出运作，通过网络平台的治理系统确保数据处理者删除不再需要保留的数据。如用户在公开数据时设定一个截止日期——"到期日"，确保数据到期时会自动删除。[①] 但是这种方法在实践中存在不足，具体包括以下三个方面：首先，对于用户来说，很难对"到期日"的时间长短作出深思熟虑的选择，并且"到期日"对"数字化影子"不起任何作用。其次，在大数据时代，如何准确把握何种数据是"过时的"，缺乏一个明确的衡量标准。最后，不仅是过时的数据会对数据主体造成损害，某些数据在合法处理过程中也可能对数据主体造成伤害，单纯依靠仅能删除过时数据的遗忘权并不能解决这一问题。

（二）义务的履行

某人若享有权利，一定存在针对其利益作为或不作为的义务。[②] 各国被遗忘权的立法模式有所不同，包括在义务履行的规定上也存在差异。例如，欧盟的数据控制者需要履行的义务包括以下几个方面：其一，删除义务。数据控制者既要删除自己发布的关于数据主体的个人信息，也有义务要求复制、转载的第三方删除信息。其二，审查义务。欧盟的公民删除请求需要被层层审查，数据主体先向出

---

① Bert-Jaap Koops, "Forgetting Footprints, Shunning Shadows. A Critical Analysis of 'the Right to be Forgotten' in Big Data Practice", *SCRIPTed*, Vol. 8, No. 3, 2011, pp. 241-242.

② ［美］约翰·奇普曼·格雷：《法律的性质与渊源》，马驰译，中国政法大学出版社 2012 年版，第 9 页。

版者申请，失败后再向搜索引擎提出删除链接，再失败才向国家数据保护局求助，最后失败才能向法院提请诉求。其三，通知义务。数据控制者需要通知第三方和公众其删除的行为。但公众既要担心这种义务更容易将信息二次曝光，也担忧如果不通知会导致公众一无所知。而美国关于数据控制者的义务规定得更为具体、全面，这与其数据主体为未成年人有关。依据"儿童最大利益原则"，需要履行的义务具体包括：信息删除义务、通知义务、解释说明义务、提醒义务和征求父母同意义务。① 前两项义务与欧盟相同，"解释说明义务"指运营商有义务清楚地解释说明，未成年人如何让运营商移除已经公开的相关信息；"提示义务"指运营商有义务提醒未成年人，删除的数据信息无法保证是完全详尽的删除；"征求父母同意义务"指运营商需要获得儿童父母可证实的同意才能收集、储存或处理儿童的个人信息。

笔者认为，被遗忘权的义务可以参考各个国家的模式，制定更为具体、全面的数据控制者的义务，具体包括：删除义务、审查义务、通知义务、解释说明义务、提醒义务、征求同意义务等。通过数据控制者的义务履行，保证被遗忘权的实现，以解决互联网的永恒记忆带来的个人无法控制自己隐私信息的难题。

四　被遗忘权的例外

被遗忘权的适用范围不是无限扩张的。世界范围内通过豁免情况的认定，对被遗忘权进行限缩，平衡被遗忘权与其他基本权利之间的冲突。欧盟规定了言论自由、公众利益、公共健康、历史和科学研究需要、法律主张等豁免情形。而美国规定符合以下几种条件之一的，未成年人的被遗忘权受到限制：基于法律要求；注册用户

① Samuel W. Royston, "The Right to Be Forgotten: Comparing U. S. and European Approaches", *St. Mary's Law Journal*, Vol. 48, 2016, p. 271.

不是未成年人；未成年人用户的信息被匿名化处理；未成年人没有按照法律规定行使删除的权利；未成年人获得对价补偿。可见，被遗忘权并非绝对的权利，出于公共利益的保护约束被遗忘权存在合理性，但言论自由作为豁免情形值得进一步探讨。如果被遗忘权的保护不对新闻自由加以区分，那么新闻媒体在网络上可任意发表报道。即使该新闻真实有效，也可能会侵犯公民的人性尊严和信息自主。

　　笔者认为，对于涉及公共利益的新闻报道可以限制个人的被遗忘权，但新闻报道与公众利益无关、关联不大或涉及公民的隐私，则数据主体可以主张被遗忘权的保护，要求新闻媒体隐藏或删除原始链接。

第 二 章

被遗忘权保护的正当性

人类走进信息时代以来，信息技术的发展带来互联网大数据对个人信息的永恒记忆，随之也产生个人无法控制自己的隐私信息的难题，为了解决这一问题，"被遗忘权"就此产生。"被遗忘权"的提出给快速发展的数字化时代带来新的挑战，引发信息自主和言论自由的利益冲突。但被遗忘权也为保护人性尊严下的基本权利作出贡献，改变人们看待世界的方式。德沃金主张："权利保护个人的某些利益，不同个体有自己的个人利益，如果他们希望，那这些个人有保护这些利益的权利。"① 就被遗忘权来说，它通过伦理基础而证成其自身，正是个人希望保护人性尊严与信息自主的权利。

第一节　被遗忘权与人性尊严

一　被遗忘权维护人性尊严的现实背景

（一）莫里斯诉《世界新闻报》案

互联网的发展，使人们从简单的信息访问走向信息共享的时代。

---

① ［美］罗纳德·德沃金：《认真对待权利》，信春鹰、吴玉章译，中国大百科全书出版社 1998 年版，第 233 页。

然而，网络记忆的永久性让个人维护声誉遭遇多重打击。莫里斯诉《世界新闻报》案中，英国某网站曝光了国际汽联主席麦克斯·莫里斯（Max Mosley）的一段惊人的性丑闻视频，视频中莫里斯身穿纳粹集中营的军服，五名妓女身穿犹太人囚衣或狱警军服。[1] 随后，莫斯利向伦敦地方高等法院起诉《世界新闻报》，他认为该视频涉嫌隐私，要求撤掉视频，并寻求赔偿。莫里斯主张该报道侵犯了他的人性尊严和名权誉，影响了他的社会和家庭生活，即使事件已经过去几年，影响仍十分恶劣。但是，有学者提出莫里斯是经常出席大型赛事的公众人物，他要求网站删除涉及种族间的争议的资料侵犯了公众知情权。[2]

（二）喝醉的海盗案

在"喝醉的海盗案"中，史黛西在应聘某学校时被校方拒绝，且取消了她当教师的资格。原因是她曾在社交网络的主页上发布了一张名为"喝醉的海盗"的照片，照片中头戴海盗帽的史黛西正喝着一杯饮品。校方认为该照片不符合为人师表的形象，可能会对学生造成不良影响。于是，史黛西打算立即删除社交网站上的照片，可是她的个人主页早就储存在搜索引擎中，这张照片也被网页爬虫存档。随后，史黛西起诉该大学。她坚持，校方无法证明该饮品是酒，并且自己已经达到在聚会中喝酒的年龄，不应该仅靠这一张照片认定她没有成为教师的资格。[3] 可是，史黛西并未胜诉。

与莫里斯的视频曝光案相比，史黛西有权删除自己发布的这张照片，并主张该照片与能否成为称职的教师并无关联。公众有权知

---

[1] Michael L. Rustad, Sanna Kulevska, "Reconceptualizing the Right to Be Forgotten to Enable Transatlantic Date Flow", *Harvard Journal of Law and Technology*, Vol. 28, 2015, p. 395.

[2] 陆海娜、［澳］伊丽莎白·史泰纳：《家庭与隐私权》，知识产权出版社 2016 年版，第 166—170 页。

[3] ［英］维克托·迈尔-舍恩伯格：《删除：大数据取舍之道》，袁杰译，浙江人民出版社 2013 年版，第 5—6 页。

道一位公众人物是否有纳粹倾向，而公众无权在史黛西删除照片后，仍可以通过网络档案访问这张照片。值得注意的是，如果信息不实，政府官员和公众人物可以通过财政资源、政治敏锐度来还原事实真相，可是像史黛西这样的普通公民在网络的大肆传播下很难恢复名誉。①

二 被遗忘权维护人性尊严的理论基础

互联网拥有永久的、无限的记忆，每个人过去在网络上留下的个人信息可能会在未来对自己的人性尊严造成伤害。人性尊严是人类与生俱来的、不可剥夺的价值，体现的是对个体的至高无上的内在价值的尊重。② 而被遗忘权尊重个人对信息的自有处分的权利，主张将已经公开的个人信息重新纳入隐私领域，既充分尊重了个人的自主性，也完全尊重了作为权利主体的个人。③ 被遗忘权保证他人有限的收集、使用、处理个人信息，使数据主体走出数字化的阴影回归安宁，也让遗忘回归常态。据此，我们可以从个人利益的角度来证成被遗忘权，从以下两个方面分析被遗忘权成为法定权利的必要性。

第一，被遗忘权有助于保障个人回归社会，开启新生活。有的人风险认知能力存在不足，抱着及时行乐的态度，受情绪的影响所作出的轻率之举④，任意在网络上发布和分享个人信息，而当风险到

---

① Michael L. Rustad, Sanna Kulevska, "Reconceptualizing the Right to Be Forgotten to Enable Transatlantic Date Flow", *Harvard Journal of Law and Technology*, Vol. 28, 2015, p. 396.

② 王秀哲：《我国隐私权的宪法保护研究》，法律出版社 2011 年版，第 39 页。

③ 朱振：《权利与自主性——探寻权利优先性的一种道德基础》，《华东政法大学学报》2016 年第 3 期。

④ Jaclyn Kurin, "Does the Internet Eraser Button for Youth Delete First Amendment Right of Others", *Revista de Investigacoes Constitucionais*, Vol. 4, 2017, p. 14.

来，后悔当初的举动时，却为时已晚。①除了自己发布的个人信息会对自身带来负面影响之外，由第三方发布的关于个人的不良记录也会对其回归社会，开启新生活带来负面影响，侵犯公民的人性尊严。一方面，个人的违法犯罪记录等不良信息将使一部分个人在未来的就业、参与社会公共生活等方面受到各种歧视性待遇。② 比如，人事部门在招聘时，会通过关注应聘者的社交网络来寻找他们的不良记录（包括酗酒、吸毒等）或者发布的歧视性评论，作为不雇用他们的证据。③ 再如在学生升学方面，学校的招生部门会通过申请者在社交媒体上留下的信息，来决定同意或是拒绝申请者的入学申请。保护公民的被遗忘权可以改变个人的"人格画像"，使以往的不良记录影响其升学、应聘，以及参与其他社会生活的隐私数据不再暴露在公众视野范围。另一方面，犯罪信息在网络上的持久存在不利于其再社会化，容易加剧数据主体的逆反心理，使其重新走上犯罪的道路。借助被遗忘权，个人可以便捷地删除关于自己的不适当的信息，不良记录也会消失在公众的视野之中。被遗忘权能够帮助个人展现一个良好的形象，有利于数据主体回归正常的社会生活，保护个人的人性尊严。④

第二，被遗忘权有助于保障个人生活的安宁。被遗忘权之所以出现就是因为在大数据时代，个人信息在互联网上的永久存在给个人带来了许多问题。现代社会的高度商业化，数据信息化导致个人信息受到巨大威胁。借助互联网科学技术的力量，可以为每个公民

---

① James Lee, "SB 568: Does California's Online Eraser Button Protect the Privacy of Minors?", *University of California, Davis Law Review*, Vol. 48, 2015, pp. 1173-1205.

② Samuel W. Royston, "The Right to Be Forgotten: Comparing U. S. and European Approaches", *St. Mary's Law Journal*, Vol. 48, 2016, p. 273.

③ Brian Geremia, "Chapter 336: Protecting Minors' Online Reputations and Preventing Exposure to Harmful Advertising on the Internet", *McGeorge Law Review*, Vol. 45, 2013, p. 440.

④ James Lee, "SB 568: Does California's Online Eraser Button Protect the Privacy of Minors?", *University of California, Davis Law Review*, Vol. 48, 2015, pp. 1204-1205.

建立一个全面的"人格画像",个人的日常安排、消费偏好、社交网络关系,网络服务运营商对你的了解可能远超你的想象。在隐私领域和公开领域都是如此,每个人在这个信息时代里都会成为"透明人",甚至有"裸体化"倾向。[①] 如舍恩伯格所举的"抹不掉的致幻剂"的例子中[②],互联网上负面个人信息的永久存在给人们的生活、就业和出入境等带来了严重的困扰。这给公民的私人生活安宁带来困扰,不利于维护公民的人性尊严。而我国的隐私权保护范围仅限于未公开的个人信息,那么已公开的个人信息的利益就需要一项新的权利进行保护。被遗忘权主张的是对互联网上已经公开的、没有继续存在理由的个人信息进行隐藏、删除的权利,强调个人对信息的自主控制,有利于抑制个人的"裸体化"趋势,维护人的尊严。

休谟曾说:"科学与人性多多少少总是有着关联,不论这一科学学科和人性之间有多大差异,这一学科终会遵循某一种途径回归人性。"[③] 所以,我们从个人利益的角度来论证被遗忘权具有正当性。删除互联网上的个人信息对于信息主体是有利的,保护了公民的人性尊严,因此被遗忘权应当成为法定权利。

三 被遗忘权维护人性尊严的法律依据

人性尊严的概念由来已久,古代春秋时期齐国就有"夫霸王之所始也,以人为本"的思想。以人为本蕴含了民之人性尊严的实现。而西方的宗教、神学及哲学均有人性尊严的渊源,经历了自然法的漫长演化,人性尊严的保护到现代也被认可,最终以法律形式存在于各个国家的基本法之中,是法治国家的基础。在人性尊严纳进宪法的历史演进中,德国一直名列前茅。1949 年《德国基本法》第 1

---

① 陈戈、柳建龙等:《德国联邦宪法法院典型判例研究:基础权利篇》,法律出版社 2015 年版,第 59 页。

② [英] 维克托·迈尔-舍恩伯格:《删除:大数据取舍之道》,袁杰译,浙江人民出版社 2013 年版,第 8—10 页。

③ [英] 休谟:《人性论》(上册),关文运译,商务印书馆 1980 年版,第 6 页。

条明确规定人之尊严不可侵犯，尊重及保护此项尊严为所有国家机关之义务。人性尊严是德国法中具有相当关键的价值。之后，各个国家都开始将人性尊严纳进宪法。1945 年《联合国宪章》序言中规定联合国人民同兹决心，重申人性尊严之信念。人性尊严在国际领域也深受重视。1984 年《世界人权宣言》第 12 条明确规定："任何人的私生活、家庭、住宅和通信不得任意干涉，他的荣誉和名誉不得加以攻击。人人有权享受法律保护，以免受这种干涉或攻击。"这是人性尊严最重要的国际人权法渊源。在我国，《宪法》第 38 条明确规定公民的人性尊严不受侵犯。我国人性尊严的法律表现形式是公民的人格权不受侵犯。

审视个人尊严的概念，人性尊严是指公民作为平等的人的资格和权利应该受到国家的承认和尊重。人性尊严是遵循历史发展而来的价值，是人之为人的价值，强调人人都是独立自主的个体。[1] 前互联网时代对人的控制是人身和财产的控制，而在互联网时代对人的控制还包括对个人信息的控制。伴随着数字信息化的发展，个人逐渐丧失独立自主权，沦为信息的客体。我们需要防止个人信息成为否定个人独立自主的"怪物"，必须阻止个人信息失去控制，这就需要通过个人信息的保护公民的人格权来实现个人的独立自主。

第二节　被遗忘权与信息自主

一　被遗忘权保护信息自主的现实背景

（一）德国人口普查案

20 世纪 80 年代，计算机在德国逐渐普及，信息技术的发展对个人信息保护产生威胁。人民纷纷主张修改《联邦信息保护法》，然而

---

① 王泽鉴：《人格权法：法释义学、比较法、案例研究》，北京大学出版社 2013 年版，第 177 页。

多个提交的修改草案都没有通过审核。1982 年，议会终于颁布了《联邦人口普查法》，并于 1983 年开始正式实施。法案规定，政府有权对联邦范围内的公民进行信息调查，包括人口、住址、职业、教育经历、工作场所等 15 个方面的信息需要全面登记。① 就当时来说，相当于是对德国的社会构成进行的最全面的信息调查。但也因此，引起了公民的强烈反对和质疑。超过百位的市民主张《联邦人口普查法》违反德国《基本法》，而向联邦宪法法院提起申诉。

法院审理后主张，《联邦人口普查法》第 2 条中第 1—7 项以及第 3—5 条违反《基本法》中关于人格自由的要求，个人应该有权决定其私人生活是否公开、公开到何种程度以及公开的时间和方式。在信息技术快速发展的社会环境下，如果个人无法控制自己的信息，必将对个人的社会生活自由产生威胁。因此，法院判决《联邦人口普查法》中的违宪部分进行修正，依据《基本法》第 2 条第 1 款和第 1 条第 1 款关于一般人格权包含的现代化数据处理情况下，对个人信息不能无限制地进行调查、收集、处理和传递采取保护措施。② 就此，德国联邦法院创设"信息自主权"，主张个人对与其相关的信息具有支配的权利，仅受公共利益限制。③

（二）雷巴赫士兵案

1969 年，三名士兵因抢劫德国雷巴赫镇的弹药库造成 4 人死亡、1 人重伤。1970 年，三人因罪被逮捕入狱。其中，两人被判无期徒刑，一人被判有期徒刑 6 年。随后，德国某电视台推出《雷巴赫士兵谋杀案》的纪录片，片中不仅包括犯罪全过程，以及侦查、审查、起诉、审判过程，还包括三名士兵的同性恋情。由于该纪录片播出

---

① 姚岳绒：《宪法视野下的个人信息保护》，博士学位论文，华东政法大学，2011 年。

② 陈戈、柳建龙等：《德国联邦宪法法院典型判例研究：基础权利篇》，法律出版社 2015 年版，第 44—46 页。

③ 王泽鉴：《人格权法：法释义学、比较法、案例研究》，北京大学出版社 2013 年版，第 200 页。

了三人的肖像，也公布了三人的姓名，那名被判处有期徒刑的士兵出狱后向法院提起诉讼，主张该节目侵犯了自己的一般人格权，要求电视台禁止播出该节目。然而，地方法院驳回了这一诉讼请求，认为该名士兵是《德国艺术著作权》中提到的"时代历史人物"，一般人格权的保护与广播电视自由中的"公众信息权"相比，优选公众信息权进行性保护。①

该士兵遂向联邦宪法法院申诉，宪法法院撤销地方法院的判决。宪法法院认为，一般人格权和广播电视自由权之间都具有宪法价值，也是基本法之下民主自由的基础性权利，不存在优先关系。根据《基本法》第5条规定，广播电视自由与其他权利之间存在冲突时，需要探究该节目追求的利益及遇见的效果；根据《著作权法》第22条和第23条规定，要供给充分的利益衡量的空间。② 通常情况下，在严重犯罪的报道中，公众信息利益优先于罪犯的一般人格权进行保护。但本案中，除曝光三名士兵的犯罪过程、案件的审判过程之外，还曝光了三名士兵姓名、肖像以及三人之间的同性恋情。电视台在披露他人信息时没有遵循"最少够用原则"，即只处理与处理目的有关的最少信息，且达到处理目的后，在最短时间内删除个人信息。这种毫无限制的报道侵犯了三名罪犯的私密生活，且其中一名士兵已经服刑完毕，持续性的曝光和事后报道不利于他回归正常生活。在"雷巴赫士兵案"中，联邦宪法法院遵循比例原则，在个案中作出的利益平衡。没有直接按照一般情况下，重大犯罪案件中公众的信息利益优于罪犯一般人格权的做法。而是针对电视台毫无限制地侵害罪犯的私密生活空间，在人格权侵犯的程度和公众信息利益的保障间作出具体的衡量，遵循比例原则优先保护公民的一般人格权不被侵犯。

---

① 王泽鉴：《人格权法：法释义学、比较法、案例研究》，北京大学出版社2013年版，第368—369页。

② 同上书，第369页。

越来越多的人对个人信息的保护意识逐渐觉醒。除了"德国人口普查案"和"雷巴赫士兵案"外，在欧洲引起轩然大波的"谷歌诉冈萨雷斯案"以及我国的被遗忘权第一案——"任某与百度公司人格权纠纷案"等多起关于被遗忘权的案例不断出现。公民逐渐发觉，个人应该有决定何时、何地以及以何种方式把自己的基本情况作出公开的权利。[①] 人们需要一种隐私主张，能将个人信息从公开领域迁移至隐私领域，充分体现对信息自主的尊重，被遗忘权保护信息自主的理念就此产生。

二　被遗忘权保护信息自主的理论基础

如果没有创设被遗忘权，借助互联网科学技术的力量整合碎片化的个人信息，可以为每个公民建立一个全面的"人格画像"[②]。而网络的永久记忆也会打破记忆和遗忘之间的原有平衡，使人类进入了空间和时间的"数字化全景式监狱"[③]。无论是在隐私领域还是公开领域，个人既完全无法决定何时、何地、以何种方式把自己的基本情况作出公开，也无法将已经公开的个人信息纳入隐私领域。每个人都会完全丧失信息自主的权利，成为有"裸体化"倾向的"透明人"[④]。因此，以信息自主作为相对优先的理念，从以下几个方面分析被遗忘权保护信息自主的必要性。

第一，被遗忘权是派生权利，承接了信息自主的理念。拉兹认为，有些权利是从其他权利衍生而来，就此提出了核心权利（core rights）和派生权利（derivative rights）的概念，而核心权利可以延

---

① 陈戈、柳建龙等：《德国联邦宪法法院典型判例研究：基础权利篇》，法律出版社 2015 年版，第 76 页。

② 同上书，第 59 页。

③ ［英］维克托·迈尔-舍恩伯格：《删除：大数据取舍之道》，袁杰译，浙江人民出版社 2013 年版，第 117 页。

④ 王泽鉴：《人格权法：法释义学、比较法、案例研究》，北京大学出版社 2013 年版，第 177 页。

伸出派生权利。① 前文论证了个人信息权是核心权利，被遗忘权是派生权利。而作为核心权利的个人信息权源自德国法的"信息自主权"，是权利主体对个人信息有自我决定权和控制权，强调处分个人信息的自由。那么，作为派生权利的被遗忘权理应保障权利主体的信息自主。被遗忘权体现为一种隐私主张，尽管它涉及的是已经公开的信息的领域。但其试图将个人信息从公开领域迁移至隐私领域，充分体现了被遗忘权对信息自主的尊重。

第二，被遗忘权的行使体现了权利主体的自由意志。就被遗忘权本身来说，一方面，权利主体对于个人信息有强大的控制权，有处分个人信息的自由，有决定何时、何地以及以何种方式把自己的基本情况作出公开的权利。其实，对个人信息的处分权已经包含在被遗忘权里；另一方面，权利主体通过删除的手段来实现被遗忘权。删除的手段也体现权利主体对个人信息的处分权。无论该个人信息对于权利主体有无利益可寻，权利主体都可以实行删除。另外，权利主体可以请求删除，也可以不请求删除，这些都充分体现了权利主体的自由控制。

第三，被遗忘权是一种道德上的权利，旨在应对数字人格的形成和保护。被遗忘权本质是权利的自主，这种自主是实现权利道德价值的基础。如果没有创设被遗忘权，数字人格的形成将导致每个人都成为"透明人"。美国学者提出首次提出"数字人格"的概念，指通过网络收集、整理、汇编后的个人信息足以形成对个人实际人格相近的数字化人格，该人格能够代表数据主体。② 我国也有学者定义"数字人格"，指通过个人信息的收集、处理勾画一个在网络空间

① Joseph Raz, *The Authority of Law：Essays on Law and Morality*, 2nd ed., Oxford：Oxford University Press, 2009, p. 168.

② ［美］阿丽塔·L. 艾伦、理查德·C. 托克音顿：《美国隐私法：学说、判例与立法》，冯建妹等编译，中国民主法治出版社 2004 版，第 207 页。

的个人形象。简单来说，它是凭借数字化的个人信息而建立起来的人格。[①] 被遗忘权的创设，有利于信息主体更新个人的数字人格，旨在应对数字人格的形成和保护，恢复记忆和遗忘间的原有平衡，使人类走出空间和时间的"数字化全景式监狱"。

三　被遗忘权保护信息自主的法律依据

欧盟的数据保护立法最为注重保护信息自主。[②] 欧盟早在1995年的《数据保护指令》第12条（b）项就规定了删除权，并在第14条规定了反对权。这两个法条构成了欧洲法院保护被遗忘权的直接裁判依据。欧盟的被遗忘权体现了"信息自主"的理念，其试图使已经公开的信息重新回到隐私领域。[③] 欧盟保护被遗忘权体现了对信息自主的尊重。《欧洲人权公约》第8条规定了人人享有使自己的私人和家庭生活、家庭和通信得到尊重的权利。该条规定实质上蕴含了信息自主的价值理念。《欧盟基本权利宪章》第7条重申了人人均享有要求尊重其私人与家庭生活、住居及通信的权利。该条规定与《欧洲人权公约》第8条的内涵是完全一致的。《欧盟基本权利宪章》第8条规定人人均享有要求个人数据受到保护的权利。《欧盟基本权利宪章》第7条关于隐私生活权和第8条的个人数据被保护权的规定非常重要，它们作为基本权利直接构成了欧盟数据保护立法的法律依据。[④] 欧洲法院在"冈萨雷斯案"的判决书中也将之作为裁判的法律依据，并且强调这两项基本权利不仅优先于搜索引擎经

---

① 齐爱民：《拯救信息社会中的人格——个人信息保护法总论》，北京大学出版社2009版，第32页。

② Lawrence Siry, "Forget Me, Forget Me Not: Reconciling Two Different Paradigms of the Right to Be Forgotten", *Kentucky Law Journal*, Vol. 103, 2014, p. 314.

③ Meg Leta Ambrose and Jef Ausloos, The Right to Be Forgotten across the Pond, *Journal of Information Policy*, Vol. 3, 2013, p. 14.

④ Lawrence Siry, "Forget Me, Forget Me Not: Reconciling Two Different Paradigms of the Right to Be Forgotten", *Kentucky Law Journal*, Vol. 103, 2014, p. 315.

营者的经济利益，而且优先于公众基于搜索引擎获得包括数据主体名字的信息的权利。由此可见，当时的立法和司法解释对信息自主权的尊重。最早主张信息自主的欧盟国家是德国。德国依据《基本法》第 2 条第 1 款和第 1 条第 1 款关于一般人格权包含的现代化数据处理情况下，对个人信息不能无限制地进行调查、收集、处理和传递采取保护措施。① 据此创设"信息自主权"，指个人应该有权决定其私人生活是否公开、公开到何种程度以及公开的时间和方式。

我国在 2012 年全国人大常委会通过《关于加强网络信息保护的决定》。其中，第 8 条规定："公民发现泄露个人身份、散布个人隐私等侵害其合法权益的网络信息，有权要求网络服务提供者删除有关信息或者采取其他必要措施予以制止。" 2017 年正式实施的《网络安全法》专章规定网络信息安全，其中第 43 条明确规定："个人发现网络服务提供者违反法律、行政法规的规定或双方约定收集、使用个人信息的，有权要求删除其个人信息，发现有错误的有权要求网络运营中更正。网络服务提供者应采取措施删除或更正。"这些法律规定充分体现了权利主体有权将已经公开的个人信息纳入隐私领域，针对潜在的安全威胁和风险，作出适当的安全防御②，充分尊重了信息自主。

在被遗忘权的保护上，应当以保护人性尊严作为基本原则，秉持信息自主优先的理念。我国的被遗忘权保护借鉴了欧盟的经验，对信息自主进行相对优先的保护。当然，这并不意味着信息自主和被遗忘权可以绝对优先于言论自由。笔者认为，我国制定个人信息保护立法上对被遗忘权和言论自由应当作出平衡。

---

① 陈戈、柳建龙等：《德国联邦宪法法院典型判例研究：基础权利篇》，法律出版社 2015 年版，第 44—46 页。

② 高妮：《网络安全多维动态风险评估关键技术研究》，博士学位论文，西北大学，2016 年。

第三节　负面批判与正面回应

一　对被遗忘权的负面批判

各国在是否支持被遗忘权的态度上不尽相同，并非所有学者都主张被遗忘权的立法保护。对被遗忘权的质疑主要包括以下几个方面。

第一，被遗忘权只是热点，并未成为一个实证法上真正的问题。有学者指出，被遗忘权在国际发展格局中，在大多数国家还没有发展出成熟的概念体系和权利理论。对于被遗忘权，部分国家持观望态度，认可被遗忘权保护利益的必要性，却又不肯将其法定化。[①] 还有学者提出，如果没有被遗忘权，现在能否通过行业自律和市场调节等非立法手段或隐私权扩张来解决被遗忘权带来的这些问题；如果被遗忘权仅是"新瓶装旧酒"，由删除权与更正权演变而来，如果不需要设立被遗忘权就能全部解决公开信息问题，那么被遗忘权存在的必要性还有待考量。[②]

第二，对于被遗忘权在我国的本土化问题应该抱着谨慎态度，并不主张立法保护。当我国试图从西方国家移植网络权利领域的概念时，可能忽略了很多问题。[③] 一是诸如被遗忘权的概念是建立在西方法律传统之内的，二是这类权利是建立在当代西方网络产业发展程度之上的。上述两点之间存在着一个错位，即这类概念来自超真实的欧洲想象还是来自现实的、已经落后的欧洲现实？也就是说，

---

① 李汶龙：《大数据时代的隐私保护与被遗忘权》，《研究生法学》2015 年第 2 期。

② Gabriela Zanfir, Tracing the right to be forgotten in the short history of data protection law: The "new clothes" of an old right, Serge Gutwirth, Ronald Leenes, Paul de Hert ed., *Reforming European Data Protection Law*, Springer, 2015, pp. 227—247.

③ ［法］皮埃尔·勒格朗、［英］罗德里克·芒迪：《比较法研究：传统与转型》，李晓辉译，北京大学出版社 2011 年版，第 405—406 页。

在互联网产业发展更加迅速的中国，为什么需要移植来自该产业落后地区的权利概念。换个角度来说，被遗忘权的概念借用，忽视了网络社会的真实化的本质，网络社会不是可逃离的虚拟社会，而是人必然生存于此的真实社会。被遗忘权所指向的消极逃离，并无助于真正解决网络社会的相关权利问题，因为这些权利问题指向的是人在网络世界的真实生存，是人的网络生存与传统现实生活的不可分割、合二为一。《个人信息保护法》几次征求意见稿之后就立法都不了了之，正是对上述质疑的具体印证。

第三，被遗忘权的发展将制约整个经济的发展，甚至我国的制度发展。有学者可能认为，被遗忘权影响信息的正常流转；同样，也有学者可能认为个人信息没有价值，对于被遗忘权能否保护个人信息的安全漠不关心；还有学者可能认为被遗忘权是互联网企业发展的"新枷锁"和"没有意义的负担"。① 一方面，如果被遗忘权得以实现，将会加重数据控制者的责任，不利于我国信息产业的发展；另一方面，如果被遗忘权值得保护，那么我国平台经济、共享经济的发展将会受到极大限制。我国在大数据时代数据信息化发展阶段进行的弯道超越，过度保护信息必然影响经济发展。相反，"弱管"（弱保护）反而可能促进我们互联网经济发展与繁荣。

第四，被遗忘权威胁言论自由。有学者表示，被遗忘权在未来十年会严重侵犯公民在互联网上的言论自由。② 也有学者认为，我国引入被遗忘权会让已经扭曲的公共表达自由进一步受到重创，届时被遗忘权将会沦为工具为审查提供正当性。③ 还有学者认为，被遗忘

---

① 李汶龙：《大数据时代的隐私保护与被遗忘权》，《研究生法学》2015年第2期。

② "The Right to Be Forgotten", Jeffrey Rosen, Stanford Law Review, last modified December 1, 2017, https://www.stanfordlawreview.org/online/privacy-paradox-the-right-to-be-forgotten/.

③ 李汶龙：《大数据时代的隐私保护与被遗忘权》，《研究生法学》2015年第2期。

权在欧盟成为法定化权利，体现的是欧美法律战背后的国家战略和"暗战"智慧。① 美国几乎垄断世界排名前列的互联网行业巨头，不希望被遗忘权限制信息流动带来的商业利益，更加注重对言论自由的保护，对被遗忘权可能给言论自由带来的威胁非常警惕，对信息隐私的保护很有限。并且，美国宪法修正案第一条规定："国会不得制定关于禁止言论自由的法律。"这赋予了新闻自由和言论自由崇高的宪法地位。权利外在来源的争议主要来自自由主义与保守主义之间的冲突。② 而欧盟不断扩充公民个人信息的保护范围，除了对信息自主的保障，更深层的原因是担忧网络安全的国家主权落入美国之手，被遗忘权扩张的目的也是牵制美国互联网企业过度收集、储存、处理欧盟公民的个人信息。所以，美国对待被遗忘权的态度与欧盟完全不同，主张不引入被遗忘权。

二　对被遗忘权的正面回应

尽管有学者明确反对被遗忘权的采纳与适用，并提出上述四方面的质疑。但笔者认为，这些质疑并不成立，并一一作出如下回应。

第一，被遗忘权在国际发展格局中有成为实证法上真正问题的必要性。其一，以欧盟为代表，已经通过《欧盟数据保护指令》和GDPR将被遗忘权的概念法定化。尽管国际上大部分国家没有直接移植欧盟的概念，但欧盟被遗忘权保护的思想理念对国际上其他国家的个人信息保护起到推进的作用，许多国家和地区都通过本国个人信息保护法的延伸体现了保护被遗忘权的理念，如澳大利亚、俄罗斯、加拿大、澳大利亚、阿根廷、法国、德国、瑞士、意大利、新加坡、日本、韩国及我国的台湾和香港地区均在自己的信息保护

---

① 陈昶屹：《"被遗忘权"背后的法律博弈》，《北京日报》2014 年 5 月 21 日第14 版。

② ［美］艾伦·德肖维茨：《你的权利从哪里来？》，黄煜文译，北京大学出版社2014 年版，第 125 页。

法中作出了相关规定。其二，单纯通过隐私权的扩张或者依靠行业自律和市场调节等非立法手段都无法全面解决被遗忘权的问题。美国主张通过隐私权的扩张保护公民的"信息隐私"，这是因为美国主张的隐私权是广义的隐私权，美国法规定的"信息隐私权"（Information Privacy）相当于德国法规定的"信息自主权"（Information Selbstbestimmungsrecht）和我国提出的"个人信息权"①。而大部分国家主张的隐私权指的是狭义的隐私权，保护的是个人生活私密领域免受他人侵扰，与被遗忘权保护的已公开的信息领域并不相同。因此，大部分国家无法通过隐私权的扩张保护被遗忘权。而行业自律和市场调节等非立法手段仅能作为辅助手段弥补立法手段的不足，需要制定全面的被遗忘权保护的法律规定和实施细则，才能保障互联网的良性发展。其三，被遗忘权是删除权的请求权基础，而删除权是被遗忘权的手段，二者不能等同。被遗忘权根据时间的流变触发的权利，而删除权与信息发布时间长短没有关联；被遗忘权通常表现为要求数据控制者删除已公开的个人数据的权利，而广义的删除权之下，无论是自动化处理产生的、被机器所记忆的未公开的信息，还是数据主体自己公布或他人公布的已公开的信息，只要涉及删除个人信息数据的情形，那么就属于删除权的范围。可见，被遗忘权与删除权有内容相互重合，但不能认为二者完全一样，即使被遗忘权的行使方式是通过删除这一形式而获得实现的，也并不代表被遗忘权没有新的内容。

第二，被遗忘权有在我国本土化的必要性。首先，从理论上分析如何借鉴。尽管网络权利的基础是共时性的，建立在同样的时间限定和时间服务器上。但对于被遗忘权来说，在不同文化不同时空中，仍然有不同意义。更为重要的是，网络空间虽然是一个现代时间基础上的共时性空间，但它仍然可能生发出异质性的意义和可能

---

① 王泽鉴：《人格权的具体化及其保护范围：隐私权篇》（中），《比较法研究》2008 年第 6 期。

性。而对网络空间的异质性的探索，应当是比不同文化间的意义差异更重要的面向。而被遗忘权正是源于欧洲的超真实想象，才能够生发出保护基本权利的概念和制度。其次，分析我国引入被遗忘权的时代背景。2018 年的政府工作报告中，李克强总理提出："'互联网+'广泛融入各行业，电子商务、移动支付、共享经济等引领世界潮流。发展平台经济、共享经济，打造大众创业、万众创新的升级版。"我国的网络科技创新已经从跟跑为主转向更多领域并跑、领跑。所以，我们不能用传统的线性比较法去借鉴西方的经验。最后，分析被遗忘权本土化的实现路径。我们既然走在大数据时代的前列，应该赋予不同于欧美的新的被遗忘权的内涵，西方的经验可以参考，但无须全部借鉴。我国可以吸取欧美等发达国家关于被遗忘权制定和应用上的失败经验，利用西方知识为我们提供一个研究的新窗口，但他国的经验是基于该国的大数据时代经济发展水平，我们不能陷入他国的窠臼中。因此，被遗忘权的本土化并不是其他国家已经通过立法保护公民的被遗忘权，我国就一定就要有样学样。我国要立足自身的时代背景和基本国情，应对大数据时代下个人数据信息化带来的新挑战。

第三，被遗忘权在保证公民的人性尊严不受侵犯的同时，也注重经济发展。毕竟，经济的发展也是为了人民更好地生活，如果公民丧失人性尊严则不算是过上真正的幸福生活。因此，被遗忘权的保障经济发展的同时，也不能完全忽视民众的尊严，二者均有保护的必要性。其一，被遗忘权保护公民的人性尊严，具体包括两方面必要性：一方面，对内存在必要性。在前互联网时代，人们随着时间会自发地遗忘，通过隐私权可以保护公民的被遗忘权。但到互联网时代就面临不同情况，网络的记忆无限永存。借助互联网科学技术的力量整合碎片化的个人信息，可以为每个公民建立一个全面的"人格画像"。个人信息被收集、储存、处理之后，网络服务运营商会分析出个人的日常安排、消费偏好、社交网络关系后从中找到商机，在隐私领域和公开领域都是如此，每个人都会成为"透明人"①。个人数据信息化不仅导致信息安全受到巨大威胁，也会给公民的私人生活安宁带来困扰。原有的隐私权仅能保护尚未公开的个人信息，而无法保护网络上已经公开的个人信息的利益。正因如此，个人需要一项新的权利，对互联网上已经公开的、没有继续存在理由的个人信息进行隐藏、删除。被遗忘权正是强调个人对信息的自主控制，保护个人的人性尊严不被侵犯；另一方面，对外存在必要性。各国会通过我国个人信息保护标准来决断是否限制国家间的跨国信息流动。如果各国有立法目的、法律基础一致的个人信息保护法，国家间的数据传输减少企业遭受他国起诉的法律和政治风险，有利于更好地经营国际贸易业务，打造一个互利共赢的国际化网络商业体系。被遗忘权受个人信息权的保护，个人信息保护的法律空白会受到国内基本人权和国际贸易壁垒的双重压力。与其到时被动地改换思路，不经过深思熟虑地立法，不妨现在自觉主动地进行革新完善，营造良好的国际形象，在国际关系中保持主动。② 其二，被遗忘权兼顾经济的发展。欧盟委会副主席维维妮·雷丁在 2012 年的《欧盟数据改革：让欧洲成为数字时代现代数据保护标准的制定者》的演讲中提到 GDPR 的立法目的：要保护用户个人数据信息的同时，保证经济的发展。③ 另外，个人对数据信息没有绝对不受限制的支配权。在公共利益面前，个人的被遗忘权也是受到限制的。因此，被遗忘权并非一个绝对的权利，不必过于担忧被遗忘权会制约整个经济的发展。

---

① 陈戈、柳建龙等：《德国联邦宪法法院典型判例研究：基础权利篇》，法律出版社 2015 年版，第 59 页。

② 周汉华：《制定我国个人信息保护法的意义》，《中国经济时报》2005 年 1 月 11 日第 1 版。

③ "The EU Data Protection Reform 2012: Making Europe the Standard Setter for Modern Data Protection Rules in the Digital Age", Viviane Reding, Innovation Conference Digital, Life, Design, Munich, last modified December 4, 2017, http: //europa. eu/rapid/ press-release_ SPEECH-12-26_ en. htm.

　　第四，被遗忘权的实现，需要在立法理论上遵循比例原则，在司法实践上坚持个案平衡。如"谷歌诉冈萨雷斯案"中，欧洲法院对被遗忘权和言论自由作了很好的平衡。尽管欧洲法院命令谷歌删除与冈萨雷斯不再相关的信息，但是它并没有以保护个人信息的名义要求直接删除《先锋报》的信息，而只是要求谷歌删除信息链接。在保证新闻媒体言论自由、出版自由的同时，公众通过网络检索不能轻易获得原信息，使原告享有安宁权。① 因此，被遗忘权的行使应该坚持比例原则和个案平衡，调和信息自主和言论自由之间的矛盾。一方面，比例原则是具有宪法位阶的基本原则，是由基本权利的本质推演而来。而这项基本权利与国家公权力相对应，代表公民的一般自由请求，仅在保护公共利益时才受到限制。② 从理论上分析，比例原则分为目的正当性、适当性、必要性、均衡性四个子原则。而被遗忘权的保护更多的是关于目的正当性和手段必要性之间的权衡，如美国、加拿大等国家反对被遗忘权的原因是出于对言论自由的保护，如果保护手段适当，可以缓和被遗忘权与表达自由权的冲突；另一方面，法官将不确定的法律概念具体化，并非为同类案件厘定一个具体标准，而是遵循个案平衡，在具体案件中依照法律的精神、立法目的，针对不同的社会情形和需要，予以具体问题具体分析，以求实质的公平与妥当。2012 欧盟 GDPR 草案第 85 条规定："成员国有特殊义务，通过国内法协调平衡数据保护与表达自由。" 所以，"冈萨雷斯案"判决书最终在目的与手段之间作出衡量，偏向个人数据保护，也是偏向于被遗忘权的保护。因此，被遗忘权的正常行使依赖比例原则和个案平衡，全面保障信息带来的经济利益和信息保护的人格利益。

---

　　① European Commission, Factsheet on the "Right to be Forgotten" Ruling（C－131/12）.

　　② 陈戈、柳建龙等：《德国联邦宪法法院典型判例研究：基础权利篇》，法律出版社 2015 年版，第 78 页。

第 三 章

被遗忘权保护的权益冲突

第一节　权利与权利的冲突

卡尔·威尔曼将权利的冲突分为三类，即真正的权利冲突、表面的权利冲突和虚假的权利冲突，分别代表法律冲突、道德冲突和混合冲突。① 如果各国将被遗忘权法定化，那么欧盟的被遗忘权与言论自由、公众知情权都属于法定权利。据此，被遗忘权与言论自由的冲突、被遗忘权与公众知情权的冲突均属于法律冲突。

一　被遗忘权与言论自由权的冲突

2014 年欧洲法院对冈萨雷斯案的宣判，在大西洋两岸引发了关于被遗忘权的激烈争论。② 被遗忘权保护的价值取向分为两派，一派以欧盟为代表，注重保护信息自主；另一派以美国为代表，注重保护言论自由。双方的冲突背后，是欧盟与美国在立法理念上的差异

---

① ［美］卡尔·威尔曼：《真正的权利》，刘振宇等译，商务印书馆 2015 年版，第 314 页。

② Samuel W. Royston, "The Right to Be Forgotten: Comparing U. S. and European Approaches", *St. Mary's Law Journal*, Vol. 48, 2016, pp. 254−255.

以及法律传统的不同，特别是基本权利保护体制上的差异。

（一）信息自主

信息自主源于欧盟的数据保护立法。① 欧盟倾向于保护被遗忘权的信息自主，以保障个人免受骚扰、保护私人生活安宁，以及防止身份盗窃的发生。

第一，欧盟的被遗忘权体现了"信息自主"的理念，试图使已经公开的信息重新回到隐私领域。② 早在"欧盟95指令"第12条（b）项就规定了删除权，并在第14条规定了反对权。这两个法条同时构成了欧洲法院保护被遗忘权的直接裁判依据。有学者也指出，上述法条正是体现了被遗忘权的理念。③

第二，欧盟将个人数据保护权规定为具有宪法意义的基本人权，并优先于经济利益受保护。《欧洲人权公约》第8条规定，人人享有使自己的私人和家庭生活、家庭和通信得到尊重的权利。该条规定实质上蕴含了信息自主的价值理念，体现了对信息自主的尊重。《欧盟基本权利宪章》第7条重申了人人享有要求尊重其私人与家庭生活、住居及通信的权利。该条规定与《欧洲人权公约》第8条的内涵是完全一致的。《欧盟基本权利宪章》第8条规定人人均享有要求个人数据受到保护的权利。《欧盟基本权利宪章》第7条关于隐私生活权和第8条的个人数据被保护权的规定，直接构成了欧盟数据保护立法的法律依据。④ 欧洲法院在"冈萨雷斯案"的判决书中也将

---

① Lawrence Siry, "Forget Me, Forget Me Not: Reconciling Two Different Paradigms of the Right to Be Forgotten", *Kentucky Law Journal*, Vol. 103, 2014, p. 314.

② Meg Leta Ambrose and Jef Ausloos, The Right to Be Forgotten across the Pond, *Journal of Information Policy*, Vol. 3, 2013, p. 14.

③ Gabriela Zanfir, Tracing the right to be forgotten in the short history of data protection law: The "new clothes" of an old right, Serge Gutwirth, Ronald Leenes, Paul de Hert ed., *Reforming European Data Protection Law*, Springer, 2015, pp. 227-247.

④ Lawrence Siry, "Forget Me, Forget Me Not: Reconciling Two Different Paradigms of the Right to Be Forgotten", *Kentucky Law Journal*, Vol. 103, 2014, p. 315.

之作为裁判的法律依据。判决书强调，这两项基本权利不仅优先于搜索引擎经营者的经济利益，而且优先于公众基于搜索引擎获得包括数据主体名字的信息的权利。由此可见欧盟对信息自主权的尊重。

第三，欧盟数据保护的精神是赋予个人管控个人数据的权利，同时明确保护表达自由和媒体自由。① 参与 GDPR 提案的欧盟官员强调，即使被遗忘权并不存在，对于表达自由权也不是百利而无一害的②，表达自由权的过度使用会对隐私权保护产生冲击。GDPR 通过表达自由权限制删除权，以达到平衡各项权利的目标。GDPR 第 80 条第 2 款规定，"在 GDPR 生效后，每个成员国要在两年内在本国相关信息保护的法律中加入表达自由权作为被遗忘权保护的豁免情形，表达自由权是欧盟区域内人人享有的基本人权"，从立法上平衡了表达自由权和被遗忘权的冲突。

(二) 言论自由

对言论自由的重点保护，表示美国对被遗忘权态度比较消极。对被遗忘权可能给言论自由带来的威胁，美国民众极其敏感和警惕。而且美国在很大程度上是不受限制的言论自由，例外的情形非常少。③ 可以说，美国法律以保护言论自由作为原则，而以限制言论自由作为例外。与欧盟努力积极寻求在立法上明确不同，美国没有将使用范围设定为所有公民，只赋予了未成年人有限的被遗忘权，而成年人则不享有该项权利。基本原则是以各种理由为基础的。④

第一，美国重视言论自由有宪法上的依据。美国宪法修正案第

① European Commission, Factsheet on the "Right to be Forgotten" Ruling (C - 131/12), http: //ec. europa. eu/justice/ data - protection/files/factsheets/factsheet _ data _ protection_ en. pdf, 2017-12-24.

② Michael L. Rustad, Sanna Kulevska, "Reconceptualizing the Right to Be Forgotten to Enable Transatlantic Date Flow", *Harvard Journal of Law and Technology*, Vol. 28, 2015, p. 373.

③ Gertrude N. Levine; Samuel J. Levine, "Internet Ethics, American Law, and Jewish Law: A Comparative Overview", *Journal of Technology Law & Policy*, Vol. 21, 2016, p. 42.

④ Ibid. .

一条规定，国会不得制定限制言论自由和出版自由的法律。①

第二，言论自由在某些情况下是可以被限制的。美国法律允许限制言论自由。② 法院承认，有些种类的言论，政府是可以限制的。例如，争斗性的语言、切实的威胁、煽动性的言论、淫秽性的言论，儿童色情、诈骗、诽谤以及构成犯罪的言论。③ 而且政府限制言论自由的种类有时间、地点和方式的限制。④

第三，法院有权对侵犯言论自由的法律进行司法审查。法院的司法审查标准根据严格程度不同分为两种，严格审查标准（strict scrutiny standard）和中等程度的审查标准（intermediate scrutiny）。⑤ 政府必须证明其行为的合宪性，要么证明以内容为基础的行动符合严格审查的要求，要么证明政府的行动是内容中立的，需要受到程度较轻的中间程度的审查。⑥ 当法案的内容是直接针对言论自由的时候，将使用严格审查标准；而当法案不直接针对言论自由，只是附带性地对言论自由造成影响时，法院会认为该法案是内容中立的，因而适用中等程度的审查。⑦

言论自由使互联网得以蓬勃发展⑧，但言论自由与隐私权之间也

① Gertrude N. Levine；Samuel J. Levine，"Internet Ethics，American Law，and Jewish Law：A Comparative Overview"，*Journal of Technology Law & Policy*，Vol. 21，2016，p. 43.

② Ibid. ，p. 43.

③ Jaclyn Kurin，"Does the Internet Eraser Button for Youth Delete First Amendment Right of Others"，*Revista de Investigacoes Constitucionais*，Vol. 4，2017，p. 21.

④ Gertrude N. Levine；Samuel J. Levine，"Internet Ethics，American Law，and Jewish Law：A Comparative Overview"，*Journal of Technology Law & Policy*，Vol. 21，2016，p. 43.

⑤ Jaclyn Kurin，"Does the Internet Eraser Button for Youth Delete First Amendment Right of Others"，*Revista de Investigacoes Constitucionais*，Vol. 4，2017，pp. 21-22.

⑥ Ibid. ，p. 21.

⑦ Ibid. ，pp. 21-22.

⑧ Stephen J. Astringer，"The Endless Bummer：California's Latest Attempt to Protect Children Online Is Far Out（side）Effective"，*Notre Dame Journal of Law，Ethics & Public Policy*，Vol. 29，2015，p. 272.

存在一定程度的冲突关系①，因此需要价值的平衡。② Eric Posner 认为，美国已经存在被遗忘权，并且应当平衡宪法修正案第一条和隐私权之间的关系。③ 加州第 568 号法案以及正在制定的《儿童防追踪法》（*Do Not Track Kids Act*）都是以内容为基础的法案，因此涉及与宪法保护的言论自由间的协调问题。美国宪法修正案第一条关于言论自由的规定犹如一把"达摩克利斯之剑"，时刻警醒立法者们不得制定侵害言论自由的法律。

（三）路径选择

笔者认为，在被遗忘权的保护上，应该协调信息自主与言论自由的利益平衡，保障数据信息跨越各洲、各国自由流转。其一，以人性尊严不受侵犯为原则，秉持信息自主优先的理念，但并不意味着信息自主和被遗忘权可以绝对优先于言论自由。欧盟与美国相比，对言论自由所施加的控制则较为严格。④ 各国宜借鉴欧盟的经验，对信息自主进行相对优先的保护。其二，言论自由与信息自主之间存在紧张关系，过于重视言论自由则会伤害信息自主。美国保护言论自由，甚至是伤人感情的言论，对言论自由过于放任不利于公民的正常生活。其三，被遗忘权不是绝对权，它受限于自由表达权，二者应该按照比例原则在司法实践中把握"个案平衡"。在"谷歌诉冈萨雷斯案"中，欧洲法院对被遗忘权和言论自由作了很好的平衡。尽管欧洲法院命令谷歌删除与冈萨雷斯不再相关的信息，但是它并没有以保护个人数据的名义，要求报纸改变存档的内容。冈萨雷斯

---

① Adam Thierer, "The Pursuit of Privacy in a World Where Information Control Is Failing", *Harvard Journal of Law & Public Policy*, Vol. 36, 2013, p. 421.

② Woodrow Hartzog, "The Value of Modest Privacy Protections in a Hyper Social World", *Colorado Technology Law Journal*, Vol. 12, 2014, p. 347.

③ John W. Dowdell, "An American Right to Be Forgotten", *Tulsa Law Review*, Vol. 52, 2017, p. 337.

④ Gertrude N. Levine; Samuel J. Levine, "Internet Ethics, American Law, and Jewish Law: A Comparative Overview", *Journal of Technology Law & Policy*, Vol. 21, 2016, p. 45.

的个人数据仍然可以被获取，但将是以不再如此便捷的方式被获取，这充分尊重了公民的个人隐私。① 我国在具体立法中，考虑到我国言论自由法律保护制度的结构性失衡②，可以根据权利主体的不同行使不同程度范围的删除权；在司法实践中，可以通过比例原则下的"个案平衡"进行协调。

二 被遗忘权与公众知情权的冲突

（一）理论冲突

被遗忘权与公众知情权之间的冲突，本质上是信息自主与公众知情权的冲突。有必要先厘清"公众知情权"和"信息自主"的基本内涵。第一，公众知情权是指公众知晓、获取信息的自由和权利。知情权的概念最早是在 1766 年的瑞典新闻法中有所涉及。③ 1945年，美国记者肯特·库柏首次提出"知情权"（The Right to Know）的概念，即公民享有通过新闻媒介了解其政府工作情况的法定权利。公众知情权的实现源于两方面：其一，公众知情权依赖于传播媒介的表达自由。④ 传播媒介是保障公众事情权实现的主要渠道，传播媒介可以从信息控制主体方为公众收集、处理信息；同时，个人可以通过传播媒介获取对未知世界的信息。其二，公众知情权依赖信息自由。信息自由是民主社会的特征，信息的自主流转是言论自由和公众知情权的保证。公众知情权是在国际条约及多国宪法中明确承认的基本人权。1946 年联合国大会提出："知情权和自由寻求真理的权利是人的基本权利。"1950 年签署的《欧洲人权公约》第 10 条

---

① European Commission, Factsheet on the "Right to be Forgotten" Ruling（C－131/12）.

② 孙平：《冲突与协调：言论自由与人格权法律问题研究》，北京大学出版社 2016年版，第 77 页。

③ 李良荣：《当代西方新闻媒体》，复旦大学出版社 2010 年版，第 157 页。

④ Alessia Ghezzi, Ângela Guimarães Pereira, Lucia Vesnic "－Alujevic", *The Ethics of Memory in a Digital Age*, London：Palgrave Macmillan UK Press, 2014, pp. 117-119.

规定："人人享有接收和传播信息和思想的自由。"瑞典 1776 年通过《自由法》首次提出文书公开制度；美国国会 1966 年颁布《信息自由法案》；日本 1999 年通过《信息公开法》；其中，美国加州《知情权法》明确阐述公众知情权需要重点保障。因此，在信息渠道畅通、信息自由的情形之下，公众知晓、获取信息的权利得以实现。第二，信息自主的正当性在前文已经作出论述。信息自主的根本理念，是试图使已经公开的信息重新回到隐私领域。

值得注意的是，信息自主将已经公开的信息重新纳入隐私领域，需要借助删除的手段使已经公开的信息消失于公众视野，相当于关闭了个人认知世界的大门，对裁判文书公开、新闻报道、罪犯犯罪记录公开产生的影响，可能会导致个人认知的断裂。可见，加强被遗忘权的保护，数据主体享有对个人信息的控制权，可能会限制信息自由流通，侵害公众知情权。在德国法中，一般人格权保护的"被遗忘"和广播电视自由权保护的"公众知情权"之间都具有宪法价值，也是基本法之下民主自由的基础性权利，不存在优先关系。根据德国《基本法》第 5 条规定，广播电视自由与其他权利之间存在冲突时，需要探究该节目追求的利益及遇见的效果；《著作权法》第 22 条和第 23 条规定，要供给充分的利益衡量的空间。另外，欧盟在《通用数据保护条例》（GDPR）中，规定行使被遗忘权的例外情形，即数据控制者基于信息自由权利的需要可以不履行删除义务。可见，法律规定中二者之间有权利冲突。那么，在司法判决中，被遗忘权与公众知情权之间也存在紧张关系，法官无法将不确定的权利关系具体化，不能为同类案件厘定一个具体标准。

（二）实践困境

我国的"任某诉百度案"中，法院出于对公众知情权的保护，驳回了原告的诉求。他人在百度搜索原告姓名时，"相关搜索"中无须屏蔽掉"陶氏教育公司"等关键词的网页链接。此案中，法院主张公众知情权的保护优于被遗忘权。由于我国法律中并无被遗忘权的权利类型，个人无权删除由他人控制的全部个人信息，任某的诉求不具有"利益正当性"和"保护必要性"的双重要件。但笔者认为，不能仅因为法律无明确规定，就忽视原告的信息自主权，被遗忘权的保护具有目的正当性，限制被遗忘权手段不完全具有必要性、均衡性。

在"雷巴赫士兵案"中，原告向法院提起诉讼，主张该节目侵犯了自己的一般人格权，要求电视台禁止播出该节目。然而，地方法院驳回了这一诉讼请求，认为该名士兵是《德国艺术著作权》中提到的"时代历史人物"，一般人格权的保护与广播电视自由中的"公众信息权"相比，优选公众信息权进行保护。① 但是，联邦宪法法院的最终判决在人格权侵犯的程度和公众信息利益的保障间作出具体的衡量，遵循比例原则优先保护公民的被遗忘权。

同样，"冈萨雷斯案"兼顾了被遗忘权和公众知情权。尽管欧洲法院命令谷歌删除与西班牙公民不再相关的信息，但是它并没有以保护个人数据的名义，要求报纸改变存档的内容。采取移除不相关、过时的链接而不是删除内容，保障了公民的知情权。其实，西班牙公民的数据仍然可以被获取，但将是以不再如此便捷的方式被获取，这对尊重公民的信息自主权已经足够了。②

据此，各国面对被遗忘权和公众知情权之间的紧张关系，在司法实践中的解决路径有所不同。大家都急需一项平衡二者关系的原则或理念，解决信息自主之权益与信息自由之权益的相互碰撞。因此，有必要引入比例原则下的个案平衡（case by case）。

（三）路径选择

笔者认为，在被遗忘权的保护上，应该协调信息自主与公众知情权的利益平衡，保障公民的信息自主和公众知晓、获取信息的自

---

① 王泽鉴：《人格权法：法释义学、比较法、案例研究》，北京大学出版社 2013 年版，第 368—369 页。

② European Commission, Factsheet on the "Right to be Forgotten" Ruling (C-131/12), http：//ec. europa. eu/justice/ data－protection/files/factsheets/factsheet＿ data＿ protection＿ en. pdf, 2017-12-24.

由。其一，秉持信息自主优先的理念。被遗忘权是互联网时代人人享有的基本权利，其实质是对公民人性尊严的保护。公众知情权与信息自主之间存在紧张关系，是由于互联网时代人们搜集信息的能力过于强大，过于重视信息自由则会伤害信息自主，侵害个人的信息隐私。但并不意味着信息自主和被遗忘权可以绝对优先于公众知情权。其二，被遗忘权不是绝对权，受限于公众知情权。如果信息涉及公共利益的事务或公众的合理兴趣时，法律认可这种社会公共利益与个人隐私利益相比较具有优越性，公众知情权当然可以优先。[1] 如果信息与公共利益无关，可以保障数据主体的信息自主权。其三，被遗忘权与公众知情权并非绝对对立。在某些情况下，被遗忘权有利于公众知情权的实现。伴随数据信息化的发展，大量信息涌现而来，庞杂混乱的信息会扰乱公众视野。人们需要搜寻分辨信息的真假和信息量的多寡，被遗忘权的出现相当于为信息提供一个"过滤器"，把过时的、不相关或不再相关的信息筛除。这一功能为公众提供一种高效获取有价值信息的方式，提高公众获取信息的精准度。其实，尽管被遗忘权与公众知情权之间存在冲突，但依靠比例原则在司法中合理控制，可以有效处理好二者平衡。

第二节 权利与利益的冲突

一 被遗忘权与网络服务提供者利益的冲突

（一）理论冲突

互联网用户的被遗忘权与网络服务运营商的利益之间关系处于紧张状态：一方面，网络服务运营商为了了解商机、提高商业效益，处理个人信息分析个人的日常安排、消费偏好、社交网络关系。以

---

[1] 张新宝：《从隐私到个人信息：利益再衡量的理论与制度安排》，《中国法学》2015 年第 3 期。

此扩大市场营销的个人信息库，便于未来推广中针对特定用户进行定向营销①，这可能会给公民的私人生活安宁带来困扰；另一方面，被遗忘权通过删除不相关、过时的个人信息，保护数据主体的人性尊严和信息自主不受侵犯。被遗忘权本质是对个人信息的保护，数据主体对信息的自主控制的权利越大，对网络服务运营商企业的信息处理的影响也会越大。信息技术化催生了新的企业形态，信息逐渐成为业务增值的驱动力，也成为经济进步的生产力。很多网络公司都是通过对公民的个人信息收集、储存、处理而盈利。另外，加重网络服务运营商的义务也会限制其企业经营能力。众所周知，被遗忘权是互联网用户对于已发布的个人信息要求网络服务运营商删除的请求权，而与互联网用户的删除请求权相对的是网络服务运营商的删除义务。互联网用户与网络服务运营商之间，关于网络用户的信息自主和网络服务提供者利益之间的冲突就此产生。

（二）义务变迁

拉兹主张权利具有动态性。② 权利与其相关的义务之间不是封闭的关系，权利随着环境作出的动态变化可以带来新的义务。③ 如被忘却权（right to oblivion）最开始是线下的权利，指罪犯在刑罚执行完毕之后有要求自己的犯罪记录不被公开的权利。④ 伴随互联网的发展和数据信息化的出现，被忘却权由线下过渡到互联网线上的权利保护，指删除在网络上已经发布的、不相关或不再相关、过时的个人信息的权利。然而，在被遗忘权变化过程中，义务主体和具体义务

---

① Brian Geremia, "Chapter 336: Protecting Minors' Online Reputations and Preventing Exposure to Harmful Advertising on the Internet", *McGeorge Law Review*, Vol. 45, 2013, p. 437.

② Joseph Raz, *The Authority of Law: Essays on Law and Morality*, 2nd ed., Oxford: Oxford University Press, 2009, p. 8.

③ ［英］约瑟夫·拉兹：《自由的道德》，孙晓春、曹海军、郑维东、王欧等译，吉林人民出版社 2011 年版，第 171 页。

④ 郑文明：《个人信息保护与数字遗忘权》，《新闻与传播研究》2014 年第 5 期。

的内容也在发生变化。如美国的《儿童在线隐私保护法》（COPPA）经营者范围由"直接针对未成年人的商业网站在线服务"以及"针对普通观众但从未成年人那里收集信息的网站和在线服务"，扩展到包括"使用插件或者广告来获取儿童信息的公司"。另外，针对美国未成年人被遗忘权，运营商的义务从最开始的"通知义务""删除义务"，逐渐扩展到包括"解释说明义务""提醒义务"。数据控制者作为被遗忘权的义务主体，对个人数据的删除或者保留负有主要责任。然而，在大数据时代信息技术化的发展下，有必要明确数据控制者的责任，防止其身上的负担过重。如对网络平台的自律审查提供"安全港"规则，美国多名大学生运动员向偷拍他们的色情网站提起诉讼，法庭判决侵权网站将面临 5.06 亿美元巨额赔款。[1] 原告的诉讼理由为隐私权遭到侵犯，其肖像被以营利为目的非法使用。原告诉色情制造商合情合理，但是该网站无须为侵权行为担责。这是因为对网络服务运营商应适用"过错责任原则"，防止过重的责任阻碍技术和创新的发展。[2] 美国第七上诉巡回法庭依据《美国通讯规范法》（CDA）第 230 条对"仁慈的撒玛利亚人法"（Good Samaritan）的保护：互联网服务提供商没有义务对于他人上传的暴力、色情内容采取任何行为，也无须为他人在网站上的侵权行为承担民事责任，这遵循运营商可以正常开展业务的"避风港原则"。据此，义务主体的义务有必要按照"比例原则"合理设置。

（三）路径选择

笔者认为，应该协调互联网用户的被遗忘权与网络服务提供者利益，保障公民的人性尊严和网络服务运营商的权益。其一，秉持用户权利优先的理念，但并不意味着运营商的义务可以加重。被遗

---

① Michael L. Rustad, Sanna Kulevska, "Reconceptualizing the Right to Be Forgotten to Enable Transatlantic Date Flow", *Harvard Journal of Law and Technology*, Vol. 28, 2015, p. 394.

② 申屠彩芳：《网络服务提供者侵权责任研究》，浙江大学出版社 2014 年版，第 158 页。

忘权是互联网时代人人享有的基本权利，理应受到有限保护。其二，通过"比例原则"的协调，保护用户的人性尊严和个人信息保护的同时，兼顾网络运营商企业的经济发展。实践中，运营商在征得用户同意的基础上，收集、储存和处理用户的个人信息，给产品精确定位，有针对地制作营销信息，说服用户购买，这样的针对性营销减少了运营成本，支付价格上给用户更多实惠。如亚马逊的新专利"预期递送"业务，根据之前的消费记录和其他考量因素，推断特定地区的用户可能会买却尚未下单的商品，再将这些商品包装、寄运。亚马逊正是利用客户的信息，提高竞争力的同时为客户带来实惠。其实，这是用户和企业可以实现双赢的最好证明。

二　公民的被遗忘权与国家公共利益的冲突

（一）理论冲突

人们被迫生活在一个超越网络世界的大数据社会里。为了加强行政管理、判断信用水平，政府选择使用越来越多的现代技术来完善他们的职责，公民个人信息成为政府数据库的一部分。[①] 然而，有时面对政府的这种监视，公民别无选择，只能接受。2013 年，"棱镜门事件"暴露了美国的绝密电子监听计划，美国国安局通过进入网际网路公司的中心服务器对电邮、即时消息、视频、照片、存储数据等 10 类信息进行监控，以此收集数据、寻找情报。这一事件在世界各国引起轩然大波，影响包括：其一，各国恐受其威胁，纷纷建议政府对原有的隐私权保护法进行修订。2015 年，美国用《信息自由法案》（FOIA）代替了备受质疑的《美国爱国者法案》（USA PATRIOT Act）。由于"9·11 事件"打破了整个世界的宁静，美国在 2001 年颁布的《美国爱国者法案》扩大了恐怖主义的定义，不仅涵盖了国内恐怖主义，而且扩充了警察机关可管理的活动范围，警

---

① 张鹏：《个人信用信息的收集、利用和保护——论我国个人征信体系法律制度的建立和完善》，中国政法大学出版社 2012 年版，第 56—58 页。

察有权搜索电话、邮件、医疗、财务等记录。这无疑严重侵犯了公民的隐私权。因此，公开政府信息、强化公民了解权的《信息自由法案》的实施，抑制了政府公权力的无限扩张侵犯个人隐私权。其二，各国通过扩大政府权限、强化数据治理保护国家安全。可见，个人信息权不仅需要得到其他权利主体的认同，还应该得到国家公权力机关的尊重，即涵盖公权力机关在内的所有社会主体均有义务尊重个人信息。有学者提出，个人信息和个人私生活密切相关，是个人事务的组成分，只要不涉及公共利益，个人信息的私密性应该被尊重和保护，即使有些个人信息已经被政府收集，也不意味着个人信息可以被任意公开。①

（二）实践困境

进入 21 世纪以来，不仅仅是美国，西方国家都开始强化立法，保障政府通过网络监控达到反恐的目标，延伸了国家政府对个人数据的收集、处理权限。如欧盟各国政府提倡拓宽数据处理权限，英国、德国、法国等国家通过立法保证网络服务运营商合法存储数据，使政府权力通过网络监控反恐不断延伸。尽管法律力求协调政府公权力安全保障与公民个人隐私权的保护，但随着"巴黎恐怖袭击事件"的恶劣影响，立法日渐倾向于加强国家公权力的数据治理，《通用数据保护条例》（GDPR）的实施正体现这一趋势。对此，私人企业、公司和民间团体表示，反恐和网络空间犯罪治理都不能以牺牲个人隐私、商业秘密为代价。所以，必须遵循严格的规定来收集和处理数据。欧盟和美国签订的"隐私盾"协议，就是通过严格的规定回应企业机构和民间团体的质疑。

我国推行的"全国公民身份信息系统""全国法院被执行人信息查询平台"也可以对公民的个人信息进行收集、储存和处理。2001 年 3 月，中央机构编制委员会批准公安部成立"全国公民身份证号码查

———————

① 王利明：《论个人信息权在人格权法中的地位》，《苏州大学学报》2012 年第 6 期。

询服务中心""全国公民身份信息系统"的职责，向社会公开提供身份信息识别真伪的核查服务及统计分析的服务。该系统存有13亿人的身份信息，核查人将姓名、身份证号上传后就能得到与数据库中是否一致的比对结果。尽管这项服务能够规范公民的生活行为、创造诚信的社会环境，但批评者认为，这一系统会向他人泄露公民的个人信息，也会让政府全面收集、储存、处理公民的个人信息，侵犯公民的隐私权。所以，该系统在2008年暂停服务。但不久后恢复系统服务，仅是在官网中增加了"信息核查不涉及隐私的说明"。另外，2009年3月，最高人民法院成立"全国法院被执行人信息查询"平台，向社会公开提供查询全国法院审理案件中的被执行人的信息，包括身份证号、执行法院、立案时间、案件状态等信息。此举推动建立社会信用体系，加大了被执行人的道德成本，有效解决了执行难的问题。这一业务也引发了侵犯公民隐私权的争议。

（三）路径选择

政府选择使用越来越多的现代技术，将公民个人信息作为政府数据库的一部分。其旨在加强行政管理、判断信用水平。被遗忘权的本质是对公民的个人信息保护，认为政府的行为侵犯公民的信息隐私，这正是被遗忘权与国家公共利益之间的争议所在。如果政府采取适当措施收集、储存、处理公民的个人信息，公权力机构能采取积极措施保障被遗忘权的实现，二者的紧张关系可以缓解。如2017年教育部办公厅《关于全面清理和规范学生资助公示信息的紧急通知》，规范学生资助公示工作的同时，切实保护好受助学生的个人信息和隐私。坚持信息"最少够用原则"，只处理与处理目的有关的最少信息，且达到处理目的后，在最短时间内删除个人信息。应该采取信息分级的方法，制定分级标准。[①] 可以将基本信息与敏感信息分别对待，允许公示学生姓名、学校、院系、年级、专业、班级

---

① 刘雅琦：《基于敏感度分级的个人信息开发利用保障体系研究》，武汉大学出版社2015年版，第16页。

等基本信息，一旦超过公示期限应该撤下基本信息。但是针对敏感信息，如学生的身份证件号码、家庭住址、电话号码、出生日期等个人敏感信息不得进行公示。事实上，"最少够用原则"既达到了学生管理的目的，又保护了学生的信息隐私，实现了目的适当性与手段必要性的基本原则。这一原则可以广泛推广，以缓解公民的被遗忘权与国家公共利益之间的紧张关系。

第三节　权益冲突的解决路径：比例原则

利益冲突情况在权利话语权日益发展的今天并不罕见，赋予数据主体信息自主的权益事必与其他人权、国家公权力相互碰撞，被遗忘权的保护凸显的是权利赋予的合理性。因此，可以通过比例原则解决利益的冲突，保障司法实践中的个案平衡。

一　比例原则的基本内容

（一）比例原则的历史变迁

比例原则的起源可以从 1215 年提出的英国《大宪章》谈起，可从规范的角度说，比例原则发源于 18 世纪末期的德国警察行政法。[1]随后，卡尔·戈特利布·斯瓦雷茨（Carl Gottlieb Svarez）最早提出了必要性原则。但是，比例原则真正的形成标志是 1958 年德国联邦法院对"药房案"的判决。该案明确比例原则是具有宪法位阶的基本原则。[2]当时作为行政法原则的"比例原则"是指，应该作出的行政处分和要实现的行政目的需要达成合理的比例关系。[3]

---

[1]　郑晓剑：《比例原则在现代民法体系中的地位》，《法律科学》（西北政法大学学报）2017 年第 6 期。

[2]　蒋红珍：《论比例原则》，法律出版社 2010 年版，第 156—160 页。

[3]　［日］田村悦一：《自由裁量及其界限》，李哲范译，中国政法大学出版社 2016 年版，第 186 页。

比例原则在民法上同样适用。① 比例原则以原有的"防止国家权力滥用"的价值，逐渐引申出"不能为达目的不择手段"的理念，为比例原则在公法以外的私法领域中的适用提供了可能性。另外，比例原则的本质是"禁止过度"，即理性的行为准则，在民法法律秩序中的应用具有普适性。值得注意的是，比例原则不仅可以防止民事主体的私权被国家权力过度侵害，也可在民事案件中保证个案平衡，以求实质的公平与妥当，保障司法自治的价值。②

比例原则在宪法中同样适用。比例原则是具有宪法位阶的基本原则，由基本权利的本质推演而来，广泛应用于宪法基本权利的审查标准。③ 宪法规定公民的基本权利受国家的尊重和保障。然而，宪法仅用宽泛、抽象的法律规定就能作为限制公民行使基本权利的理由，如"出于保障公共利益的目的，公民不得行使该权利"的规定。④ 所以，宪法在考量公民基本权利是否应受到限制时，应制定完整且具有可操作性的审查标准，将审查步骤分为目的是否正当，手段是否适当、必要、均衡等几个部分。这样不仅可以权衡宪法基本权利与其他法益的冲突，也能通过审查寻求"限制权利"和"保障权利"的选择平衡。

总的来说，比例原则成名自德国公法，防止公民的基本权利被国家权力过度侵害。后来，比例原则渐渐跨地域地被其他国家使用，向私法领域蔓延，又发展到对宪法体系内基本权利的限制。近年有学者提出，刑法的谦抑性也表达了手段与目的相适当的基本理念。⑤

---

① 李惠宗：《宪法要义》，台湾元照出版公司 2009 年版，第 121 页。

② 郑晓剑：《比例原则在现代民法体系中的地位》，《法律科学》（西北政法大学学报）2017 年第 6 期。

③ 陈戈、柳建龙等：《德国联邦宪法法院典型判例研究：基础权利篇》，法律出版社 2015 年版，第 78 页。

④ 杨登杰：《执中行权的宪法比例原则——兼与美国多元审查基准比较》，《中外法学》2015 年第 2 期。

⑤ 郑晓剑：《比例原则在现代民法体系中的地位》，《法律科学》（西北政法大学学报）2017 年第 6 期。

可见，发展领域从行政法开始，逐渐应用于民法、宪法、刑法等领域。而在跨地域、跨领域逐渐演化的过程中，比例原则始终体现的是手段与目的间一种平衡、适度的观念，代表法律体系内部秩序的要求。

（二）比例原则的核心意涵

学界关于比例原则的内涵，有两种意见："三阶"比例原则和"四阶"比例原则。其一，"三阶"比例原则包括适当性、必要性、均衡性（狭义比例原则）三个子原则。适当性原则，也称"合目的性"，指国家公权力的手段适当，有助于追求目的的实现；必要性原则，也称"最小侵害原则"，指国家公权力的行使手段具有必要性，且该手段对基本权利造成的侵害最小；均衡性原则，也称"狭义比例原则"，指国家公权力的行使手段所保护的公共利益和对侵害的基本权利在效果上成比例。① 其二，"四阶"比例原则包括目的正当性、适当性、必要性、均衡性（狭义比例原则）四个子原则。② 目的正当性，指国家公权力行使的真实目的必须是正当的，才允许限制公民的基本权利。适当性、必要性、均衡性（狭义比例原则）的定义与"三阶"比例原则相同。

笔者认为，比例原则的核心意涵优选"四阶"比例原则。传统的"三阶"比例原则主要涉及的是国家公权力行使手段遵循的原则，并没有过多关注行使目的的正当性。但是，不追求目的正当性的决定明显并不合理。③ 考量国家公权力的行使，审查手段的同时，也要对目的进行审查。目的正当性能有效限制目的设置，不仅能实现公民正义、保障基本人权，还可以推动民主理念发展、提高民主水平。不正当的目的会导致对应的行为手段也不正当，衡量国家行使公权

---

① 刘权：《目的正当性与比例原则的重构》，《中国法学》2014年第4期。

② Francisco J. Urbina, "A Critique of Proportionality", *Am. J. Juris.*, Vol. 57, 2012, p. 49.

③ Julian Rivers, "Proportionality and Variable Intensity of Review", *Cambridge L. J.*, Vol. 65, 2006, p. 195.

力的目的是否具有正当性，有必要作为审查标准的首要考量因素。否则，国家行使目的不正当的公权力却不会受到法律的约束，更多的公民基本权利将遭到侵害。

二　比例原则在被遗忘权立法中的体现

在立法中，我们不应该抬高"被遗忘权"使其成为凌驾于表达自由、媒体自由、公众知情权之上的超级权利（super right）。[①] 相反，立法明确提出："删除个人信息的权利并不是绝对的，而是有清晰的界限的。"当个人数据之存储对处理数据的原始目的来说，已经出现在不再准确、不再适当、不再相关或不恰当的场合时，要求需要以比例原则为基础进行协调。[②] 比例原则对限制被遗忘权的审查标准，需要四个审查步骤，即行使目的的正当性和行使手段的适当性、必要性及均衡性。

第一，行使目的是否符合"目的正当性原则"。行使目的在于对信息自决权中的人性尊严的保护。我国《宪法》第 38 条规定，中华人民共和国公民的人格尊严不受侵犯。作为个人数据保护的法律基础，这一规定确定了人性尊严的法律地位。2001 年最高法《关于确定民事侵权精神损害赔偿责任若干问题的解释》中，将"人格尊严权"作为单独的人格权，尽管仍无法确定其为基本人权，但也明确了其重要地位。另外，《欧盟基本权利宪章》第 7 条关于隐私生活权和第 8 条的个人数据被保护权的规定，明确人性尊严和信息保护在欧盟也是具有宪法地位的权利。所以，被遗忘权行使目的正当，具有合宪性。

第二，行使手段是否符合"手段适当性原则"。行使手段是删除

---

① European Commission, Factsheet on the "Right to be Forgotten" Ruling（C‑131/12）, http：//ec. europa. eu/justice/ data‑protection/files/factsheets/factsheet ＿ data ＿ protection＿ en. pdf, 2017‑12‑24.

② Ibid. .

已经公开的、不相关或不再相关的、过时的个人信息。被遗忘权通过删除信息的手段旨在保障公民的人性尊严不受侵犯，所以行使手段具有适当性。

第三，行使手段是否符合"手段必要性原则"（最小侵害性原则）。被遗忘权删除信息的手段力求能够对言论自由的损害降到最低，需要在司法实践的"个案平衡"中针对不同的案件需要，予以具体问题具体分析，以求实质的公平与妥当。我国 2016 年通过的《最高人民法院关于人民法院在互联网公布裁判文书的规定》第八条规定，人民法院在互联网公布裁判文书时，对刑事案件被害人的姓名进行"隐名处理"。与删除方式相比，"隐名处理"的方式对言论自由和公众知情权的侵害更小，符合手段"最小侵害原则"。而在欧盟立法中的表现，具体包括：欧盟《通用数据保护条例》（GDPR）第 17 条第 3 款中规定，基于言论自由和信息自由权利的需要，数据控制者可以不履行删除义务。GDPR 第 80 条规定："如果数据控制者鉴于新闻传播、艺术或文学表达的目的处理他人个人信息，可以不履行被遗忘权的义务。"GDPR 序言第 121 段提出豁免范围主要包括视听领域、新闻档案和出版社的个人数据处理。欧盟的立法强调被遗忘权的行使，需要受到言论自由的制约，从某个角度来看，也是致力于减少对言论自由的侵害。

第四，行使手段是否符合"手段均衡性原则"（狭义比例原则）。欧盟 GDPR 草案第 85 条规定："成员国有特殊义务，通过国内法协调平衡数据保护与表达自由。"可见，通过立法的调节行使手段增进对信息自由、人性尊严的保护与对言论自由、公众知情权的侵害成比例。所以，被遗忘权行使手段具有均衡性。

三　比例原则在被遗忘权司法中的适用

法官将不确定的法律概念具体化，并非为同类案件厘定一个具体标准，而是依据比例原则，在司法实践中遵循个案平衡（case by case）。在具体案件审判中依照法律的精神，确保目的正当性与手段的适当性、最小侵害性，以及行使手段所保护的公共利益和对侵害的基本权利在效果上成比例。针对不同的社会情形和需要，予以具体问题具体分析，以求实质的公平与妥当。当个人数据之存储对处理数据的原始目的来说已经不再准确、不再适当、不再相关或不恰当时，要求需要以"个案平衡"（case by case）为基础进行协调。①

1970年发生的"雷巴赫士兵案"，体现了公众知情权与一般人格权的冲突。地方法院的判决并没有充分考虑到个案的平衡。值得庆幸的是，联邦宪法法院遵循比例原则，在个案中作出了平衡。本案中，调查的目的是通过媒体的新闻自由保障公众的知情权，符合目的正当性。但是，调查手段不具有必要性、均衡性。该电视台除了曝光三名士兵的犯罪过程、案件的审判过程之外，还曝光了三名士兵姓名、肖像以及三人之间的同性恋情。通常情况下，在严重犯罪的报道中，公众信息利益优先于罪犯的一般人格权进行保护。但是在本案中，一方面，这种毫无限制的报道侵犯了三名罪犯的私密生活，公众知情权的行使手段不是损害性最小的。另一方面，其中一名士兵已经服刑完毕，持续性的曝光和事后报道不利于其回归正常生活，妨害再社会化，使保护的公共利益与造成的损害不成比例。因此，宪法法院在人格权侵犯的程度和公众信息利益的保障间作出具体的衡量，遵循比例原则优先保护公民的被遗忘权得以实现。

1983年发生的"德国人口普查案"，体现了公民的信息自主权与政府管理的公权力的冲突。1983年正式实施的《联邦人口普查法》规定，政府有权对联邦范围内的公民进行信息调查，公民的15

---

① European Commission, Factsheet on the "Right to be Forgotten" Ruling (C-131/12), http://ec. europa. eu/justice/ data-protection/files/factsheets/factsheet_ data_ protection_ en. pdf, 2017-12-24.

个方面的信息需要全面登记。① 此举引起公民的强烈反对并向联邦宪法法院提起申诉。法院主张,《联邦人口普查法》违反《基本法》关于人格自由的要求,于是,修改后的《人口普查法》规定调查的客体范围应遵循比例原则的目的正当性和手段适当性、必要性、均衡性。收集信息的手段必须对实现目的来说适合且必要,干预的强度与事物重要性和个人承担的损害需要成比例。② 本案中,调查目的是便于政府进行管理,符合目的正当性。调查的程序是先告知公民,调查手段通过"匿名资料调查"的方式尽量减少了对于私领域的干预。修改后的立法,符合比例原则的目的正当性和手段适当性、必要性、均衡性的要求,调查目的与调查手段之间成正比。毕竟,公民应当有权决定其私人生活是否公开、公开到何种程度以及公开的时间和方式。在信息技术化快速发展的社会环境下,政府出于管理的职能可以收集公民的信息,但如果公民个人丧失了信息自决权,必将对个人的社会生活自由产生威胁。

2010 年发生的"谷歌诉冈萨雷斯案",体现了被遗忘权和言论自由之间的冲突。欧洲法院"冈萨雷斯案判决书"第 92 段指出,个人有权在特定条件下要求搜索引擎移除有关其个人信息的链接。这一规定适用于个人信息是不准确的、不适当的、不相关的或超过数据处理目的的情形。与此同时,"冈萨雷斯案判决书"第 81 段指出,法院明确地阐明被遗忘权不是绝对的,而总是需要与相冲突的其他基本权利如表达自由、媒体自由进行平衡。可见,尽管欧洲法院命令谷歌删除与冈萨雷斯不再相关的信息,但是它并没有以保护个人信息的名义要求直接删除《先锋报》的信息,而只是要求谷歌删除信息链接,从而符合比例原则中手段的适当性、必要性、均衡性。

---

① 姚岳绒:《宪法视野下的个人信息保护》,博士学位论文,华东政法大学,2011 年。

② 陈戈、柳建龙等:《德国联邦宪法法院典型判例研究:基础权利篇》,法律出版社 2015 年版,第 85 页。

在保证新闻媒体言论自由、出版自由的同时，公众通过网络检索不能轻易获得原信息，使原告享有安宁权，符合比例原则目的正当性。① "冈萨雷斯案"判决书最终在目的与手段之间作出衡量，偏向个人数据保护，也是偏向于被遗忘权的保护。

比例原则在司法实践中的"个案平衡"明确了一个重点：个人信息权与表达自由权都不是绝对的权利。在网络世界和非网络世界，信息自主和表达自由都有其责任和界限，应当在互联网用户利益和个人基本权利之间寻求公正的平衡。② 对于数据主体的被遗忘权、公众的言论自由、公众知情权、网络运营商的义务和政府公权力之间的权衡，衡量的标准包括两方面：一方面，权利之间或权利与其他基本要素之间的平衡是基于所涉信息的性质的，即个人信息对于个人的私人生活以及公众获取信息之利益的敏感度，更偏向于谁；另一方面，这一平衡也基于所涉信息主体之人格。被遗忘权当然不是使政府官员、公众人物的新闻被抹掉，而是使著名的人物变得不那么"耀眼"，或者使罪犯洗脱其罪行的权利。③

---

①　European Commission, Factsheet on the "Right to be Forgotten" Ruling（C－131/12）, http：//ec. europa. eu/justice/ data－protection/files/factsheets/factsheet ＿ data ＿ protection＿ en. pdf, 2017－12－24.

②　Ibid. .

③　Ibid. .

第 四 章

被遗忘权保护的域外经验

1968 年联合国庆祝《世界人权宣言》发表 20 周年的会议上，已经提出保护公民数据隐私的问题，并得到信息技术发达国家的重视。值得注意的是，《世界人权宣言》仅为各国宪法的制定提供了一个模板，写进里面的权利并不必然在任何国家都是法定权利，所以一部分国家并未将个人信息的保护写进法律。[①] 然而，1980 年，经济合作与发展组织（OECD）制定了《隐私保护与个人数据跨境流动的指导方针》成为个人数据保护方面第一个重要的国际性规则。1990 年 12 月 14 日，联合国大会通过了《关于计算机处理的个人数据文件指南》。在这些规则的指引下，现今大部分国家都已经建立自己的个人数据保护制度，被遗忘权保护作为个人信息保护的重要一环，在整个国际及区域发展都有一定的法律基础。

第一节 欧盟保护被遗忘权的立法经验

一 欧盟保护被遗忘权的法律基础

（一）信息保护的早期立法

1.《欧洲人权公约》

1950 年颁布《欧洲人权公约》，第 8 条规定：每个人的私人及

---

① [美] 迈克尔·佩里：《权利的新生：美国宪法中的人权》，徐爽、王本存译，商务印书馆 2016 年版，第 22 页。

家庭生活、其家庭以及其通信隐私的权利与自由必须受到尊重，若需要对此作出限制，则必须"符合法律规定"且"为民主社会所必需"。该条款明确了电子通信秘密权的适用范围①，规定的权利是公民享有的对国家的防御性权利，主要为了约束国家行为、防止国家干预。② 在该公约的影响之下，1970 年德国 Hesse 州制定的《个人数据保护法》，是世界上第一部专门的个人数据保护法。之后瑞典、法国、丹麦、爱尔兰、荷兰、英国先后制定了本国的数据保护法。

2.《欧盟基本权利宪章》

第一，在欧洲，与言论自由的保护相比，人们普遍倾向于保护基于尊严的隐私。③《欧盟基本权利宪章》（以下简称"宪章"）作为欧盟的创始性法律文件，规定欧盟公民享有"人的尊严是不可侵犯"的基本人权。《宪章》第 7 条规定了个人隐私权保护，第 8 条规定了欧盟数据保护作为基本原则，据此，个人信息保护被确定为基本权利。它们作为基本权利直接构成了欧盟数据保护立法的法律依据。④ 欧洲法院在"冈萨雷斯案"的判决书中也将之作为裁判的法律依据，并且强调这两项基本权利不仅优先于搜索引擎经营者的经济利益，而且优先于公众基于搜索引擎获得包括数据主体名字的信息的权利。由此可见欧盟对信息自主权的尊重。

第二，欧洲涉及个人数据保护的权利不是绝对权，受言论自由

① ［西］布兰卡·R. 瑞兹：《电子通信中的隐私权——欧洲法与美国法的比较视角》，林喜芬等译，上海交通大学出版社 2017 年版，第 150—151 页。

② 陆海娜、［澳］伊丽莎白·史泰纳：《家庭与隐私权》，知识产权出版社 2016 年版，第 3 页。

③ Kristen J. Mathews, *Proskauer on Privacy: A Guide to Privacy and Data Security Law in the Information Age*, Practising Law Institute Press, 2011, pp. 403-406.

④ Lawrence Siry, "Forget Me, Forget Me Not: Reconciling Two Different Paradigms of the Right to Be Forgotten", *Kentucky Law Journal*, Vol. 103, 2014, p. 315.

的制约。① 个人可识别数据的删除还是要考虑到其他基本权利的保护，如《宪章》第 11 条规定的表达自由权。此权利既包括保有意见之自由，也包括接收与传递信息及意见之自由，不受公权力干预与地域限制之自由。尽管《欧洲人权公约》（ECHR）第 8 条规定，人人享有自己的私生活受到尊重的权利，公共机构不得干预上述权利的行使，但是也存在豁免情况，即依照法律规定以及基于民主社会中国家安全、公共安全或者国家的经济福利的利益考虑，为了防止混乱或者犯罪，为了保护公共健康或道德，为了保护他人的权利与自由而有必要进行干预的，不受此限。

第三，尽管隐私权在欧盟体系中意义重大，但必须始终与言论自由保持平衡。② 根据《世界人权宣言》（UDHR）第 12 条规定：任何人的私生活、不得任意干涉，他的荣誉和名誉不得加以攻击，人人有权享受法律保护。第 19 条规定：人人有权享有主张和发表意见的自由，此项权利包括持有主张而不受干涉的自由。

3. 里斯本条约和隐私权

2007 年，欧盟 27 国领导人在里斯本签署《里斯本条约》，使《欧盟基本权利宪章》对各成员国具有约束力。

欧盟的隐私权起源于个人承诺，后来才逐渐演变成个人参与社会的权利。隐私权是整个欧洲共同体的一项综合性、基本性和宪法性权利。欧盟以屹立于世界之林不倒为目标，推行了《里斯本条约》，致力于将欧洲打造为最具竞争力、最有活力的知识导向型经济的区域共和体。③《里斯本条约》作为国际协定，一方面重塑了欧联

---

① Michael L. Rustad, Sanna Kulevska, "Reconceptualizing the Right to Be Forgotten to Enable Transatlantic Date Flow", *Harvard Journal of Law and Technology*, Vol. 28, 2015, p. 358.

② Ibid. .

③ Jane K. Winn, "Technical Standards as Data Protection Regulation", Serge Gutwirth, Yves Poullet, Paul De Hert, Cécile de Terwangne, Dr. Sjaak Nouwt (eds.), *Reinventing Data Protection*, Springer Netherlands Press, 2009, p. 201.

的宪法框架;① 另一方面,确认了"人的尊严、自由、民主、平等、法治和尊重人权"的价值。② 在欧盟,隐私权和自主权覆盖所有公共机构和私人机构的数据控制,适用于所有行业,这与重视区域保护的美国存在差异。

4. 经合组织的隐私权原则

在 20 世纪 70 年代,"经济合作与发展组织"(以下简称"经合组织",OECD)就隐私权原则作出统一意见。而在 2013 年 7 月"经合组织隐私权原则"作出修订,原因包括:其一,该组织认识到个人信息的使用具有广泛性和创新性,尽管信息处理能带来丰厚的经济利益、社会价值,但也增加了风险性。③ 其二,个人数据在全球网络正常流转有必要扩大两方面需求:一方面,数据隐私权结构的操作性改良的需求;另一方面,加强隐私权执法机关之间的跨界合作的需求。但无论是 1980 版的还是 2013 版的"经合组织隐私原则"都没有提及数据主体的被遗忘权。④

(二)《欧盟数据保护指令》

1995 年,欧盟颁布《欧盟数据保护指令(95/46/EC)》(以下简称"欧盟 95 指令")。该指令出台的目标在于解决成员国之间数据保护所依据的国内法差异化所暴露的问题⑤,统一欧盟区域内数据保护的立法。这是由于当时德国、法国和英国在隐私权保

---

① 张华:《欧洲联盟对外关系法原理》,法律出版社 2016 年版,第 80—81 页。

② Michael L. Rustad, Sanna Kulevska, "Reconceptualizing the Right to Be Forgotten to Enable Transatlantic Date Flow", *Harvard Journal of Law and Technology*, Vol. 28, 2015, p. 356.

③ Ibid., p. 357.

④ "Revised OECD Privacy Guidelines Focuson Accountability", Notification of Breaches, Rick Mitchell, Bloomberg/BNA, last modified December 19, 2017, http://www.thecre.com/fnews/? p=7120.

⑤ Douwe Korff, "EC Study on Implementation of Data Protection Directive", *Comparative Summary of National Law*, Vol. 34, 2002, p. 47.

护上有话语权，但希腊等国当时还没有关于数据保护的政策或法规。① 所以，指令规定每一个成员国通过国内立法，既保护隐私权中个人处理信息的基本权利，又保证个人数据的合法处理以及数据的自由流转。② 该指令 1998 年正式生效，进一步明确个人数据处理的合法使用、司法救济、国家间数据流转以及数据应用监督和执行。

欧盟委员会统一制定"欧盟 95 指令"的依据主要包括三个方面。第一，欧洲各成员国的隐私权以人性尊严为基础，反映了对人的肖像、姓名和名誉的维护。③ 第二，隐私权起源于德国宪法中的概念——"信息自主权"，定义为个人有控制与自己相关信息的权利。④ 这一权利不仅体现权利主体如何向第三方或公众呈现个人信息，还印证了个人信息是有价值的财产。第三，"欧盟 95 指令"在前言中提出，欧盟委员会颁布指令的初衷与《人权公约》相同，都是保护隐私权在内的基本人权。所以，各成员国在处理个人信息上立法的目标相同，都是在保护基本人权的基础上，重点保护隐私权。出于这一原因，各国的立法保护必然不会减轻保护力度，反之会寻求更高标准的保护。⑤

---

① Michael L. Rustad, Sanna Kulevska, "Reconceptualizing the Right to Be Forgotten to Enable Transatlantic Date Flow", *Harvard Journal of Law and Technology*, Vol. 28, 2015, pp. 359-360.

② Ibid. , p. 359.

③ James Q. Whitman, "The Two Western Cultures of Privacy: Dignity Versus Liberty", *The Yale Law Journal*, Vol. 113, 2004, p. 1161.

④ Paul Schwartz, "The Computer in German and American Constitutional Law: Towards an American Right of Informational Self-Determination", *American Journal of Comparative Law*, Vol. 37, 1989, pp. 686-687.

⑤ Michael L. Rustad, Sanna Kulevska, "Reconceptualizing the Right to Be Forgotten to Enable Transatlantic Date Flow", *Harvard Journal of Law and Technology*, Vol. 28, 2015, p. 360.

1.《欧盟数据保护指令》的权利与义务

（1）权利行使

1995 年《欧盟数据保护指令（95/46/EC）》（以下简称"欧盟 95 指令"）第 12 条是关于接入权（right of access）的规定，其中第 12 条（b）项规定，当数据不完整或不准确时，数据主体享有更正、删除或阻断对数据的处理的权利。该条被认为是被遗忘权的直接法条依据，尤其是其中关于删除权的规定。除了第 12 条（b）项外，第 14 条关于反对权的规定也为被遗忘权提供了依据。在欧洲法院的"冈萨雷斯案"中，第 12 条（b）项的删除权和第 14 条的反对权同时构成了欧洲法院保护被遗忘权的直接裁判依据。

"欧盟 95 指令"作为数据处理的基本原则，初步明确数据主体在被遗忘权相关的权利范围。一方面，数据主体有权控制个人数据的收集、传输以及使用，即控制权；另一方面，数据主体也有权查询收集的信息，以及修改或删除个人数据的权利，即享有查询权、修改权和删除权。可见，欧盟的被遗忘权体现了"信息自主"的理念，其试图使已经公开的信息重新回到隐私领域。① 有学者指出上述法条就是关于被遗忘权的规定②，主张《通用数据保护条例》中提出的"被遗忘权"在根本上是新东西的观点是错误的，欧洲法院也反驳了这种主张。③ 但是，笔者认为，"欧盟 95 指令"第 12 条（b）项的删除权仅是包含"被遗忘权"的理念。由于删除的手段仅限于"违反指令条款的数据处理"，特别是在处理"不完整或不准确"数

---

① Meg Leta Ambrose, It's About Time: Privacy, Information Life Cycles, and the Right to Be Forgotten, *Stanford Technology Law Reviews*, Vol. 16, 2013, p. 14.

② Gabriela Zanfir, Tracing the right to be forgotten in the short history of data protection law: The "new clothes" of an old right, Serge Gutwirth, Ronald Leenes, Paul de Hert ed., *Reforming European Data Protection Law*, Springer, 2015, pp. 227-247.

③ European Commission, Factsheet on the "Right to be Forgotten" Ruling (C-131/12), http://ec.europa.eu/justice/ data-protection/files/factsheets/factsheet_ data_ protection_ en.pdf, 2017-12-24.

据时。从广义上理解，数据主体有权要求删除非法处理的个人数据；从狭义上理解，要求删除的数据仅能是"不完整或不准确"的。而被遗忘权要求删除的信息也可以是真实、有效且合法的。所以，无论从广义还是狭义上解释，指令第 12 条第（b）款都无法归结为一般的被遗忘权，而仅是体现了"被遗忘权"的理念。

（2）义务履行

"欧盟 95 指令"明确了数据控制者的义务范围。一方面，数据控制者的通知义务。不管个人信息是否直接来自对数据主体的收集，都应通知数据主体收集的目的、种类等信息后，再进行数据的收集和处理；另一方面，征得数据控制者同意的义务。如果收集信息的公司有意与第三方签订合约，意图共享用户可识别个人信息，双方均有义务征求数据主体的同意。[1] 如果公司非法收集用户个人信息，将承担司法责任。另外，监管机构对于公司未经数据主体同意，收集、处理或传播他人信息的行为，予以处罚。在"联邦消费者协会诉'美国在线'法国分公司案"中（Federale des Consommateurs v. AOL France.），尽管"美国在线"法国分公司的规范式合同条款规定，用户的个人资料可以在欧盟以外的国家传送，并允许该公司与第三方直销商沟通，但根据法国法院的裁定，信息传送必须取得数据主体的同意。[2] 因此，如果美国公司想留住欧洲这个大客户，需要依据"欧盟 95 指令"的要求，征求数据主体的同意。

（3）例外情形

"欧盟 95 指令"第 7 条规定，如果出现如下六种情况，那么个人数据处理是合法的，限制数据主体的权利行使：（a）数据主体明确表示同意。（b）如果数据主体是合同的一方或者数据主体此前已

---

①　David E. Dukes, *Don't Click "Send" Until You Read This: Protection of Privacy in International Data Transfers*, THE DEF. Press, 2010, pp. 90-91.

②　Michael L. Rustad, Sanna Kulevska, "Reconceptualizing the Right to Be Forgotten to Enable Transatlantic Date Flow", *Harvard Journal of Law and Technology*, Vol. 28, 2015, p. 361.

经加入合同，数据处理出于合同的履行。（c）数据处理是基于数据控制者的法律义务。（d）数据收集是为了保护数据主体的重大切身利益而必需的数据处理。（e）数据收集是完成基于公共利益的任务，或者出于公开个人信息的数据控制者、第三方的职务权限。（f）数据收集是为了保护公开个人信息的数据控制者或第三方的合法权益。但当第一条规定的数据主体需要保护的权利基于基本人权和自由时，则不受此权利限制。

当然，数据主体对个人信息的控制权、数据控制者通知和征求同意的义务的适用也存在例外情况。"欧盟95指令"第3条第2款规定的"适用范围"中，有两种个人信息的处理可以不受指令中对个人数据处理者的限制：（a）欧盟法律体系调整之外的数据处理：公共安全、国家安全的数据处理；（b）个人在私人或家庭生活中作出的个人信息处理。另外，"欧盟95指令"第13条规定7个限制理由，数据控制者可以不履行指令的要求进行个人数据处理："（a）国家安全；（b）防务；（c）公共安全；（d）对刑事犯罪或违反受规范行业道德行为的预防、调查、侦查和起诉；（e）成员国或欧盟的重大经济、金融利益，包括货币、预算和税收；（f）在（c）—（e）项下行使职权，包括监视、检查或规范职能；（g）保护数据主体或第三方的权利和自由。"可见，第一，在国家安全和防务面前，不是欧盟单纯觉得这几方面的个人信息处理不需要受到限制，而是欧盟并没有权利控制各成员国的活动，只能通过成员国的国内立法进行限制。第二，个人在私人和家庭生活中作出的数据处理，是被视为一种"单纯""无关痛痒"的处理，不涉及非法处理个人信息，如制定个人电话本等。第三，数据的收集、处理是出于科学研究、科研统计等目的时，指令不应该限制，完全可以通过成员国国内立法的方式控制。

2. 《欧盟数据保护指令》的治外法权

如果美国想在欧洲国家设立公司，发展更多的欧盟国家客户，那么美国也要遵守"欧盟95指令"的规定，不因为治外法权而拥有豁免权。① 欧美在数据保护上的矛盾分歧由来已久。一方面，欧盟通过统一立法规范个人数据的跨境流转，"欧盟95指令"第25条明确提出"充分保护标准"原则，只有在欧盟以外其他国家有能力为个人数据提供"充分程度"的保护时，欧盟才允许将个人数据传输至成员国以外的国家；另一方面，美国仅依靠部门立法、市场调节和行业自律机制，许多行业的数据保护存在法律空白。国家反对政府为个人数据跨境流动设置障碍，恐其阻碍数据经济、信息技术化的发展。例如，美国的"推特"（Twitter）公司披露了匿名反犹太用户的信息而受到法国的庭审裁定。另外，国际人权联合会（FIDH）和法国人权联盟（LDH）起诉美国国家安全局使用"棱镜"电子监听计划，国安局（NSA）和联邦调查局（FBI）通过国际网路公司的主服务器收集数据情报，包括谷歌、微软在内的九家国际网络公司均有参与。② 可见，包括推特、谷歌、微软、脸书等多家美国公司，都涉嫌侵犯了法国民众的隐私权。

由于欧盟的"充分标准"为美国企业在欧开展业务设置了政策门槛，造成个人可识别数据无法从欧洲正常流转到美国。③ 于是，双方在2000年达成了"避风港"协议，用来解决欧美数据保护标准不统一的问题。"避风港"协议规定在美国商务部建立一个公共目录，遵守一定的义务并且加入这个目录就可以成为"避风港"的一员，从而拥有数据跨境流转资格。然而，"避风港"协议并非完全采用欧盟的数据保护标准，被视作欧盟对美国妥协的产物，所以该协议仍存在漏洞。2008年，尽管谷歌商定将个人可识别数据的保存期限缩

---

① Michael L. Rustad, Sanna Kulevska, "Reconceptualizing the Right to Be Forgotten to Enable Transatlantic Date Flow", *Harvard Journal of Law and Technology*, Vol. 28, 2015, p. 362.

② *France to Sue NSA? Rights Groups Urge Court To Open Lawsuit over US Spying*, RT, last modified December 20, 2017. https://www.rt.com/news/french-sue-us-nsa-947/.

③ Mozelle W. Thompson, "US/EU Safe Harbor Agreement: What It Is and What It Says About the Future of Cross Border Data Protection", *Privacy Regulation*, 2003, pp. 4-5.

短为 18 个月，"第 29 条数据保护工作小组"仍认为谷歌公司不符合指令的规定。对此欧盟统一口径，认为美国还是缺少足够等级的信息安全保护。[①] 此后出台的《通用数据保护条例》规定了广义的被遗忘权，不仅阻碍了数据从欧洲流向美国，也对电子商务产生了重大影响。[②] 2013 年，日益激化的矛盾终于爆发，"棱镜门事件"曝光。欧盟认为"避风港"协议已经不能满足数据保护的"充分标准"，宣布该跨大西洋数据传输协定无效。于是，2016 年双方又达成了"隐私盾"协议，意味着美国对欧盟让步。这是美国重视商业利益和欧盟强化数据主权保护的又一次妥协。

3. 后续两个指令

1995 年颁布《欧盟数据保护指令（95/46/EC）》后，欧盟委员会于 2002 年颁布了《欧盟隐私和电子通信指令》，将网络平台和服务应用作为调整对象，旨在保护电子通信用户在个人信息处理过程中的隐私权。通过维护用户的安全、通信秘密和用户知情权，该指令确保了欧盟成员国之间的静态或在传输过程中动态通信数据正常流转。另外，2006 年颁布的《欧盟数据留存指令（2006/24/EC）》规定公共电子通信服务商储存和处理个人信息时履行的义务，保证商业机构控制的这些个人信息能够使用在刑事案件与危害国家安全的案件的侦查、审查和起诉中。尽管部分成员国拒绝把这一指令用于各自成员国的法律中，但大部分成员国最终在 2008 年选择执行该指令。其实，这三个指令共同构成当时欧盟个人信息保护法的主体。

在此之后，欧盟的成员国参照三个指令的法律体系各自制定了本国的信息保护法。1998 年英国和瑞典先后颁布《数据保护法》和

---

① Paul M. Schwartz, "The EU-U. S. Privacy Collision: A Turn to Institutions and Procedures", *Harvard Law Review*, Vol. 126, 2013, pp. 1979-1981.

② Michael L. Rustad, Sanna Kulevska, "Reconceptualizing the Right to Be Forgotten to Enable Transatlantic Date Flow", *Harvard Journal of Law and Technology*, Vol. 28, 2015, p. 362.

《个人信息法》，此后德国于 2003 年颁布《联邦数据保护法》，法国于 2004 年颁布《关于个人信息处理的个人保护法》。尽管欧盟各成员国关于个人信息保护的核心内容基本一致，成员国间的法律条文和形式仍然存在差异。可见，如果欧盟的数据保护指令想顺应网络信息技术的发展，仍需要统一立法，共同面对信息全球化引来的海量信息处理的压力。

4. "欧盟 95 指令"初现"被遗忘权"理念

在大数据时代完全来临前，欧盟已经开始着手起草数据保护指令。1995 年，欧盟颁布的《欧盟数据保护指令（95/46/EC）》（以下简称"欧盟 95 指令"）中已经有关于"被遗忘权"理念的规定。因此欧盟官员一直强调被遗忘权并不是崭新的权利。第一，欧盟委会副主席维维妮·雷丁于 2012 年在《欧盟数据改革：让欧洲成为数字时代现代数据保护标准的制定者》的演讲中，使用"强化"（strengthening）一词[1]意味着，她认为被遗忘权早已经存在，需要被加强而不是创造这一权利。[2] 第二，Koops 认为被遗忘权是一项法律权利，而不是抽象的价值，他指出早在 1995 年的数据保护指令中就有被遗忘权的良好开端。[3] 另外，Flaherty 在 1998 年的论文中也提到了被遗忘权问题，并对其进行了初步的研究。[4] 第三，2014 年的"谷歌诉冈萨雷斯案"中，欧洲法院在裁判依据中，基于"欧盟 95 指令"的第 12 条和第 14 条，提出隐含的被遗忘权，明确了谷歌公

---

① V Reding, "The Upcoming Data Protection Reform for the European Union", *International Data Privacy Law*, Vol. 1, 2011, p. 4.

② Bert-Jaap Koops, "Forgetting Footprints, Shunning Shadows. A Critical Analysis of 'the Right to be Forgotten' in Big Data Practice", *SCRIPTed*, Vol. 8, No. 3, 2011, p. 232.

③ Ibid. , p. 230.

④ David H. Flaherty, "Controlling Surveillance: Can Privacy Protection Be Made Effective?", Philip E. Agre and Marc Rotenberg eds. , *Technology and Privacy*: *The New Landscape*, Massachusetts: The MIT Press, 1998, p. 172.

司作为数据控制者索要承担的责任。① 其实，"欧盟95指令"只是被遗忘权的萌芽或者说初步的规定，包含了支撑被遗忘权的原则。

5. "欧盟95指令"关于被遗忘权规定的局限性

"欧盟95指令"的权利设定仍存在局限性。第一，根据第12条（b）款规定，尽管数据主体有权要求数据控制者删除个人数据，权利行使范围却有限，只适用于"当数据处理不符合'欧盟95指令'的规定的情况下，特别是数据不完整或不准确时"②。而互联网上的个人数据被收集、处理或储存的时间不定且用途多样，这些处理目的限制性原则在实践中意义不大。第二，"欧盟95指令"第14条规定数据主体对数据处理有拒绝权，但第7条规定六种豁免情况限制数据主体的权利行使，明确拒绝权的权利行使范围是受限的。其一，"欧盟95指令"第7条（e）项和（f）项所规定的数据处理出于合法利益或公众利益等令人信服的正当理由，并且成员国国家立法规定公民对数据处理的拒绝权存在合法和强制目的的情况下，公民才可以行使数据处理拒绝权。那么，这代表成员国国家立法并没有在"欧盟95指令"第7条（a）项到（d）项规定公民对数据处理的拒绝权，即在数据主体明确同意数据处理、数据主体履行合同、数据控制者履行法律义务或保护数据主体的切身利益时，公民无法行使拒绝权。③ 其二，第7条中规定当个人撤回其处理同意时，指令并未规定控制者过去的数据处理行为是否有效。第29条数据保护工作组强调，个人应始终被允许撤回其同意。但是，这种撤销只影响将来的数据处理，即在提出异议之后，将对以前发生的数据处理行为无效。

---

① Michael L. Rustad, Sanna Kulevska, "Reconceptualizing the Right to Be Forgotten to Enable Transatlantic Date Flow", *Harvard Journal of Law and Technology*, Vol. 28, p. 360.

② Meg Leta Ambrose, It's About Time: Privacy, Information Life Cycles, and the Right to Be Forgotten, *Stanford Technology Law Reviews*, Vol. 16, 2013, p. 6.

③ Ibid., p. 7.

（三）"西班牙冈萨雷斯案"

1. 案件的诉讼过程

2010 年，西班牙公民冈萨雷斯向西班牙数据保护局（APED）申请，起诉西班牙的报纸发行商《先锋报》以及谷歌总公司和西班牙分公司。作为寻求删除信息的主体，冈萨雷斯表示：任何网络用户在谷歌搜索引擎中输入"冈萨雷斯"这个名字，搜索结果中均会显示多条关于《先锋报》的报道链接，链接内容为他的房产出于被追缴社保欠费的原因依扣押程序进入强制拍卖阶段。但冈萨雷斯认为，尽管报道内容真实，但事情已经解决，拍卖信息已经过时且不再相关，该报道继续留存于网络上会侵犯他的名誉权和隐私权。因此，冈萨雷斯向西班牙数据保护局申请：第一，《先锋报》要么完全移除，要么改变所涉网页，以使其个人数据不再出现。第二，谷歌西班牙和谷歌总公司移除关于他的个人数据，从而使其个人数据不再出现在搜索结果中。对此，一方面，西班牙数据保护局（APED）驳回了原告对《先锋报》的诉求，裁定《先锋报》的发布行为是出于执行"劳动和社会事务部"的命令，因此，拒绝删除报道具有合法性；另一方面，APED 支持原告对于谷歌西班牙及谷歌公司的诉求，要求删除链接或采取必要措施，避免信息再出现在搜索结果中。

谷歌对 APED 的裁定不服，认为该裁定除了保护人们的隐私外，更会造成表达自由的寒蝉效应，互联网将不再具有"客观性"，遂向西班牙法院提起诉讼。这就是在国际社会引发了强烈反响的"被遗忘权第一案"——"谷歌及谷歌西班牙诉西班牙数据保护局及冈萨雷斯案"（以下简称"冈萨雷斯案"）。由于该案涉及对 1995 年《数据保护指令》的适用问题，因此西班牙法院按照《马斯特里赫特条约》第 234 条的规定提起初裁。然而法院对该案如何判定存在疑问：如果个人数据在第三方网站已经公布，而数据主体不希望该数据被第三方获取，网络搜索引擎服务商承担何种保护个人数据的责任？由于"欧盟 95 指令"生效时，尚未预见到网络、搜索引擎会对信息流通产生如此巨大的影响，也不曾预见个人信息保护面临如此巨大的威胁。所以，如何解释"欧盟 95 指令"背景下的数据控制者，是该案作出判决的关键。随后，西班牙高等法院中止诉讼程序，将案件移交到欧盟法院。①

2. 案件法律争议的裁决

西班牙法院将该案提交给欧洲法院，主要就三个问题寻求答复：其一，欧盟 1995 年的数据保护指令是否适用于诸如谷歌之类的搜索引擎？其二，因为该公司的数据处理服务者（服务器）设在美国，欧盟法是否适用于谷歌西班牙公司？其三，个人是否有要求搜索引擎删除其个人数据的权利（即被遗忘权）？② 由于"冈萨雷斯案"判决时，《通用数据保护条例》还处于立法草案阶段，所以该案基于《欧洲人权公约》第 8 条、《欧盟基本权利宪章》第 7 条和第 8 条，"欧盟 95 指令"和西班牙本国法作出了裁定。

欧洲法院在 2014 年 5 月 13 日的初裁中说道：第一，欧盟数据保护法（规则）对于搜索引擎的适用性：依据"欧盟 95 指令"第 12 条（b）款和第 14 条（a）款，裁定搜索引擎属于"数据控制者"的范畴。由于谷歌是搜索引擎，因此它在处理个人数据时，根据欧盟法不能逃避其责任。欧盟的数据保护法适用并保护被遗忘权。第二，即使一个公司的服务器位于欧洲之外，如果它们有分支机构或子公司设在成员国之内，并通过搜索引擎所提供的空间来促进广告的营销，那么欧盟法也同样适用于该搜索引擎的经营者。第三，个人有权——在特定条件下——要求搜索引擎移除有关其个人信息的链接。这适用于个人信息是不准确的（inaccurate）、不适当的（inadequate）、不相关的（irrelevant）或超过（excessive）数据处理目

---

① Michael L. Rustad, Sanna Kulevska, "Reconceptualizing the Right to Be Forgotten to Enable Transatlantic Date Flow", *Harvard Journal of Law and Technology*, Vol. 28, 2015, p. 364.

② European Commission, Factsheet on the "Right to be Forgotten" Ruling（C-131/12），http：//ec. europa. eu/justice/ data - protection/files/factsheets/factsheet _ data _ protection_ en. pdf，2017-12-24.

的的情形（欧洲法院"冈萨雷斯案判决书"第 92 段）。法院认为，在这一特殊案例中，不能仅仅用搜索引擎的经济利益来作为干涉个人数据保护的正当性理由。与此同时，法院明确地阐明被遗忘权不是绝对的，而总是需要与相冲突的其他基本权利如表达自由、媒体自由进行平衡（欧洲法院"冈萨雷斯案判决书"第 81 段）。在考量这类信息保护问题时，个案平衡（a case-by case assessment）是必要的，个案平衡对个人的私人生活以及公众获知信息的权利都是有影响的，要求删除信息的人在公众生活中的地位和角色也是相关的。

因此，"冈萨雷斯案判决书"第 88 段提出"删除义务是独立的"。判决一方面驳回了谷歌的诉求，明确谷歌有义务删除信息链接；另一方面，指出网络出版商《先锋报》免除删除义务，《先锋报》的信息保留是由于表达自由权和公众知情权，确保将真实的信息报道公之于众。法院对谷歌和《先锋报》作出了截然不同的裁决。搜索引擎作为管理个人信息控制者，通过用户输入数据主体的名字获得其个人信息不费吹灰之力，还可以借助搜索引擎的结构化信息排列，建立用户更加详细的"人格画像"。所以，包括谷歌在内的这一类公司远比《先锋报》这样的网络出版商更容易侵犯数据主体的隐私权。

3. 案件的影响

"冈萨雷斯案"的判决体现两点：一方面，代表《欧盟数据保护指令（95/46/EC）》对网络服务运营商的限制作用，明确搜索引擎负有对"不适当、不相关、过时信息"的删除义务。另一方面，欧盟首次承认了信息主体享有"被遗忘"的权利，对"欧盟 95 指令"的扩大解释，打开了被遗忘权通往"新世界的大门"[1]，在国际社会引发了强烈反响。

"冈萨雷斯案"判决公布后，欧盟区域内的数据主体用谷歌搜索

---

[1]　Ioana Stupariu, "Defining the Right to be Forgotten. A Comparative Analysis between the EU and the US", LL. M. Short Thesis, Central European University, 2015, p. 1.

本人姓名时，只要搜索结果中出现与个人相关的信息链接，数据主体都有权要求谷歌公司删除。除非有合法豁免理由，否则都要受被遗忘权的限制。这也带来两点问题。第一，谷歌能做到的只是在搜索中输入冈萨雷斯的名字时不会出现原始信息的链接，但冈萨雷斯的原始个人信息不会完全从网络世界中完全擦除①，原因包括三个方面：其一，用户即使享有被遗忘权的保护，也不一定要求删除或遗忘个人信息，而是让信息不再被他人轻易获得。② 其二，即使谷歌删除链接，但在服务器缓存备份中仍能获取原始信息。严格意义上说，谷歌很难保证能完全断开数据发布者与数据主体之间的关联。其三，判决中要求谷歌删除的只是欧洲谷歌搜索引擎的结果，欧洲成员国之外的其他国家仍可以在结果中找到这些链接③，想要完全擦除已经发布在社交媒体上的报道、信息难以实现。第二，谷歌等搜索引擎公司审查责任过重。此案被遗忘权涉及的主体有：数据主体冈萨雷斯、《先锋报》、谷歌西班牙搜索引擎公司、谷歌的使用者、西班牙数据保护局、西班牙高等法院和欧盟法院。而在这些主体中，本应是采取《先锋报》删除或隐藏个人信息的手段更为有效，能更好地防止"史翠珊效应"的发生。但现实中《先锋报》仅仅是被通知链接已经删除的结果，全部义务基本都由谷歌搜索引擎承担。该案自身为"个案平衡"的实践提供了一个实例。尽管欧洲法院命令谷歌删除与西班牙公民不再相关的信息，但是它并没有以保护个人数据的名义，要求《先锋报》改变存档的内容。西班牙公民的数据仍然

---

① "Google Must Delete Search Results on Request, Rules EU Court", Rich Trenholm, CNET, last modified December 20, 2017. https：//www. cnet. com/ news/google-must-delete-search-results-rules-european-court/.

② "The Right to Be Forgotten", Peter Fleischer, *Seen from Spain*, last modified December 18, 2017, http：//peterfleischer. blogspot. co. uk/2012/01/right－to－be－forgotten－or－how-to-edit. html.

③ "Google Keeps Its Limitations on 'Right to Be Forgotten' Requests", Vlad Tiganasu, Articles Informer, last modified December 18, 2017. https：//articles. informer. com/google-keeps-its-limitations-on-right-to-be-forgotten- requests. html.

可以被获取，但是将是以不再如此便捷的方式被获取，这对尊重公
民的隐私已经足够了。① 可是，互联网上的搜索引擎类公司数量庞
大，仅把被遗忘权的使用全部施加在谷歌公司上并不合理，谷歌将
必须以个案为基础，来对删除请求进行评估。② 英国上议院表示，欧
盟法院对一个小小的搜索引擎公司作出裁定时，难以相信随之而来
的是成千上万移除个人信息的请求。③ 此外，欧盟法院最大的失误就
是让搜索引擎依据模糊的标准来决定信息是否需要删除。因此，在
判决之后，依据"欧盟95指令"第29条规定：建立一个"在个人
数据处理中保护个人的工作组"，称之为"欧盟第29条数据保护工
作小组"。该小组很快作出"关于冈萨雷斯案的执行意见"，对欧盟
之后的被遗忘权保护具有指导意义。

二　欧盟保护被遗忘权的最新立法

(一)《通用数据保护条例》

1. 立法背景

欧盟委会副主席维维妮·雷丁于2012年1月22日在慕尼黑举
办的"数字、生活、创新会议"上发表了题为《欧盟数据改革：让
欧洲成为数字时代现代数据保护标准的制定者》的演讲。④ 她从经
济和法律方面分析数据保护：第一，经济增长的前提是信任。数据

---

① European Commission, Factsheet on the "Right to be Forgotten" Ruling (C - 131/
12), http: //ec. europa. eu/justice/ data - protection/files/factsheets/factsheet _ data _
protection_ en. pdf, 2017-12-24.

② Ibid. .

③ Michael L. Rustad, Sanna Kulevska, "Reconceptualizing the Right to Be Forgotten to
Enable Transatlantic Date Flow", *Harvard Journal of Law and Technology*, Vol. 28, 2015,
p. 366.

④ "The EU Data Protection Reform 2012: Making Europe the Standard Setter for Modern
Data Protection Rules in the Digital Age", Viviane Reding, Innovation Conference Digital,
Life, Design, Munich, last modified December 4, 2017http: //europa. eu/rapid/press -
release_ SPEECH-12-26_ en. htm.

保护和经济增长之间是互利共赢的关系。第二，要面向未来，消除壁垒，恢复人们的信任，促进商业的发展。第三，当前的法规是碎片化的，欧盟 27 个成员国有 27 部相互冲突的数据保护的国内法。法律的不确定性和碎片化给企业带来了沉重的负担。① 企业需要支付额外的商业成本，这制约了经济的发展和科技的创新。② 总之，原有的数据保护法律所导致的问题可以体现在两个方面：其一，数据保护法律的碎片化给企业带来了沉重的负担，企业要面对大量繁文缛节的手续，这阻碍了经济的发展；其二，在原有的数据保护体制下，民众不信任企业，许多人因为害怕隐私泄露而不敢进行网络购物。③

她在演讲中提到关于被遗忘权的内容：第一，被遗忘权不再只是一种可能性，人们将可以享有直接撤销自己在网上发布的个人信息的权利。人们可以通过被遗忘权，控制其个人数据。第二，被遗忘权是基于既有规则，为了更好地处理互联网的隐私风险的。个人可以基于其个人信息隐私的最大利益来选择是否删除网络痕迹。因此，授权欧盟的公民特别是青少年以控制他们的网络个人信息的隐私保护是至关重要的。第三，规定了商家必须遵守的诸多义务。商家应以简单、清楚的语言告诉公众信息处理的情况。第四，这一改革将使个人能够对他们的数据拥有绝对的控制权。根据新的规则，个人获取个人信息数据将会更加容易。公众必须能够轻易将其个人数据带给另一个服务提供商。如果个人不再希望他人继续使用数据

① "The EU Data Protection Reform 2012: Making Europe the Standard Setter for Modern Data Protection Rules in the Digital Age", Viviane Reding, Innovation Conference Digital, Life, Design, Munich, last modified December 4, 2017http://europa.eu/rapid/press-release_ SPEECH-12-26_ en. htm.

② Serge Gutwirth, Ronald Leenes, Paul de Hert, *Reforming European Data Protection Law*, Berlin: Springer Netherlands Press, 2015, pp. 209-210.

③ "The EU Data Protection Reform 2012: Making Europe the Standard Setter for Modern Data Protection Rules in the Digital Age", Viviane Reding, Innovation Conference Digital, Life, Design, Munich, last modified December 4, 2017, http://europa. eu/rapid/press-release_ SPEECH-12-26_ en. htm.

时，可以直接删除数据。

正是在这一背景之下，欧盟着手进行一揽子的数据保护改革。欧盟的数据保护改革一共涉及两部法律。其一，《通用数据保护条例》（GeneralData Protection Regulation，GDPR）。以此来增加打算在欧盟互联网市场进行经营的公司的机会，同时确保给予个人信息高标准的保护。其二，《打击犯罪和促进数据流通的指令》。以此来确保成员国的警察和司法机关在打击严重犯罪上进行更为顺畅信息交换，与此同时，保护公民关于数据保护的基本权利。欧盟这两个立法计划均已获得实现。2016 年《通用数据保护条例》和《打击犯罪和促进数据流通的指令》（Directive 2016/680）均已获得通过。

欧盟在进行数据保护改革的时候，一直致力于两方面利益的平衡，即经济发展和个人数据安全之间的平衡。欧盟并没有将个人数据安全的价值予以绝对化，经济的健康发展以及数据的自由流通都是欧盟所考量的因素。欧盟对被遗忘权的规定也是如此，在规定被遗忘权的适用范围和行使方式的同时，也规定了大量的除外情形，这反映了欧盟在权利保护上的谨慎、专业和务实的态度。欧盟旨在通过一部可以直接适用于欧盟所有成员国的《通用数据保护条例》来取代 1995年的《数据保护指令》。需要注意的是，"条例"比"指令"的法律效力高，"条例"对欧盟成员国具有直接的法律拘束力。

2. 2012 年《通用数据保护条例（草案）》的立法动议

2012 年 1 月，欧盟委员会发布《通用数据保护条例》（GDPR）立法提案，完善了原有的《欧盟数据保护指令（95/46/EC）》（以下简称欧盟"95 指令"），在如下几个方面做了突破：第一，确定"被遗忘权"是每位互联网用户均有个人发布的信息删除的权利。[1]第二，该条例是为了用户隐私权保护而专门制定的，以增强对欧盟

---

[1]　Michael L. Rustad, Sanna Kulevska, "Reconceptualizing the Right to Be Forgotten to Enable Transatlantic Date Flow", *Harvard Journal of Law and Technology*, Vol. 28, 2015, pp. 353–354.

全体市民的隐私保护水平。第三，该条例有利于预防、侦查、调查或起诉刑事犯罪，以后也会涉及更广的司法活动。第四，对"数据控制者"的定义作出完善。"谷歌诉冈萨雷斯案"的判决之后，被遗忘权被广泛认可，该判决确保西班牙公民有权要求搜索引擎断开个人已过时、不相关或不再相关信息的链接，公民在搜索个人姓名时，相关信息不会出现在搜索结果中，但仅依靠对搜索引擎的限制并不足够。所以，《通用数据保护条例》提出"数据控制者"的新定义，认为被遗忘权不仅适用于搜索引擎，还适用于收集个人信息的网站以及其他数据控制者。

其实，《通用数据保护条例》旨在保障民众的数据知情权、数据控制权、被遗忘权、数据可携权等权利。数据主体的同意必须是明确的、具体的同意。关于被遗忘权，数据主体可以撤销其对处理数据的同意。互联网有无限的搜索和记忆能力[1]，被遗忘权对于应对隐私风险具有积极的意义。被遗忘权的行使条件：第一，数据主体不愿数据继续被处理；第二，数据的继续存在或处理没有正当的理由。结合《通用数据保护条例》第 17 条的内容，就是在不具有除外情形的情况下，数据主体可以删除其个人数据。其实，对 2012 年《通用数据保护条例》立法提案进行评估是有益的，它代表了 2016 年为止的反思、协商和争论。

3. 2016 年《通用数据保护条例》

欧盟委员会提出议案后，2016 年欧洲议会内政委员会基于"公民应享有自由和正义"的原则最终通过了该议案。随后，欧盟委员会、议会和理事会开启三方会谈，作出修改后商定条例的最终形式。2017 年，《通用数据保护条例》正式生效后，取代了原有的"欧盟

---

① "The EU Data Protection Reform 2012: Making Europe the Standard Setter for Modern Data Protection Rules in the Digital Age", Viviane Reding, Innovation Conference Digital, Life, Design, Munich, last modified December 4, 2017, http: //europa. eu/rapid/ press-release_ SPEECH-12-26_ en. htm.

95 指令"进行数据保护，最终确定 GDPR 的制定为了达到两个目标：其一，数据主体合法享有数据控制权；其二，为企业提供可以参照的统一确定的法规，减少欧盟不同成员国的企业适用不同法律带来的行政负担。由于早期的欧盟成员国之间，本国公民与他国公民可能要使用不同的数据保护法律，GDPR 设立的初衷就是制定整个欧洲都通用的数据保护条例。

（1）权利和义务

2016 年最终通过的《通用数据保护条例》，将欧盟 28 个成员国的被遗忘权确定为法定权利。其中，第 17 条第 1 款规定："数据主体有权要求数据控制者删除数据主体的个人数据信息，控制者不得刻意延迟。并且，数据控制者有义务删除个人数据信息。"这与 2012 年《通用数据保护条例（草案）》第 17 条第 1 款的规定相比，删去了"尤其是当已被公开的个人数据的数据主体是未成年人的时候"的规定，其删除的理由在于避免使人们误认为该项权利对成年人来说是有限制的，为了使权利平等适用于所有主体。但是，这并不意味着《条例》忽视了对未成年人被遗忘权的保护。

2016 年《通用数据保护条例》第 17 条的标题是"擦除权（被遗忘权）"。其中，第 1 款规定，数据主体有权要求数据控制者删除其个人数据，数据控制者在如下情况下，有义务删除个人数据信息，不得无故延迟：规定了可以删除数据的六种情形：第一，对于收集和处理数据的目的来说，所收集的个人数据信息不再是必需的；第二，数据存储期限失效以及收集数据的行为不再具有法律正当性；第三，数据主体撤销有关数据处理的同意或者数据主体拒绝个人信息数据的处理；第四，非法处理个人数据的行为；第五，根据欧盟法或成员国法对数据控制者法律义务的规定，数据控制者不得不删除个人信息；第六，在信息社会服务（电子商务）中所收集的个人信息数据。此外，2012 年 GDPR 立法提案的备忘录中提到，数据控制者有义务通知正在处理数据的第三方网站，数据主体请求删除与个人信息相关的链接、原始数据和复制数据。2013 年的立法提案作出了修改。其一，将删除信息的"通知义务"修改为"删除第三方发布信息的责任"。其二，明确特殊情况下，数据控制者有义务通知数据主体第三方的行为以及对数据主体作出赔偿。其三，进一步提出法院和公共管理机构的最终判决、裁定可以成为删除数据的理由，给被遗忘权增加了实施的可能性。① 这些义务让数据控制者的责任加重，也确实保证了数据能够切实可行地被删除、被遗忘。②

其实，从对 GDPR 关于被遗忘权的规定可以看出：

第一，GDPR 中个人行使被遗忘权的六种情况并不全是新概念。目的限制原则在"欧盟 95 指令"第 6 条中有类似规定，"数据主体的拒绝权"和"非法处理个人数据"也可以在指令的框架中找到。③ 当数据被非法处理时，控制者有义务删除它；当个人行使拒绝权时，个人数据也从合法处理转变为禁止处理。

第二，GDPR 明确撤回同意对撤回前的数据处理并无影响。④ "欧盟 95 指令"第 7 条中关于个人撤回数据处理同意时，并未规定数据控制者对过去的数据处理行为是否有效，原有的同意制度未能满足互联网的苛刻要求。GDPR 中的被遗忘权弥补了同意制度的缺陷，2016 年 GDPR 第 7 条第（3）款规定：数据主体有权随时撤回其同意，不得影响基于同意撤回前数据处理的合法性。欧盟委员会力求通过被遗忘权建立一个平衡的环境，个人能够永久有效地重新决定他们是否能撤回同意。

第三，GDPR 第 17 条第 2 款是欧盟和美国之间巨大争议的根源，使双方对信息隐私的法律保护和文化处理产生了巨大的分歧。本款

① 夏燕：《"被遗忘权"之争——基于欧盟个人数据保护立法改革的考察》，《北京理工大学学报》（社会科学版）2015 年第 2 期。

② Serge Gutwirth, Ronald Leenes, Paul de Hert, *Reforming European Data Protection Law*, Berlin：Springer Netherlands Press, 2015, pp. 206-208.

③ Meg Leta Ambrose and Jef Ausloos, The Right to Be Forgotten across the Pond, *Journal of Information Policy*, Vol. 3, 2013, p. 12.

④ Ibid., p. 12.

赋予了数据控制者向公众披露个人可识别信息的权利，如通过在网站上公布或委托第三方公布的权利，不利于保护公民的个人信息。这一条款并不是对表达自由的法理学分析，而仅是把这个问题作为欧美间的基本差异之一加以区分。但是，讨论对第三方的义务是有必要的。

第四，GDPR 把数据控制者作为媒介，能够将数据主体和发布过数据主体相关信息的第三方联系在一起。[①] 但一方面，GDPR 仅运用一个模糊的理性标准，就要求数据控制者履行要求第三方移除的义务。这种模糊的设定令人担忧，特别是在 GDPR 尚处于刚刚实施阶段，并配以严苛的惩罚措施。就 GDPR 要求数据控制者采用技术手段通知第三方履行数据移除义务的规定，以"脸书"（Facebook）为例，如果"脸书"作为数据控制者无法履行被遗忘权规定的义务，会受到 100 万欧元的罚款或者扣除公司 2% 的全球收益作为罚金[②]，这种处罚力度对数据控制者十分严厉；另一方面，条款仅简单地描述"数据控制者对第三方个人数据公布负有责任"，其实掩盖了具体实施的复杂性。如在"何时出版能被定为授权"，"对第三方的行为负责任究竟是指职责还是权责"这些问题上，仍留给我们很大的解释空间。因此，重建数据主体和数据控制者的利益平衡任重而道远，但这也是被遗忘权前行的动力。

（2）豁免情况

为防止公众和数据控制者受到损害，做了两方面规定。

第一，GDPR 第 2 条第 2 款第（c）项的"私人和家庭生活例外原则"。当个人在纯粹私人和家庭活动中作出的数据处理，不受条款

---

① Michael L. Rustad, Sanna Kulevska, "Reconceptualizing the Right to Be Forgotten to Enable Transatlantic Date Flow", *Harvard Journal of Law and Technology*, Vol. 28, 2015, p. 370.

② "The Right to Be Forgotten", Jeffrey Rosen, Stanford Law Review, last modified December 1, 2017, https：//www. stanfordlawreview. org/online/privacy-paradox-the-right-to-be-forgotten/.

的约束。这在"欧盟95指令"中第3条第（2）款中也有提到。除个人使用或家庭豁免外，GDPR第2条提出GDPR也不适用于国家安全问题或刑事调查中的数据处理。

第二，GDPR第17条第3款的范围更进一步详列了五种豁免情形：第一种情况是出去顺应表达自由权，其他四种情况是出于对公共利益的保护。[①] 具体包括：（a）基于言论自由和信息自由权利的需要；（b）为了公众利益或者官方既定权力，而基于欧盟的法律或者成员国的法律所要求的法律义务作出的信息采集；（c）基于公共健康的集体利益；（d）基于历史、统计或科学研究需要；（e）基于制定、运用或者抗辩而作出的法律主张。这些豁免情形准确地表达了所提议的欧盟数据条例的精神：赋予个人管控个人数据的权利，同时明确保护表达自由和媒体自由。[②] 2012年草案GDPR第80条和2016年通过后的GDPR第85条规定，成员国有义务以国内法的形式协调数据保护和表达自由（包括为了新闻报道而处理个人数据）之间的关系。

4. 《通用数据保护条例》中被遗忘权的概念流变

《通用数据保护条例》几次修正的过程中，被遗忘权的概念也在发生变化。首先，在2012年欧盟委员会通过《一般数据保护条例》立法草案，其中第17条的标题为"被遗忘权与擦除权"（right to be forgotten and erasure）。

其次，在2014年欧盟委员会将原有立法草案中的"被遗忘权与擦除权"改为"擦除权"。其一，这次修改让"被遗忘权"的支持者略显失望，但仍有学者坚持"被遗忘权"的定义不应该被削弱为

---

① Michael L. Rustad, Sanna Kulevska, "Reconceptualizing the Right to Be Forgotten to Enable Transatlantic Date Flow", *Harvard Journal of Law and Technology*, Vol. 28, 2015, p. 371.

② European Commission, Factsheet on the "Right to be Forgotten" Ruling（C-131/12）, http：//ec. europa. eu/justice/ data - protection/files/factsheets/factsheet _ data _ protection_ en. pdf, 2017-12-24.

"擦除权"。Cécile de Terwangne 认为，尽管擦除权为数据主体阻止和限制个人数据非法使用提供可能，但被遗忘权通过提供更多的方式附加了额外的保护手段。① 即 GDPR 中第 17 条第 1 项第（b）款提到的同意撤回，以及（c）款提到的反对权，都是被遗忘权的额外保护手段。其二，"被遗忘权"的反对者觉得被遗忘权现有条件尚不成熟，即使能被合法化，在具体司法实践操作中也存在困难，现在去掉这一概念更为合理。其三，原有的"被遗忘权"是将不适当的、不相关的或不再相关的、过时的个人数据进行删除或者隐藏的权利，而"擦除权"将原有的"通知义务"更改为"删除第三方发布数据的义务"②。可见，与原有的"被遗忘权与擦除权"相比，"擦除权"的删除的范围不仅没有减弱，反而得到进一步加强。

最后，在 2016 年通过的《通用数据保护条例》第 17 条的标题又更改为"擦除权（被遗忘权）"［right to erasure（right to be forgotten）］，规定确定为"数据主体有权要求数据控制者删除数据主体的个人数据信息，控制者不得刻意延迟。并且，数据控制者有义务删除个人数据信息"。与 2012 年《通用数据保护条例（草案）》第 17 条第 1 款的规定相比，删去了"尤其是当已被公开的个人数据的数据主体是未成年人的时候"的规定，其删除的理由在于避免使人们误认为该项权利对成年人来说是有限制的，为了使权利平等适用于所有主体。这次修改意味着"被遗忘权"的概念并未被摒弃，存在其合理性。

其实，GDPR 最终提出的"擦除权（被遗忘权）"包含了"擦除权"（right to erasure）和"被忘却权"（right to oblivion）。③ 按照个人信息是否公开将二者划分：前者体现个人对数据的控制权，指

---

① Cécile de Terwangne, "The Right to be Forgotten and the Informational Autonomy in the Digital Environment", *Publications Office of the EU* 2013, p. 26.

② 夏燕：《"被遗忘权"之争——基于欧盟个人数据保护立法改革的考察》，《北京理工大学学报》（社会科学版）2015 年第 2 期。

③ 郑文明：《个人信息保护与数字遗忘权》，《新闻与传播研究》2014 年第 5 期。

数据主体有权删除自动化处理的个人信息;① 后者体现对数据主体人格、名誉的维护,指数据主体有权删除已经公开的个人信息。有学者提出,与其强制个人遗忘来重建一个自然的现象,删除本来就没有公开的自动化处理的个人信息,GDPR 真正强调的是更为准确的"被忘却权"(right to oblivion),也就是"被遗忘权"(right to be forgotten)。② 强调的是数据主体对数据的控制权。可见,被遗忘权(right to be forgotten)与擦除权(right to erasure)在欧盟语境下,擦除是手段,被遗忘是目的。即使被遗忘权的行使方式是通过删除这一形式而获得实现的,也并不意味着被遗忘权没有新的内容。所以,二者不能完全等同,但却有一部分交叉。

（二）欧盟被遗忘权的内在局限

1.《通用数据保护条例》的缺陷

《通用数据保护条例》(GDPR)的缺陷具体包括以下几个方面。第一,《通用数据保护条例》没有清楚地区分"擦除权"和"被遗忘权"。《通用数据保护条例》第 17 条的标题是"擦除权(被遗忘权)"〔right to erasure(right to be forgotten)〕,至于擦除权与被遗忘权的关系究竟是什么,并没有进行更为清晰的界定。第二,《通用数据保护条例》既调整已经公开的个人数据,也调整未公开的个人数据。《通用数据保护条例》第 17 条第 2 款,规定了当数据已经公开时,数据控制者的删除义务、通知义务以及应当采取的合理措施。而第 17 条第 1 款则包含了对未公开的数据进行处理的情形。第三,《通用数据保护条例》没有区分数据的原始处理行为是合法处理还是违法处理。值得注意的是,其中第四种和第五种情形是因为数据处理一开始就是非法的,所以可以要求删除数据。而其他四种情形则

---

① Alessia Ghezzi, Ângela Guimarães Pereira, Lucia Vesnic "-Alujevic", *The Ethics of Memory in a Digital Age*, London: Palgrave Macmillan UK Press, 2014, p. 94.

② Graux, Hans and Ausloos, Jef and Valcke, Peggy. "The Right to Be Forgotten in the Internet Era", *ICRI Research Paper*, 2012, pp. 1-20.

是一开始数据处理是合法的，之后由于数据主体撤销同意、拒绝继续处理等原因导致处理数据的正当性基础丧失。第四，被遗忘权并未将重担施加在数据主体身上，数据主体既不用提供数据删除的基础，也不用举证证明网站发布违法、诽谤本人的信息。然而，数据控制者却负有严防死守、处处把关的责任，处理数据主体请求的重担全压在他们身上，但 GDPR 并未提供一个可参考的模板告诉数据控制者如何判定三方面内容：其一，数据不再相关的具体期限是多久。数据并无继续保留的法律基础何处可寻，无法确定不相关或不再相关该如何定义。① 其二，是否应该辨别发布信息的真伪，规定只要信息不属于法律规定的例外情况，信息主体就可以享有信息控制权。这样不仅会导致数据控制者有机会能改写历史记录，而且数据控制者被迫在法律规定一片空白的情况下作出决策。其三，哪种数据删除的请求符合豁免情况。一方面，如何判断主体发出的数据删除请求是否与表达自由相冲突。欧盟法的部分法源规定了表达自由的内容和限制，但这些宽泛的标准，无法应对每年不计其数的数据删除请求。GDPR 的第 11 条与《欧洲人权公约》（ECHR）的第 10 条明确表达自由的权利。此项权利应当包括持有主张的自由，以及在不受公共机构干预和不分国界的情况下，接受和传播信息和思想的自由。但是，表达自由权也不是绝对权，不包括：侮辱、诽谤的言论，或者以言论威胁公共安全、国家安全、犯罪预防、健康道德保护、信息泄露预防机制以及司法的权威性和公正性。GDPR 在这些方面都没有作出明确规定；另一方面，哪种数据符合维护公共卫生利益、历史统计和科学研究的标准，GDPR 第 17 条第 3 款仅确定一般通用标准："如果数据的保留符合欧盟及其成员国的法律规定，遵循公共利益和个人数据保护权利的根本目标，那么数据控制者有

---

① Michael L. Rustad, Sanna Kulevska, "Reconceptualizing the Right to Be Forgotten to Enable Transatlantic Date Flow", *Harvard Journal of Law and Technology*, Vol. 28, 2015, pp. 368-369.

保留数据的法定义务。"但是，欧盟委员会并未制定标准化模板，并未规定数据控制者如何权衡多方因素，这些问题就落在数据控制者身上，我们现在假设几种情况来体会问题的难度。例如，A 和 B 在某一时间地点参加活动时合照一张发布在网络上，现在 A 要求删除照片，而 B 要求保留照片。那么应该遵从谁的意愿？如果多人出现在一张照片上怎么办？谁来决定照片是否删除，以及何时删除。再假如，B 将 A 发给他的微博合并到自己发布的微博中。A 基于被遗忘权删除了自己发布的信息，那对 B 发布的博客是否有影响？B 需要删除他的整条博客，还是需要删除转自 A 的那一部分内容？这些删除应该按照什么标准来执行？可见，在没有明确规定的引导下，数据控制者需要判定哪些删除的要求被准许，哪些被驳回。

2.《通用数据保护条例》对新闻出版界的审查制度

"冈萨雷斯案"之后，数据控制者开始逐步删除大量有新闻价值的报道链接。2013 年，英国《卫报》刊登一篇名为"我可以删除帖子吗？"的文章，指出整个欧洲发起了一场网络个人信息保护的运动。[1] 占据欧洲90%搜索量的谷歌搜索引擎已经收到超过 9 万条的删除请求，谷歌已经从搜索结果中删除多数报道，并且通知了 BBC 等多家第三方媒体也要删除，一时掀起大范围的删除浪潮，民众之间反响巨大。[2] 谷歌也因告知当事人链接被删除一事而饱受批评，有反对者指责到，欧洲的互联网正在经历前所未有的"大清洗"，新闻出版界面临被大面积审查的风险。对此，作为运营维基在线百科全书的非营利性机构，已经收到 50 余万条与维基百科相关联的链接删除请求，维基百科基金会为了抗议大规模的删除，表示会把这些删除

---

[1] 吴飞、傅正科：《大数据与"被遗忘权"》，《浙江大学学报》（人文社会科学版）2015 年第 2 期。

[2] Araminta Wordsworth, *EU's Right To Be ForgottenRuling a New Name for Censorship*, National Post, http://nationalpost.com/opinion/eus-right-to-be-forgotten-ruling-a-new-name-for-censorship, 最后访问日期：2017 年 11 月 6 日。

请求——公布出来。① 维基百科基金会执行董事莱拉·垂特柯夫
（Lila Tretikov）表示："在毫无解释、举证和司法审查的状况下，精
确的搜索结果已在欧洲销声匿迹了，这将导致互联网世界千疮
百孔。"

　　《通用数据保护条例》（GDPR）中的被遗忘权是广义上的被遗
忘权，规定数据主体有权直接要求搜索引擎或网站删除个人信息、
改写过去的记录，过于宽泛的权利范围导致网络审查"清洗"的出
现。② 如果信息数据在网络上的搜索开始变得困难，那么人与外界的
基本沟通也会逐渐消减。正如英国媒介法学者斯皮尔·伯利所说：
"媒体就是为了揭露，那是它们的功能。"③ 但是，公众的自由和开
放赋予人人都能讨论、分享社会信息的基本权利，被遗忘权无法完
全压制表达自由。④ 它既无法阻止别人下一秒如何说、如何想，也无
法阻止那些倾听者通过接收信息形成思维的过程。维维妮·雷丁指
出，被遗忘权不是绝对的权利，被遗忘权并不意味着要完全删除历
史，其并不必然优先于表达自由或媒体自由。⑤ 雷丁对被遗忘权的态
度和欧盟委员会的立场是一致的。雷丁个人似乎对言论自由和媒体

---

　　① Araminta Wordsworth, *EU's Right To Be ForgottenRuling a New Name for Censorship*,
National Post, http：//nationalpost. com/opinion/eus-right-to-be-forgotten-ruling-a-new-
name-for-censorship，最后访问日期：2017 年 11 月 6 日。

　　② David Mitchell, *The Right To Be Forgotten Will Turn the Internetinto a Work of Fiction*,
Observer, https：//www. theguardian. com/commentisfree/2014/jul/06/right-to-be-forgotten-
internet-work-of-fiction-david-mitchell-eu-google，最后访问日期：2017 年 11 月 9 日。

　　③ 张红霞、郑宁：《网络环境下隐私权的法律保护研究》，中国政法大学出版社
2013 年版，第 30 页。

　　④ Michael L. Rustad, Sanna Kulevska, "Reconceptualizing the Right to Be Forgotten to
Enable Transatlantic Date Flow", *Harvard Journal of Law and Technology*, Vol. 28, 2015,
p. 373.

　　⑤ "The EU Data Protection Reform 2012：Making Europe the Standard Setter for Modern
Data Protection Rules in the Digital Age", Viviane Reding, Innovation Conference Digital,
Life, Design, Munich, last modified December 4, 2017, http：//europa. eu/rapid/ press-re-
lease_ SPEECH-12-26_ en. htm.

自由更为看重，她说自己要坚定地维护表达自由和媒体自由。① 其实，被遗忘权删除的是过时的、不相关或不再相关的信息。因此，也不会过多地影响公众对新闻信息的获取。

3. 新闻出版界在 GDPR 适用时的豁免

搜索引擎根据用户请求大规模删除重要数据，新闻传媒界自始至终持反对态度。欧盟通过多年的努力，逐步将新闻出版业的信息发布纳入法律豁免情形，力求达到信息公开披露合法化的目标，扩大信息传播的广泛性。

第一，"欧盟95指令"第5条规定："如果数据控制者出于新闻工作、艺术和文学表达的目的收集、使用个人信息，则不受删除权的限制。"但无法确定的是条例具体如何解释，才能保障新闻媒体在网络上正常发布信息。

第二，从"冈萨雷斯案"的法院判决中发现，"欧盟95指令"虽然没有具体描述如何行使删除的手段，却初步确立了被遗忘的权利的正当性。根据欧盟法院的判决，虽然谷歌公司撤销已发布的信息，但并未要求删除该信息，数据主体的个人信息在其他网站或搜索引擎上仍有迹可循，这些信息是无法被绝对遗忘的。②

第三，GDPR 的议案提出后，数据主体的权利范围扩大，既有权要求网站删除有关数据主体的个人信息，同时要求搜索引擎断开信息链接。然而此时，被遗忘权的权利扩张对新闻传媒业产生威胁。如发生在德国的典型案例，法院判决：沃尔夫冈·沃勒（Wolfgang Werle）和曼弗莱德·劳勃（Manfred Lauber）兄弟俩谋杀演员沃尔

---

① "The EU Data Protection Reform 2012: Making Europe the Standard Setter for Modern Data Protection Rules in the Digital Age", Viviane Reding, Innovation Conference Digital, Life, Design, Munich, last modified December 4, 2017, http://europa.eu/rapid/press-release_SPEECH-12-26_en.htm.

② Michael L. Rustad, Sanna Kulevska, "Reconceptualizing the Right to Be Forgotten to Enable Transatlantic Date Flow", *Harvard Journal of Law and Technology*, Vol. 28, 2015, p. 374.

特·赛德马耶（Walter Sedlmayr）的罪名成立，社会媒体广泛关注，二人的名字在维基百科搜索词条中出现。服刑完毕后，两兄弟委托代理律师亚历山大·斯多普，要求维基百科删掉搜索词条中沃尔夫冈兄弟二人的名字，这一诉求援引德国法院判决中的"恢复（名誉）权"，即罪犯刑期届满后，其名字可以不出现在新闻媒体报道中。① 之后，法院判决的结果明确要求维基百科删除两兄弟的名字。

第四，为了平衡新闻媒体的言论自由与公众隐私权保护的关系，GDPR 第 80 条规定："如果数据控制者鉴于新闻传播、艺术或文学表达的目的处理他人个人信息，可以不履行被遗忘权的义务。"以此调和个人信息保护权与表达自由权的矛盾。GDPR 序言第 121 段提出豁免范围主要包括视听领域、新闻档案和出版社的个人数据处理。之后，欧盟成员国纷纷通过立法手段确立被遗忘权的豁免情况。② 如果新闻媒体报道的目的是披露个人信息、保护公众知情权，成员国有必要明确界定哪些新闻媒体活动是以保护公众知情权作为目标。

欧盟委员会明确了新闻工作者的定义，规定其有权受法律保护。像报纸、杂志、其他新闻机构等传统媒体理所应当包含在"新闻传媒界"，但博主和新闻评论员是否享有新闻媒体的豁免权尚不得而知。因此，全球网络一体化的大数据时代在法律的保护下，遍布全世界的网民人人都可以通过新闻、文学和艺术的方式自由展示自己。然而，公开披露信息合法化使信息传播更加广泛，法院将新闻出版业的豁免情形进一步延伸，风险也开始随之扩大。对新闻出版业拥有广泛的豁免权导致被遗忘权的权利范围被逐渐蚕食。公众很难想象，欧盟委员会用 119 页的篇幅来确定这个权利，却轻易地被第 17

---

① Katharine Larsen, "Europe's 'Right to Be Forgotten' Regulation May Restrict Free Speech", *First Amedment & Media Litig*, Vol. 17, 2013, p. 13.

② Michael L. Rustad, Sanna Kulevska, "Reconceptualizing the Right to Be Forgotten to Enable Transatlantic Date Flow", *Harvard Journal of Law and Technology*, Vol. 28, 2015, p. 375.

条第 3 款中关于新闻出版的话全部豁免了。①

（三）欧盟被遗忘权的发展方向

从欧盟的 29 条数据保护工作小组作出的执行分析，到《欧盟基本权利宪章》、"欧盟 95 指令"和 GDPR 的立法理念可以看出未来的发展方向：保护经济发展、数据自由流通的同时，保护用户的人性尊严和个人信息保护。

第一，人人享有被遗忘权，但欧盟国家与其他国家对被遗忘权删除内容的定位存在异议，某些信息在欧盟某个国家需要删除，但在另一个国家却允许保留，这样的差异不利于欧盟成员国与其他国家的和谐发展，导致信息公开在欧洲更加复杂化。如果有必要将被遗忘权的使用范围从欧洲扩展到整个世界，不同国家间信息删除的标准有必要统一化。

第二，《冈萨雷斯判决书》中提到"特殊人物被遗忘权的行使应受到限制"。从价值冲突、利益平衡角度考虑：其一，出于对公民表达自由权和公众知情权的保护，应对现今欧盟广义的被遗忘权采取限缩，政府官员、公众人物的被遗忘权的权利范围受到限制，接受人民的监督；其二，根据《欧盟基本权利宪章》第 24 条提出的"儿童利益最大化原则"，欧盟未成年人的被遗忘权必须重点保护，有必要专门保护未成年人个人信息进行立法。

第三，欧盟未来进行数据保护改革的时候，仍保持协调两方面利益的平衡，即经济发展和个人数据安全之间的平衡。欧盟并没有将个人数据安全的价值予以绝对化，经济的健康发展以及数据的自由流通都是欧盟所考量的因素。欧盟对被遗忘权的规定也是如此，在规定被遗忘权的适用范围和行使方式的同时，也规定了大量的除外情形，这反映了欧盟在权利保护上的谨慎、专业和务实的态度。

---

① Michael L. Rustad, Sanna Kulevska, "Reconceptualizing the Right to Be Forgotten to Enable Transatlantic Date Flow", *Harvard Journal of Law and Technology*, Vol. 28, 2015, p. 376.

第二节　美国保护被遗忘权的立法经验

随着网络全球化的发展，美国的网站、社交网络和搜索引擎也需要处理欧洲用户的个人信息数据。欧盟法院对"冈萨雷斯案"作出裁决后，尽管谷歌在欧洲的搜索引擎中删除了冈萨雷斯的个人信息链接，但在美国的谷歌网站中该链接仍然可见。谷歌在信息删除和隐私保护上，在大西洋两岸的表现明显不同。与欧盟对个人信息保护的统一横向立法、强调个人信息保护优于经济利益的模式不同，美国仅通过部门立法保护个人信息，试图利用市场的发展和行业自律来处理问题。可见，美国的模式是言论自由保护不完全弱于个人信息保护。

美国的被遗忘权以隐私权为基础。从隐私权的普遍意义上看，美国有 10 个州在其宪法中对隐私权作出明确规定，有更多的州对其宪法进行了解释，从而派生出了一个隐含的隐私权的概念，就如美国宪法所隐含的隐私权一样。[1] 值得注意的是，多州宪法有关于信息隐私的规定。如威斯康星州或纽约州，禁止雇主拒绝雇用有犯罪前科的人。甚至，有的州正在考虑是否有可能在作出雇用决定之前，推迟对雇佣者的背景调查。[2] 但是，美国联邦宪法中则没有将这一权利法定化。[3] 所以，美国确实需要制定与被遗忘权相关的法律、利益和价值观。[4] 除此之外，美国个人信息的保护手段仍然单一，依靠

---

① ［美］爱德华·A. 卡瓦佐、加斐诺·莫林：《赛博空间和法律》，王月瑞译，江西教育出版社 1999 年版，第 36 页。

② Ioana Stupariu, "Defining the Right to be Forgotten. A Comparative Analysis between the EU and the US", LL. M. Short Thesis, Central European University, 2015, p. 54.

③ Meg Leta Ambrose and Jef Ausloos, The Right to Be Forgotten across the Pond, *Journal of Information Policy*, Vol. 3, 2013, p. 8.

④ Ibid..

《侵权责任法》仅能保护未公开的个人信息或个人免受虚假信息的指控，而已公开的、属实的信息想重新归入隐私领域，法律并没有作出规定。[①] 可见，只要披露的信息属实，那仅依靠隐私权保护的法律制度确实存在漏洞。[②] 因此，有必要进一步分析目前美国的法律体系是否允许采取欧盟被遗忘权的立法方式，美国法律体系能否平衡信息自主与言论自由的冲突，美国公众是否愿意接受这一变化。

一 美国保护被遗忘权的法律基础

(一) 信息保护的基本原则

1972 年，美国卫生教育福利部（USDHEW）创设了专门委员会，致力于处理政府自动记录系统保存信息带来的法律纠纷。1973年，专门委员会在政府工作报告中，要求全部信息数据系统必须遵循"公平信息实践原则"（Fair Information Practice Principles，FIPPs）。该原则为被遗忘权的设立打下一定的基础。FIPPs 经过了多次迭代，对各界的影响有所不同。最为重要的是，FIPPs 推进了经合组织（OECD）《关于隐私保护与个人数据跨境流动的指导方针》中著名的八项原则的形成。[③] 在对个人数据的隐私保护和跨界流动指引方面，OECD 的原则类似于 1980 年欧洲理事会制定的隐私准则，具体包括如下几个方面：（1）收集限制原则：收集个人数据应该有限度，数据信息应以合法和公平的方式获得，并在适当情况下，获取信息主体的同意。（2）保证数据质量原则：个人数据应与其使用目的相关，并在所需的范围内保证是准确、完整并且是最新的。（3）目的特定原则：收集个人数据的目的在数据收集开始前必须明

---

① Meg Leta Ambrose and Jef Ausloos, The Right to Be Forgotten across the Pond, *Journal of Information Policy*, Vol. 3, 2013, p. 8.

② 张红霞、郑宁：《网络环境下隐私权的法律保护研究》，中国政法大学出版社 2013 年版，第 174—177 页。

③ Dorothee Heisenberg, *Negotiating Privacy: The European Union, the United States and Personal Data Protetion*, Lynne Rienner Publishers Inc. Press, 2005, pp. 33-34.

确，而其后的用途仅限于实现这一目的来使用。（4）用途限制原则：个人数据仅适用于数据收集时明确的目的，如果没有征求数据主体的同意，或不符合法律权威，不能另作披露。（5）安全原则：个人数据应受到合理的安全保障，以防范诸如丢失或未经授权的存储、销毁、使用、修改或披露数据等风险。（6）公开透明原则：提供必要手段确定个人数据的记录系统的存在，以及它们的主要用途向公众披露。（7）个体参与原则：赋予个人查询数据控制者收集的本人数据，并有权修改、删除过时的、不相关或不再相关的、不准确的、不完整的数据。（8）责任原则：数据控制者应对遵守上述原则所采取的措施负责。①

其中，第7项原则规定个人对部分数据有删除权和修改权。可见，20世纪80年代出现的经合组织基本原则并未明确提出"被遗忘权"，但已经作出初步规定。之后，奥巴马总统在"国家网络空间可信身份国家战略"（NSTIC）的报告中提到"公平信息实践原则"（FIPPs）。为随后出台的《消费者隐私权利法案》作参考，明确消费者在企业处理个人信息上享有的权利。同样地，NSTIC也没有明确提出被遗忘权，但允许用户通过请求删除数据的手段来达到被遗忘权的目的。

（二）《消费者隐私权法案》

早期美国与欧盟在保护国民隐私权方面均有进步，但美国的《隐私权法案》尚不能与欧盟的《数据保护指令》比肩，美国在制定专门保护隐私权的法律上仅做了有限尝试。直到美国总统奥巴马提出，在网络信息技术日新月异的今日，个人隐私的保护逐渐成为人们目光汇集的重心。所以，在欧盟公布GDPR提案后，美国白宫也颁布了备受期待的《消费者隐私权法案》。与"经济合作与发展组织"（OECD）的基本原则相类似，《消费者隐私权法案》旨在加强互联网用户的隐私权保护，建立对网络环境的信赖感，促进经济

① 洪海林：《个人信息的民法保护研究》，法律出版社2010年版，第150—160页。

增长与创新。① 一方面，该法案明确消费者享有的权利，提出企业处理消费者个人信息行为所应遵守的准则；另一方面，告知消费者享受网络社会服务时注意保护个人信息隐私的义务。从推动网络信息技术的长久发展角度，《消费者隐私权法案》给全世界展示了一个有活力的模型。

基于对美国公民个人隐私保护，《消费者隐私权法案》提出如下七种个人资料保护原则：（1）个人控制原则：消费者有权控制公司收集何种与自身相关的个人信息，也可以决定这些信息的具体用途。（2）透明度原则：消费者有权获悉关于自身隐私和安全的信息的使用情况。企业应向消费者明确解释个人信息的收集、使用和披露，有利于消费者理解商业条款的相互作用。（3）尊重消费者初衷原则：消费者有权要求公司收集、使用和披露个人信息的方式与个人提供信息的初衷相一致，企业使用、披露信息应遵从与消费者之间的协议。儿童青少年重点保护，即使服务商获取儿童的同意，也不允许收集儿童的信息。（4）安全性原则：消费者有权保障个人信息，也有责任控制个人信息。企业有义务提供对抗风险的安全保障，设置防御机制。（5）访问畅通性与信息准确性原则：消费者有权通过切实可行的方式保证信息访问的畅通以及信息的准确，方式要符合信息的敏感度。企业采取合理方式，为消费者修正错误信息提供帮助。（6）收集明确原则：消费者有权向企业收集、保存的个人数据进行合理限制。（7）责任原则：消费者对企业控制的个人信息拥有所有权，企业应严格遵守《消费者隐私权法》的规定。②

---

① The White House, *Consumer Data Privacy in a Networked World: A Framework for Protecting Privacy and Promoting Innovation in the Global Digital Economy*, Journal of Privacy and Confidentiality, http://itlaw. wikia. com/wiki/Consumer_ Data_ Privacy_ in_ a_ Networked_ World:_ A_ Framework_ for_ Protecting_ Privacy_ and_ Promoting_ Innovation_ in_ the_ Global_ Digital_ Economy，最后访问日期：2017 年 10 月 22 日。

② 高富平：《个人数据保护和利用国际规则：潮流与趋势》，法律出版社 2016 年版，第 28—29 页。

通过多方蓄力合作、共谋发展，奥巴马政府期待美国消费者数据隐私保护法的框架与其他国家相关法的框架互相认同，无太大差异。[①] 国会这一法案的颁布将迈出重要一步，代表美国与欧盟相互承认对方的隐私权保护的法律框架并无冲突。另外，奥巴马政府对联邦贸易委员会（FTC）委以重任，保障互联网公司严格《消费者隐私权法》的规定。可是，奥巴马总统在该法案中并未就被遗忘权作出任何说明。

（三）信息保护的部门立法

美国在公领域实行分散立法模式，在不同行政领域分别制定了专法保护个人信息。[②] 1974 年，《联邦隐私权法案》出台，该法案只适用于联邦政府机构间的信息处理保护。并且美国建立"隐私保护观察委员会"，旨在对该法案实行情况作出定期的监察。[③] 美国很快意识到，联邦政府之外的信息却无法得到信息隐私权的保护。然而，美国宁可通过特殊部门进行特别立法，也不愿制定系统全面的个人信息保护法。[④]

这些部门立法通常适用于特定的人群，相当于拼凑出来的法律系列，而保护领域具体包括以下几个方面：第一，金融领域。1970年，美国颁布《公平信用报告法》，由于当时市场上出现大量消费者信用调查报告机构，而多数机构以消费者信用评分为依据，该法的

---

① Michael L. Rustad, Sanna Kulevska, "Reconceptualizing the Right to Be Forgotten to Enable Transatlantic Date Flow", *Harvard Journal of Law and Technology*, Vol. 28, 2015, p. 378.

② 齐爱民：《私法视野下的信息》，重庆大学出版社 2012 年版，第 201 页。

③ 张娟：《个人信息公法保护历程述评——以美国信息隐私权、德国信息自决权为中心》，《安徽大学法律评论》2013 年第 1 期。

④ Michael L. Rustad, Sanna Kulevska, "Reconceptualizing the Right to Be Forgotten to Enable Transatlantic Date Flow", *Harvard Journal of Law and Technology*, Vol. 28, 2015, p. 376.

通过明确了征信机构的业务职责范围。[1] 1994 年，美国颁布《金融隐私权利法》与《电子转账法》，规定存款机构、转账机构信息披露承担的义务。1997 年，美国颁布《全球电子商务政策框架》，是美国进入大数据信息时代的"独立宣言"，确定了网络隐私权保护的原则。[2] 1999 年，美国颁布《金融服务法案》，规定金融机构如果不能取得消费者的明确同意，就无法将信息披露给第三人。第二，保护消费者领域。1969 年，美国制定《联邦消费者法案》，保护消费者的关于消费记录的隐私信息不被他人侵犯。1988 年《录像带隐私保护法》、1991 年《电话用户保护法》、1994 年《有线电视消费者保护竞争法》明确规定，未经消费者同意，不得收集其个人信息。第三，网络、通信服务领域。1984 年《电缆通讯法》、1986 年《电子通信隐私法》、1996 年《电讯法》对网络活动和通信服务中的用户信息提供保护。[3] 其实，除了联邦的部门立法以外，美国超过 40 个州制定了自己的有关个人信息隐私保护的法律，这也不可避免地导致州与州之间适用法律的差异。[4] 另外，与其他权利的保护相比，由多个法案拼接而成的个人信息隐私权保护法，容易给权利主体造成困惑。

（四）信息保护的行业自律

美国主张以市场调节为主，依靠相对分散的部门立法保护公民的人信息，对部门立法未能覆盖的个人信息保护领域，通过行业自律来保护。这是由于欧盟认为个人信息是人之身份的重要部分，更容易接受被遗忘权的创设，而美国并不认同信息隐私的保护比经济

---

[1]　Ioana Stupariu, "Defining the Right to be Forgotten, A Comparative Analysis between the EU and the US", LL. M. Short Thesis, Central European University, 2015, p. 56.

[2]　郭瑜：《个人数据保护法研究》，北京大学出版社 2012 年版，第 49 页。

[3]　马特：《隐私权研究——以体系构建为中心》，中国人民大学出版社 2014 年版，第 178—179 页。

[4]　Ioana Stupariu, "Defining the Right to be Forgotten, A Comparative Analysis between the EU and the US", LL. M. Short Thesis, Central European University, 2015, p. 52.

发展、国家安全更为重要。①

美国主要采取政策性引导下的业界自律模式，最具特色的形式是建议性的行业指引和网络隐私认证计划。② 1977 年，美国直销商协会创设"邮件选择系统"，规定只要顾客通过该系统向服务中心发出通知，服务中心会将顾客的名字放入"不能进直邮广告的客户名单"中，顾客则免受广告的困扰。此种保护方式防止运营商通过收集、储存、处理用户的个人信息，分析出用户的收入情况和消费偏好。同样，联邦"拒绝电话推销等级系统"也是利用这种方式，将发出通知的顾客移出电话推销的客户服务名单中。位于美国加州旧金山的 TRSUSTe 公司，经营着世界上最大的隐私密封方案。该公司遵循隐私规定，为微软、苹果、甲骨文、IBM 等 3500 多家网站提供安全认证。但是，这些行业自律组织没有法律强制执行力，只能以行业认证为筹码保证威慑力。联邦贸易委员会对于拒不履行自己制定的隐私规则的企业，可以强制执行。但许多行业自律组织为了维护与企业的关系，不会将违规的企业名单提交给 FTC，使个人无法通过法律的强制执行力得到救济。如果将名单提交，一些企业为了规避强制执行直接选择拒绝加入行业自律组织。因此，仅依靠行业自律的手段无法充分保护公民的信息隐私，制定全面、统一的个人信息保护法十分必要。

二　美国保护被遗忘权的最新立法

(一) 美国保护未成年人被遗忘权的法律体系

在美国，被遗忘权的权利基础是儿童发展权。③ 由于《消费者

---

① Ioana Stupariu, "Defining the Right to be Forgotten. A Comparative Analysis between the EU and the US", LL. M. Short Thesis, Central European University, 2015, p. 51.

② 王忠:《大数据时代个人数据隐私规制》，社会科学文献出版社 2014 年版，第 47 页。

③ Meg Leta Ambrose and Jef Ausloos, The Right to Be Forgotten across the Pond, *Journal of Information Policy*, Vol. 3, 2013, p. 13.

隐私权法》中并未提及被遗忘权，在美国其他法律中找到与被遗忘权相关的法律解释变得至关重要。鉴于美国宪法修正案第一条至高无上的权威地位，美国被遗忘权的发展远落后于欧盟。① 尽管美国也有法律对被遗忘权作出说明，但仅限于美国各州宪法有关于信息隐私的规定，美国联邦宪法中则没有相关规定。②

1. 未成年犯罪消除权的提出

在美国，未成年人罪犯有权要求法庭删除其犯罪记录，这是成年罪犯不能享有的权利。犯罪记录的封存相当于给未成年人罪犯一次重生的机会，面对雇主、业主以及许可机构时可以不披露个人的犯罪记录，回归正常社会。1966 年，佛罗里达州的立法机构颁布法令，规定未成年人罪犯行使档案封存制度。尽管法律规定犯罪记录消除的权利仅有未成年人享有，但其他州将适用主体从未成年扩大至青少年，加州的犯罪记录封存制度就适用于 21 岁以下的青少年。

2.《儿童在线隐私保护法》及其实施细则的规定

美国国会议员爱德华·马基（Ed Markey）坚持认为被遗忘权的权力基础是一种"儿童发展权"，儿童有权利把握未来的自己。③ 1998 年，美国国会颁布了《儿童在线隐私保护法》(*Children's Online Privacy Protection Act*，COPPA)。COPPA 旨在保护儿童隐私、保护儿童互联网上可识别的个人信息的安全④，用父母同意原则来规制信息的收集，使父母能够控制收集其孩子的个人信息的行为。1999 年联

---

① Robert G. Larson，"Forgetting the First Amendment：How Obscurity-Based Privacy and a Right to Be Forgotten Are in Compatible with Free Speech"，*Communicational Law and Policy*，Vol. 18，2013，pp. 92-93.

② Meg Leta Ambrose and Jef Ausloos，The Right to Be Forgotten across the Pond，*Journal of Information Policy*，Vol. 3，2013，p. 8.

③ Ibid.，p. 13.

④ Alexis M. Peddy，"Dangerous Classroom Apptitude：Protecting Student Privacy from Third-Party Educational Service Providers"，*BYU Education & Law Journal*，2017，p. 133.

邦贸易委员会（FTC）颁布了实施该法的细则，即《儿童在线隐私保护条例》（*Children's Online Privacy Protection Rule*）。COPPA 及其实施细则的内容主要有：第一，规定保护的主体为不满 13 周岁的未成年人。未成年人的个人信息包括未成年人的名字以及其他可识别的信息，例如，用户名、地址、定位、社保号码、视频、声音等标识符。① 第二，规定运营商在收集、使用、披露儿童的个人数据时，获得儿童父母可证实的同意②，还要求清楚明白地告知其收集、使用、披露信息的方式③，以及个人信息是否被第三方分享。④ 此外，数据收集的目的只能是为了实现收集信息的目的。⑤ 第三，规定运营商有义务按照家长的要求删除其孩子的个人信息数据，以及禁止继续收集、使用该未成年人的数据信息等条款，体现了儿童家长的控制权。COPPA 为父母控制商业网站和在线服务收集不满 13 周岁的未成年人的个人信息提供了特殊手段。⑥ 第四，COPPA 调整两类主体的行为：其一，直接针对未成年人的商业网站和在线服务的经营者；其二，虽然针对普通观众，但是知道是从未成年人那里收集信息的网站和在线服务的经营者。

2013 年，FTC 修改了 COPPA 的实施细则。第一，扩大了个人隐私的保护范围，将个人信息的范围扩展到名字、地址、社保号码、

---

① Jaclyn Kurin, "Does the Internet Eraser Button for Youth Delete First Amendment Right of Others", *Revista de Investigacoes Constitucionais*, Vol. 4, 2017, p. 17.

② Alexis M. Peddy, "Dangerous Classroom Apptitude: Protecting Student Privacy from Third-Party Educational Service Providers", *BYU Education & Law Journal*, 2017, p. 133.

③ Brian Geremia, "Chapter 336: Protecting Minors' Online Reputations and Preventing Exposure to Harmful Advertising on the Internet", *McGeorge Law Review*, Vol. 45, 2013, p. 434.

④ Alexis M. Peddy, "Dangerous Classroom Apptitude: Protecting Student Privacy from Third-Party Educational Service Providers", *BYU Education & Law Journal*, 2017, p. 135.

⑤ Jaclyn Kurin, "Does the Internet Eraser Button for Youth Delete First Amendment Right of Others", *Revista de Investigacoes Constitucionais*, Vol. 4, 2017, p. 17.

⑥ Ibid. .

照片、视频、地理位置信息等①，从而使 COPPA 的保护范围得到了扩张。第二，扩大了经营者的范围。② 这项规定对使用插件或者广告来获取儿童信息的公司也同样有效。③ 但是，COPPA 的实施效果并不是很理想。④ 儿童可以提供虚假的信息，从而避开父母的同意。用学校同意原则来取代父母同意原则不利于对未成年人的保护。⑤ 为了规避 COPPA，有些网站禁止未成年人登录，未成年的接入权可能因此会受到影响。⑥

3. 加州第 568 号法案未成年人被遗忘权保护

2013 年 9 月 23 日，美国加州州长杰瑞·布朗（Jerry Brown）签署了保护加州未成年人隐私权的第 568 号法案。与欧盟的 GDPR 第17 条相比，第 568 号法案对被遗忘权的限制更多。该法案由 22580 和 22581 两节构成：其中，第 22580 节主要规制的是网站或其他在线服务针对未成年人的广告推送行为；而第 22581 节则赋予了加州的未成年人享有永久删除其在网站或其他在线服务上的个人数据的权利。⑦ 加州第 568 号法案的第二部分被称为"橡皮擦法"，要求互

① Alexis M. Peddy, "Dangerous Classroom Apptitude: Protecting Student Privacy from Third-Party Educational Service Providers", *BYU Education & Law Journal*, 2017, p. 133.

② Ibid. , p. 139.

③ Brian Geremia, "Chapter 336: Protecting Minors' Online Reputations and Preventing Exposure to Harmful Advertising on the Internet", *McGeorge Law Review*, Vol. 45, 2013, p. 434.

④ Stephen J. Astringer, "The Endless Bummer: California's Latest Attempt to Protect Children Online Is Far Out (side) Effective", *Notre Dame Journal of Law, Ethics & Public Policy*, Vol. 29, 2015, p. 284.

⑤ Alexis M. Peddy, "Dangerous Classroom Apptitude: Protecting Student Privacy from Third-Party Educational Service Providers", *BYU Education & Law Journal*, 2017, p. 137.

⑥ Stephen J. Astringer, "The Endless Bummer: California's Latest Attempt to Protect Children Online Is Far Out (side) Effective", *Notre Dame Journal of Law, Ethics & Public Policy*, Vol. 29, 2015, p. 285.

⑦ James Lee, "SB 568: Does California's Online Eraser Button Protect the Privacy of Minors?", *University of California, Davis Law Review*, Vol. 48, 2015, p. 1176.

联网公司提供一个"便于使用"的方法，从而使未成年人能够删除其发布的内容。① 对于该法案，有人支持②，有人反对。③ 有人担心，有了该条款，可能诱发史翠珊效应，未成年人可能会更多地泄露自己的个人信息。④。

　　加州第 568 号法案第 22580 节（d）项明确指出法案保护的主体仅限于"未成年人"（minor），指的是居住在加州的不满 18 周岁的人。⑤ 而将未成年人的被遗忘权法定化的第 22581 节（a）项中，详细规定了运营商的义务，其主要包括以下四个方面的内容：第一，信息删除义务。未成年人在运营商的网站、在线服务、在线应用、移动应用上注册成为用户后，上述运营商有义务遵照未成年人的要求，删除其发布的个人信息。第二，通知义务。运营商有义务通知未成年人，并认真说明其有权要求运营商删除发布的个人信息。⑥ 第三，解释说明义务。运营商有义务向未成年人清楚地说明删除相关信息的方法。第四，提醒义务。运营商有义务提醒未成年人无法保证完全详尽地删除相关数据信息。

　　在第 22581 节（b）项中规定了运营商或第三方没有义务移除信息的情形⑦：第一，根据联邦法或者州法的相关规定，要求运营商或

---

① Jaclyn Kurin, "Does the Internet Eraser Button for Youth Delete First Amendment Right of Others", *Revista de Investigacoes Constitucionais*, Vol. 4, 2017, p. 19.

② Samuel W. Royston, "The Right to Be Forgotten: Comparing U. S. and European Approaches", *St. Mary's Law Journal*, Vol. 48, 2016, p. 272.

③ Benjamin Strauss, "Online Tracking: Can the Free Market Create Choice Where None Exists", *Chicago-Kent Journal of Intellectual Property*, Vol. 13, 2013, p. 564.

④ Samuel W. Royston, "The Right to Be Forgotten: Comparing U. S. and European Approaches", *St. Mary's Law Journal*, Vol. 48, 2016, p. 272.

⑤ Jessica Ronay, "Adults Post the Darndest Things: Freedom of Speech to Our Past", *University of Toledo Law Review*, Vol. 46, 2014, p. 78.

⑥ Samuel W. Royston, "The Right to Be Forgotten: Comparing U. S. and European Approaches", *St. Mary's Law Journal*, Vol. 48, 2016, p. 271.

⑦ E. Wesley Campbell, "But It's Written in Pen: The Constitutionality of California's Internet Eraser Law", *Columbia Journal of Law and Social Problems*, Vol. 48, 2015, p. 586.

第三方保留相关文本信息；第二，第三方储存、发布的文本和信息，或者由用户自己发布但已被第三方转载的文本信息；第三，运营商在发布未成年人用户信息时已经进行匿名化处理，使得通过这些信息无法直接识别出该未成年人；第四，未成年人没有根据该法第22581节（a）条第3款中运营商告知其行使权利的方式来行使删除权利；第五，未成年人已经从所提供的信息中得到了对价补偿。其实，对信息的删除可以分为三种情形：第一，删除自己发布的个人信息；第二，删除虽由自己发布但已被他人复制和转载的个人信息；第三，删除他人发布的关于自己的个人信息。① 显然，加州第568号法案只针对第一种情形的删除，而将第二种和第三种情形的删除排除在外。

2015年1月1日，加州第568号法案正式生效。与COPPA相比，加州第568号法案扩大了未成年人网络信息保护的覆盖面。为保护未成年人在互联网上免遭伤害，该法案在如下几个方面做了突破：

第一，屏蔽对未成年人有害的网络广告。COPPA通过赋予家长控制网站运营商收集信息的权利，来保护13岁以下的未成年人。网络服务运营商在收集、使用、披露儿童的个人数据时，必须征求家长的同意。而加州"橡皮擦法案"通过把保护未成年人的责任从家长身上直接转移到运营商身上，明确了运营商的具体义务，扩大了原有的保护范围。法案禁止运营商为了通过广告达到向未成年人推广违禁物品的目的，收集未成年人的网络个人信息。联邦贸易委员会（FTC）会长乔恩·莱布维茨表示：运营商收集未成年人的个人信息，是为了扩大市场营销的个人信息库，便于未来推广中针对特

---

① Michael L. Rustad, Sanna Kulevska, "Reconceptualizing the Right to Be Forgotten to Enable Transatlantic Date Flow", *Harvard Journal of Law and Technology*, Vol. 28, 2015, pp. 387-389.

定用户进行定向营销。① 然而，未成年人的认知判断能力较弱，对网络上推广的违禁商品更加敏感，容易被违禁商品的广告商作为目标而受到伤害。而加州第 568 号法案可以有效地规制针对未成年人的广告推送行为。

第二，赋予未成年人删除已发布信息的权利。加州立法机关颁布"橡皮擦法案"，彰显了对未成年人网络个人信息的重点保护。这是因为大部分未成年人社会心理的发育刚刚开始，他们在自我反思之前就已经开始自我展现。② 认知能力的有限造成了未成年人的展现行为并不理智，所以未成年人需要被赋予被遗忘权。在美国，34%的公司人事部门在招聘时，会通过关注应聘者的社交网络来寻找他们的不良记录（包括酗酒、吸毒等）或者发布的歧视性评论，作为不雇用他们的证据。③ 在学生升学方面，学校的招生部门会通过申请者在社交媒体上留下的信息，来决定同意或是拒绝申请者的入学申请。被遗忘权可以帮助未成年人删除或者修改他们留在网络上的信息，改变既有的网络画像，为未成年人在未来升学、应聘时树立良好的形象。

第三，拓宽了保护主体的范围。COPPA 保护的主体局限在不满13 周岁的未成年人。加州第 568 号法案旨在弥补 COPPA 的不足。④把保护主体设置为 13 岁以下的未成年人，无法保证覆盖范围的全面性，而加州第 568 号法案使受保护的对象拓展至所有不满 18 周岁的未成年人。在美国，95%的 12—17 岁的未成年人有经常上网的习

① Brian Geremia, "Chapter 336: Protecting Minors' Online Reputations and Preventing Exposure to Harmful Advertising on the Internet", *McGeorge Law Review*, Vol. 45, 2013, p. 437.

② Ibid., p. 439.

③ Ibid., p. 440.

④ Stephen J. Astringer, "The Endless Bummer: California's Latest Attempt to Protect Children Online Is Far Out (side) Effective", *Notre Dame Journal of Law, Ethics & Public Policy*, Vol. 29, 2015, p. 273.

惯，仅依靠 COPPA，部分未成年人的权利无法得到有效保护。① 据统计，14—17 岁之间的未成年人更加喜欢上传图片，分享他们的人际关系以及公开自己的电话号码。② 一些未成年人甚至会发布自己的定位信息，这将给那些做推广营销的运营商提供可乘之机。③

　　加州的"橡皮擦按钮"与大多数社交媒体网站已有的"删除按钮"之间的区别主要体现在以下几个方面：第一，删除的力度更大，可以永久删除；第二，经营者有告知义务，这样用户可以便捷地找到删除按钮，对信息进行有效的删除。④ 加州第 568 号法案体现了未成年人的最大利益原则。但是由于其对于他人已经转载或者再次发布、编辑的个人信息无法进行删除，因此其可能发挥的作用将会十分有限。与欧盟相比，美国的被遗忘权保护具有狭义性。此外，加州第 568 号法案也可能带来了一些消极的后果。其一，有些网站因为不愿意遵守该法案，可能会禁止未成年人登录⑤，这不利于对未成年人的接入权的实现。其二，该法案与商业保留条款存在冲突，不利于其他州的企业的平等竞争和发展。⑥ 其三，该法案可能对言论自由造成负面影响。⑦

---

　　①　Brian Geremia, "Chapter 336: Protecting Minors' Online Reputations and Preventing Exposure to Harmful Advertising on the Internet", *McGeorge Law Review*, Vol. 45, 2013, p. 441.

　　②　Ibid. .

　　③　Stephen J. Astringer, "The Endless Bummer: California's Latest Attempt to Protect Children Online Is Far Out（side）Effective", *Notre Dame Journal of Law*, *Ethics & Public Policy*, Vol. 29, 2015, p. 273.

　　④　Jaclyn Kurin, "Does the Internet Eraser Button for Youth Delete First Amendment Right of Others", *Revista de Investigacoes Constitucionais*, Vol. 4, 2017, p. 19.

　　⑤　Stephen J. Astringer, "The Endless Bummer: California's Latest Attempt to Protect Children Online Is Far Out（side）Effective", *Notre Dame Journal of Law*, *Ethics & Public Policy*, Vol. 29, 2015, p. 275.

　　⑥　Ibid. , p. 286.

　　⑦　E. Wesley Campbell, "But It's Written in Pen: The Constitutionality of California's Internet Eraser Law", *Columbia Journal of Law and Social Problems*, Vol. 48, 2015, p. 587.

4.《儿童防追踪法》中的被遗忘权

美国在联邦层面保护未成年人网络隐私的法律有 COPA（Children's Online Privacy Act）、COPPA（Children's Online Privacy Protection Act）、CIPA（The Children's Internet Protection Act）和正在审议中的 DNTKA（*Do Not Track Kids Act*）。① 2015 年《儿童防追踪法》（Do Not Track Kids Act）设置了类似加州第 568 号法案的"橡皮擦按钮"（eraser button），要求直接针对儿童的网站的运营者通过设置该按钮，使未成年人可以自由移除其发布的内容。② DNTKA 旨在拓展 COPPA 的范围，将 13—16 岁之间的未成年人纳入保护范围。③ DNTKA 借鉴了加州第 568 号法案的"橡皮擦按钮"，赋予未成年人删除已经公开的个人信息的权利。④ DNTKA 将保护的对象规定为不满 16 周岁的未成年人，相比 COPPA，保护的范围得到了扩展，但是与加州第 568 号法案相比则范围较窄。DNTKA 第 6 节包含了删除相关个人信息的条款：第一，经营者有义务采取措施，允许用户删除提交给网站的内容；第二，经营者采取适当的措施使用户知道删除的方法；第三，经营者有义务提示用户这一机制不一定能够确保完全删除由这些用户所提交的内容和信息；第四，对于联邦法或州法要求经营者或第三方保留这些信息或者由用户之外的人提交给网站、服务或应用的数据（包括用户个人上传的被他人公布或再次提交的数据）则没有义务删除。⑤ DNTKA 基本上照搬了加州第 568

---

① Stephen J. Astringer, "The Endless Bummer: California's Latest Attempt to Protect Children Online Is Far Out (side) Effective", *Notre Dame Journal of Law*, *Ethics & Public Policy*, Vol. 29, 2015, p. 294.

② Jaclyn Kurin, "Does the Internet Eraser Button for Youth Delete First Amendment Right of Others", *Revista de Investigacoes Constitucionais*, Vol. 4, 2017, p. 14.

③ Alexis M. Peddy, "Dangerous Classroom Apptitude: Protecting Student Privacy from Third-Party Educational Service Providers", *BYU Education & Law Journal*, 2017, p. 140.

④ Ibid., p. 141.

⑤ Jaclyn Kurin, "Does the Internet Eraser Button for Youth Delete First Amendment Right of Others", *Revista de Investigacoes Constitucionais*, Vol. 4, 2017, p. 18.

号法案的规定，但是美国民众担心如果该项立法通过，将会对言论自由造成严重威胁。美国民众基于宪法第一条修正案所享有的言论自由将遭受直接侵犯。① 由于该规定会对言论自由造成巨大压力，因此有人主张其应当接受严格的审查。②

（二）美国保护未成年人被遗忘权的正当性依据

谷歌前首席执行官埃里克·施密特（Eric Schmidt）调侃道："每个年轻人在成年后都应该被赋予改变姓名的权利，与朋友间存在于社交网络中年轻时寻欢作乐的形象彻底脱离。"③ 未成年人的权利保护存在特殊性，我们生活在互联网上这样一个透明的时代里，在这个崭新的世界，我们的数据永远存在。④ 因此，必须确保未成年人的个人数据免受非法处理，应将未成年人已经公开的个人信息重新归于隐私，通过重点保护促进未成年人的健康成长。

1. 未成年人的风险认知能力存在不足

未成年人由于心智不成熟，许多人抱着及时行乐的态度，任意在网络上发布和分享个人信息，而当风险到来，后悔当初的举动时，为时已晚。⑤ 未成年人发布信息时往往是受情绪的影响所作出的轻率之举⑥，年

---

① Jaclyn Kurin, "Does the Internet Eraser Button for Youth Delete First Amendment Right of Others", *Revista de Investigacoes Constitucionais*, Vol. 4, 2017, p. 11.

② Ibid. .

③ "Google and the Search for the Future", Holman W. Jenkins Jr. , Wall Street Journal, last modified December 11, 2017. https：//trove. nla. gov. au/work/40122894? q&versionId = 52993583.

④ "In Europe, a Right to Be Forgotten Trumps the Memory of the Internet", John Hendel, The Atlantic, Last modified December 11, 2017. https：//www. theatlantic. com/technology/archive/2011/02/in-europe-a-right-to-be- forgotten-trumps-the-memory-of-the-internet/70643/.

⑤ James Lee, "SB 568：Does California's Online Eraser Button Protect the Privacy of Minors?", *University of California*, *Davis Law Review*, Vol. 48, 2015, pp. 1173–1205.

⑥ Jaclyn Kurin, "Does the Internet Eraser Button for Youth Delete First Amendment Right of Others", *Revista de Investigacoes Constitucionais*, Vol. 4, 2017, p. 14.

轻鲁莽往往导致不谨慎的和非深思熟虑的决定。① 社交媒体能够使第三方可以再次公布信息主体已经删除的信息，要移除这些信息非常困难。② 其一，与成年人相比，未成年人辨别是非的能力较弱，在互联网上缺乏对自身行为的认知能力。研究表明，许多年轻人后悔其在公共网站上发布信息的行为。③ 其二，互联网运营商和广告商往往利用未成年人在认知能力和风险意识方面的不足，对未成年人的个人信息大肆进行攫取和交易，对未成年人的个人数据进行挖掘的问题十分严重。许多网站允许用户实时发布其信息和图片，并从中获益。④ 其三，网站和手机应用等的实名制使运营商可以便利地收集未成年人的姓名、年龄、兴趣爱好等个人信息，并将其交易给广告商，从而使其有针对性地向未成年人进行精确的市场营销和广告推广。其四，对未成年人的被遗忘权给予特殊保护，有利于维护其人性尊严。⑤ 借助被遗忘权，未成年人可以便捷地删除关于自己的不适当的信息，有利于促进未成年人的健康成长。

2. 未成年人的不良记录影响其回归社会

除了未成年人自己发布的个人信息会对自身带来负面影响之外，由第三方发布的关于未成年人的不良记录也会对未成年人回归社会，开启新的生活带来负面的影响。第一，记录在网络上的有关未成年人的违法犯罪记录等不良信息，将使一部分未成年人在未来的就业、

---

① Stephen J. Astringer, "The Endless Bummer: California's Latest Attempt to Protect Children Online Is Far Out (side) Effective", *Notre Dame Journal of Law*, *Ethics & Public Policy*, Vol. 29, 2015, p. 272.

② Jaclyn Kurin, "Does the Internet Eraser Button for Youth Delete First Amendment Right of Others", *Revista de Investigacoes Constitucionais*, Vol. 4, 2017, p. 13.

③ Ibid. .

④ Ibid. .

⑤ 段卫利：《论被遗忘权的法律保护——兼谈被遗忘权在人格权谱系中的地位》，《学习与探索》2016 年第 4 期。

参与社会公共生活等方面受到各种歧视性待遇①，并会对其受教育的机会带来负面影响②，未成年人的父母对此影响非常担心。③ 第二，未成年人的犯罪信息在网络上的持久存在不利于其再社会化，歧视性待遇的发生，容易加剧未成年人的逆反心理，使其重新走上犯罪道路。第三，国外已经有相关的判例来保护未成年人的被遗忘权。2014 年，日本法院的一个判例就要求雅虎在搜索结果中删除未成年人犯罪记录的信息，从而保护了未成年人的被遗忘权。④ 未成年人的被遗忘权，能够让未成年人的不良记录消失在公众的视野之中，帮助其展现一个良好的形象。⑤

3. 未成年人被遗忘权值得保护的国际人权法依据

1948 年通过的《世界人权宣言》，第一次明确提出了儿童权利保护的概念，规定儿童有权享受特别照顾和帮助。1966 年通过的《经济、社会和文化权利国际公约》和《公民权利和政治权利国际公约》，规定儿童基于未成年的特殊地位，享有来自家庭、社会和国家的特殊保护和协助。以上三部国际性文件合称为"国际人权宪章"，是针对儿童权利保护的一般性公约。⑥ 而在这些国际性人权公约的影响下，保护儿童人权的观念逐渐被人们重视起来，系统的专门性公约开始出现。1959 年通过的《儿童权利宣言》，最早提出了儿童的"最大利益原则"，但其真正得到确立却是在 1989 年的《儿

---

① Samuel W. Royston, "The Right to Be Forgotten: Comparing U. S. and European Approaches", *St. Mary's Law Journal*, Vol. 48, 2016, p. 273.

② Jaclyn Kurin, "Does the Internet Eraser Button for Youth Delete First Amendment Right of Others", *Revista de Investigacoes Constitucionais*, Vol. 4, 2017, p. 13.

③ Ibid., p. 15.

④ 王茜茹、马海群：《开放数据视域下的国外被遗忘权法律规制发展动向研究》，《图书情报知识》2015 年第 5 期。

⑤ James Lee, "SB 568: Does California's Online Eraser Button Protect the Privacy of Minors?", *University of California*, *Davis Law Review*, Vol. 48, 2015, pp. 1204-1205.

⑥ 王勇民：《儿童权利保护的国际法研究》，博士学位论文，华东政法大学，2009 年。

童权利公约》。① 其中第 3 条规定："关于儿童的一切行为，不论是公司、社会福利机构、法院执行，或者是行政部门、立法机关的执行，都要以儿童的最大利益作为首要考虑。"② 该原则为儿童权利的保护创造了一个更为宽广的价值导向和道德观念的平台框架。我国于 1992 年正式加入《儿童权利公约》，截至 2015 年 10 月，《儿童权利公约》的缔约国为 196 个。③ 可见，大多数国家努力为世界各国儿童创建良好的成长环境。在联合国制定的公约中，儿童权利的保护历经了一个发展演变的过程。被遗忘权有利于未成年人的健康成长，未成年人的特殊地位决定了其权利需要得到重点保护。

（三）美国被遗忘权的内在局限性

美国更加注重对言论自由的保护，对待被遗忘权的态度与欧盟不同，对被遗忘权可能给言论自由带来的威胁非常警惕。所以，美国通过对隐私权的扩张对所有公民的被遗忘权实行保护。基于"儿童最大利益原则"，美国对未成年人被遗忘权的保护采取的是"单列模式"，即在专门保护未成年人的法律中规定未成年人的被遗忘权。这种立法体例的优点是内容具体、操作性强、凸显了对未成年人的特殊保护。美国对被遗忘权的立法保护存在局限性，具体包括以下几个方面。第一，在适用范围上，重点保护未成年人被遗忘权的"橡皮擦法案"仅仅适用于美国加州，这给其他州与加州之间的商业贸易施加了压力，将使企业花费额外的费用，可能制约经济的发展和创新。第二，在权利主体上，美国的规定过于原则化，被遗忘权的权利主体并不广泛。加州"橡皮擦法案"保护的主体只限于加州不满 18 周岁的未成年人。美国正在制定的《儿童防追踪法》（Do

①　赵树坤：《中国特定群体人权保护的理论与实践》，法律出版社 2012 年版，第 97 页。

②　［挪］艾德等：《经济、社会文化权利》，黄列译，中国社会科学出版社 2003 年版，第 403 页。

③　何海澜：《善待儿童：儿童最大利益原则及其在教育、家庭、刑事制度中的运用》，中国法制出版社 2016 年版，第 109 页。

Not Track Kids Act，DNTKA）将保护的对象规定为不满 16 周岁的未成年人，相比 COPPA，保护的范围得到了扩展，但是仍然只保护未成年人。第三，在立法模式上，美国宁可通过特殊部门进行特别立法，也不愿制定系统全面的个人信息保护法。而这些部门立法通常适用于特定的人群，相当于拼凑出来的法律。而保护领域与其他权利的保护相比，由多个法案拼接而成的个人信息隐私权保护法，容易给权利主体造成困惑。

（四）美国被遗忘权的发展方向

美国对待被遗忘权的态度则与欧盟有所不同，更加注重对言论自由的保护，对被遗忘权可能给言论自由带来的威胁非常警惕。美国被遗忘权的发展方向，主要包括以下几个方面：第一，应当采取覆盖保护的立法策略，在立法例上不区分成年人和未成年人，由统一的一部法律来同时保护成年人和未成年人的被遗忘权。第二，针对美国的基本国情，应当制定全国各州通用的保护被遗忘权的法律，不受企业地理位置的影响。"橡皮擦法案"仅适用于美国加州，这给其他州与加州之间的商业贸易施加了压力，因为他们还要区分用户是来自加州，还是其他州。不仅使企业花费了额外的高额费用，而且也制约了经济的发展和创新。制定联邦通用的法律可以解决各州之间碎片化、不统一、不确定的法律给企业带来的沉重负担。第三，应当扩充未成年人被遗忘权的权利范围。而加州"橡皮擦法案"规定只能删除未成年人自己发布的信息，而不能删除他人发布或转载的与未成年人有关的个人信息。[1] 由于不能规制转载、再次上传的行为，所以有可能导致不能实现立法的初衷。[2] 因此，在平衡未成年人

---

[1]　Michael L. Rustad, Sanna Kulevska, "Reconceptualizing the Right to Be Forgotten to Enable Transatlantic Date Flow", *Harvard Journal of Law and Technology*, Vol. 28, 2015, p. 380.

[2]　Jaclyn Kurin, "Does the Internet Eraser Button for Youth Delete First Amendment Right of Others", *Revista de Investigacoes Constitucionais*, Vol. 4, 2017, p. 27.

保护和言论自由关系的时候要有所侧重①，应该以未成年人的最大利益为原则。未成年人可以有条件地要求删除第三方发布的与未成年人有关的信息数据。第四，在对未成年人的个人信息进行保护的时候，可以根据不同的年龄段进行分层保护。信息收集的父母同意原则可以适用于不满 13 周岁的未成年人。美国的父母同意原则适用于不满 13 周岁的未成年人。参考欧盟 GDPR 第 8 条的父母同意原则适用于不满 16 周岁的未成年人，但是成员国可以规定更低的年龄，但不得低于 13 周岁。换言之，欧盟认为父母同意原则的最低起点是 13 周岁。美国也可以适当放宽这个年龄限制，毕竟在网络世界信息收集的风险不能轻易被未成年人所识别。

第三节　欧盟与美国的立法经验比较

我们从模拟系统走到了数字化时代，从"自由删除信息"过渡到"你的过去像纹身一样刺在你的皮肤上"，互联网存储记忆存在永久性。一方面，欧盟通过《欧盟数据保护指令（95/46/EC）》的颁布、"冈萨雷斯案"的判决和 GDPR 从提案到通过实施，被遗忘权的概念逐步发展，早将被遗忘权删除范围从数据主体自己发布的信息，扩展到他人复制、转载的信息，再到第三方发布与数据主体有关的信息。然而这一权利的延伸，与表达自由权相互冲突，矛盾激化。现在正是一个改革被遗忘权的有利时机，因为欧盟还没有明确阐释清楚如何在隐私权和言论自由之间取得平衡。由于互联网的全球性，欧洲用户的数据不断跨越国际边界到达美国的网站和搜索引擎；另一方面，美国从数据隐私权和被遗忘权的认识，探寻被遗忘权在美国发展失败的原因。加州橡皮擦法案出台前，数据主体没有被赋予

---

① Jaclyn Kurin, "Does the Internet Eraser Button for Youth Delete First Amendment Right of Others", *Revista de Investigacoes Constitucionais*, Vol. 4, 2017, p. 28.

被遗忘权。通过谷歌、必应或其他搜索引擎，数据可以永远被回收。任何州法案、联邦法案或法律都不允许数据主体对数据享有控制权。欧美间的差异，源于在立法理念上背道而驰。美国宪法修正案第一条确定了言论自由，所以对隐私权的保护很有限。而欧盟依据《欧洲人权公约》第 8 条规定："个人隐私的权利与自由必须受到尊重。"但欧美之间每天都在进行海量数据流通，你只要点一下鼠标，个人可识别数据就会跨越过欧洲去到美国。因此，欧美作为信息化经济体制下的贸易伙伴，从"避风港"协定到"隐私盾"协定不难发现，平衡双方对被遗忘权的争议刻不容缓。

一　法律规定上的差异

第一，立法模式。欧盟采用综合立法的模式，主张使用同一的法律保护个人信息，同时确立了明确的个人信息保护标准。欧盟将个人信息保护权定为基本人权，具有宪法意义，主张被遗忘权优先于经济利益受保护。欧盟拥有独立自主的个人数据保护机构，可以履行调查职能，允许行使干涉权，当事人对机构裁定不服提起诉讼时，个人数据保护机构可以参与诉讼。但是，欧盟并未从私权的方向规定个人信息权的属性和内容，这种立法模式注重强调政府公权力的影响，尽管增强了被遗忘权的保护，但也带来法律规则抽象化、监督管理僵硬化的后果。而美国采用分别立法的模式，依靠市场调节数据控制者的行业自律，有更大的自主性。美国没有欧盟的有执法功能的数据保护机构，有利于信息的流转和运用。美国主张经济利益不完全弱于个人信息保护，突出行业自律的调控作用。除非依靠市场调节、行业自律已经无法保证个人数据的正常使用，否则不会统一进行联邦立法。但是，没有统一的法律保护公民的被遗忘权，个人信息的收集、储存、处理完全依赖于市场的调控和企业自律，必然造成个人信息保护不利的后果。[①]

---

① 孔令杰：《个人资料隐私的法律保护》，武汉大学出版社 2009 版，第 167—168 页。

第二，适用范围。欧盟面对成员国之间不同的数据保护法律规则所带来的冲突，制定了统一的《通用数据保护条例》，解决了成员国之间碎片化、不统一、不确定的法律给企业带来的沉重负担。而美国早期的数据保护通过部门立法，只在金融领域保护、消费者保护、网络隐私保护，以及未成年人保护上进行立法，导致其他行业的法律空白。并且保护未成年的"橡皮擦法案"仅适用于美国加州，这给其他州与加州之间的商业贸易施加了压力，因为他们还要区分用户是来自加州，还是其他州。不仅使企业花费了额外的高额费用，而且也制约了经济的发展和创新。

第三，权利主体。欧盟被遗忘权的权利主体更加广泛。《通用数据保护条例》过于原则化，权利主体为欧盟的所有公民。而美国被遗忘权保护的立法法案具有代表意义的加州"橡皮擦法案"，实施细则更为详细，但保护的主体只限于加州的未成年人，更有针对性。欧盟没有专门的立法保护未成年人，美国的被遗忘权立法基本只适用于未成年人。

第四，在删除力度上，欧盟除了删除手段外，在"谷歌诉冈萨雷斯案"的判决中，还运用了断开链接的方式，隐藏数据使他人不能便捷地获取。而美国加州"橡皮擦法案"所确立的被遗忘权的删除力度更为强大，可以永久删除未成年人相关个人信息。①

第五，在删除范围上，欧盟的被遗忘权范围广泛，不仅允许删除数据主体自己发布的个人信息，而且为删除第三方发布的原始信息提供了可能性。而加州"橡皮擦法案"规定只能删除未成年人自己发布的信息，而不能删除他人发布或转载的与未成年人有关的个人信息。② 由于不能规制转载、再次上传的行为，所以有可能导致不

---

① John W. Dowdell, "An American Right to Be Forgotten", *Tulsa Law Review*, Vol. 52, 2017, p. 338.

② Michael L. Rustad, Sanna Kulevska, "Reconceptualizing the Right to Be Forgotten to Enable Transatlantic Date Flow", *Harvard Journal of Law and Technology*, Vol. 28, 2015, p. 380.

能实现立法的初衷。①

二　立法理念上的差异

2014 年，欧洲法院对"冈萨雷斯案"宣判之后，在大西洋两岸引发了关于被遗忘权的激烈争论。② 欧盟与美国在立法理念上存在差异，对待被遗忘权的态度存在不同。与欧盟努力积极寻求在立法上明确确立被遗忘权不同，美国对被遗忘权态度比较消极，只赋予了未成年人有限的被遗忘权，而成年人则不享有该项权利。这是因为欧盟更加注重保护信息自主，而美国则更加注重言论自由。③ 二者对待被遗忘权的态度不同的深层次原因在于不同的法律传统，尤其是在基本权利保护体制上的差异。

欧盟更注重对信息自主的保护，被遗忘权起源于隐私权和欧盟数据保护立法。④ 针对欧盟如何对待言论自由与信息自主的关系，作出如下几方面分析。

第一，欧盟将个人数据保护权定为基本人权，具有宪法意义，优先于经济利益受保护。与言论自由的保护相比，人们普遍倾向于保护基于尊严的隐私。⑤《欧盟基本权利宪章》（以下简称"宪章"）作为欧盟的创始性法律文件，规定欧盟公民享有"人的尊严是不可侵犯"的基本人权。《宪章》第 7 条规定个人隐私权保

---

① Jaclyn Kurin，"Does the Internet Eraser Button for Youth Delete First Amendment Right of Others"，*Revista de Investigacoes Constitucionais*，Vol. 4，2017，p. 27.

② Samuel W. Royston，"The Right to Be Forgotten：Comparing U. S. and European Approaches"，*St. Mary's Law Journal*，Vol. 48，2016，pp. 254–255.

③ Ibid. ，p. 254.

④ Lawrence Siry，"Forget Me，Forget Me Not：Reconciling Two Different Paradigms of the Right to Be Forgotten"，*Kentucky Law Journal*，Vol. 103，2014，p. 314.

⑤ Kristen J. Mathews，*Proskauer on Privacy：A Guide to Privacy and Data Security Law in the Information Age*，Practising Law Institute Press，2011，pp. 403–406.

护，第 8 条规定欧盟数据保护作为基本原则，个人信息保护确定为基本权利。①

第二，欧洲法院在裁决中并没有抬高"被遗忘权"使其成为凌驾于其他权利（例如，表达自由、媒体自由）之上的超级权利（super right）。②相反，它确认删除你的个人数据的权利并不是绝对的，而是有清晰的界限的。当个人数据之存储对处理数据的原始目的来说，已经出现在不再准确、不再适当、不再相关或不恰当的场合时，要求需要以"个案平衡"（case by case）为基础进行协调。③"冈萨雷斯案"中，尽管欧洲法院命令谷歌删除与西班牙公民不再相关的信息，但是它并没有以保护个人数据的名义，要求报纸改变存档的内容，采取移除不相关、过时的链接而不是删除内容。其实，西班牙公民的数据仍然可以被获取，但将是以不再如此便捷的方式被获取，这对尊重公民的隐私来说已经足够了。④

第三，"个案平衡"（case by case）是必要的，保护个人数据之权利与保护言论自由之权利都不是绝对的权利。应当在互联网用户利益和个人基本权利之间寻求公正的平衡。欧盟明确提出，在网络世界和非网络世界，表达自由都有其责任和界限。⑤因此，一方面，二者间的平衡是基于所涉信息的性质的，即个人信息对于个人的私人生活以及公众获取信息之利益的敏感度；另一方面，这一平衡也基于所涉信息主体之人格，被遗忘权当然不是使著名的人物变得不

---

① Lawrence Siry，"Forget Me，Forget Me Not：Reconciling Two Different Paradigms of the Right to Be Forgotten"，*Kentucky Law Journal*，Vol. 103，2014，p. 315.

② European Commission，Factsheet on the "Right to be Forgotten" Ruling（C-131/12），http：//ec. europa. eu/justice/ data-protection/files/factsheets/factsheet_ data_ protection_ en. pdf，2017-12-24.

③ Ibid. .

④ Ibid. .

⑤ Ibid. .

那么"耀眼",或者使罪犯洗脱其罪行的权利。①

第四,欧盟数据保护的精神是赋予个人管控个人数据的权利,同时明确保护表达自由和媒体自由。② 2016 年通过后的《通用数据保护条例》第 85 条、2012 年《通用数据保护条例》草案第 80 条规定:成员国有义务以国内法的形式协调数据保护和表达自由(包括为了新闻报道而处理个人数据)之间的关系。可见,欧盟立法强调个人数据保护与表达自由之间的平衡,但仍需要通过删除等级和特殊主体的权利适用范围来限缩被遗忘权。

美国与欧盟在立法理念上之所以不同,是因为美国更注重对言论自由的保护,对被遗忘权可能给言论自由带来的威胁非常警惕。

第一,美国重视言论自由有宪法上的依据。美国宪法修正案第一条规定,国会不得制定限制言论自由和出版自由的法律。③ 由此可见,言论自由在价值位阶上处于优先地位,这是美国文化的一个重要特征,民众有自由地进行意见表达的权利。

第二,言论自由在有些情况下是可以限制的。美国法律允许限制言论自由。④ 法院承认,有些种类的言论,政府是可以限制的,例如,争斗性的语言、切实的威胁、煽动性的言论、淫秽性的言论、儿童色情、诈骗、诽谤以及构成犯罪的言论。⑤ 而且政府限制言论自由有时间、地点和方式的限制。⑥

---

① European Commission, Factsheet on the "Right to be Forgotten" Ruling (C - 131/12), http://ec. europa. eu/justice/ data - protection/files/factsheets/factsheet _ data _ protection_ en. pdf, 2017-12-24.

② Ibid. .

③ Gertrude N. Levine; Samuel J. Levine, "Internet Ethics, American Law, and Jewish Law: A Comparative Overview", *Journal of Technology Law & Policy*, Vol. 21, 2016, p. 43.

④ Ibid. .

⑤ Jaclyn Kurin, "Does the Internet Eraser Button for Youth Delete First Amendment Right of Others", *Revista de Investigacoes Constitucionais*, Vol. 4, 2017, p. 21.

⑥ Gertrude N. Levine; Samuel J. Levine, "Internet Ethics, American Law, and Jewish Law: A Comparative Overview", *Journal of Technology Law & Policy*, Vol. 21, 2016, p. 43.

第三，法院有权对侵犯言论自由的法律进行司法审查。1996 年美国国会通过了"通讯规范法"（Communications Decency Act），其中有个条款将下流的网络言论视为犯罪。后来，美国联邦最高法院根据宪法修正案第一条认定其违反美国宪法因而无效。[①] 美国对言论自由的重视程度非常高，立法需要接受严格的司法审查。在司法实务中，法院将社交媒体的运营者类比为新闻出版者。[②] 网站发布、编辑的信息受到法律保护，第三方上传的信息也受到法律保护。

第四，法院的司法审查标准根据严格程度不同分为两种。法院在对法案进行审查时有两个标准：严格审查标准（strict scrutiny standard）和中等程度的审查标准（intermediate scrutiny）。[③] 政府必须证明其行为的合宪性，要么证明以内容为基础的行动符合严格审查的要求，要么证明政府的行动是内容中立的，需要受到程度较轻的中间程度的审查。[④] 当法案的内容是直接针对言论自由的时候，将使用严格审查标准；而当法案不直接针对言论自由，只是附带性地对言论自由造成影响时，法院会认为该法案是内容中立的，因而适用中等程度的审查。[⑤] 加州第 568 号法案是以内容为基础的法案，因此涉及与宪法修正案第一条的协调问题。

基本原则是以各种理由为基础的。[⑥] 美国法律强烈支持言论自由，而且在很大程度上是不受限制的言论自由，例外的情形非常少。[⑦] 可以说，美国法律以保护言论自由作为出发点，而限制言论自由则作为例外。美国民众对言论自由的限制非常敏感，极其警惕。

---

① Jaclyn Kurin, "Does the Internet Eraser Button for Youth Delete First Amendment Right of Others", *Revista de Investigacoes Constitucionais*, Vol. 4, 2017, p. 20.

② Ibid., p. 21.

③ Ibid., pp. 21-22.

④ Ibid., p. 21.

⑤ Ibid., pp. 21-22.

⑥ Gertrude N. Levine; Samuel J. Levine, "Internet Ethics, American Law, and Jewish Law: A Comparative Overview", *Journal of Technology Law & Policy*, Vol. 21, 2016, p. 42.

⑦ Ibid..

言论自由使互联网得以蓬勃发展①，但言论自由与隐私权之间也存在一定程度的冲突关系②，因此需要价值的平衡。③ Eric Posner 认为，美国已经存在被遗忘权，并且应当平衡第一条宪法修正案和隐私权之间的关系。④ 美国最高法院形成了大量的法理来解释分析"隐私权"⑤。但是"隐私"这一词语并未出现在美国宪法中。宪法性隐私权（the constitutional right to privacy）旨在保护个人免遭政府的侵犯，但不是用来对抗非政府机构的侵犯的。美国宪法修正案第一条所保护的言论自由的范围非常广泛。不受限制的言论会危害隐私之保护，未经授权的发布或索取个人信息的行为会侵害到公众的隐私。如果成年人和儿童的个人信息是正确的，美国法并不禁止发布。⑥ 欧盟与美国相比，对言论自由所施加的控制更为严格。⑦ 美国保护言论自由，哪怕是伤人感情的言论。

三 双方的努力与妥协

　　欧盟的数据保护政策一致倾向于促进数据的自由流动，"避风港"协议意味着欧盟对美国的让步，允许美国从位于欧洲的美国公

---

① Stephen J. Astringer, "The Endless Bummer: California's Latest Attempt to Protect Children Online Is Far Out（side）Effective", *Notre Dame Journal of Law, Ethics & Public Policy*, Vol. 29, 2015, p. 272.

② Adam Thierer, "The Pursuit of Privacy in a World Where Information Control Is Failing", *Harvard Journal of Law & Public Policy*, Vol. 36, 2013, p. 421.

③ Woodrow Hartzog, "The Value of Modest Privacy Protections in a Hyper Social World", *Colorado Technology Law Journal*, Vol. 12, 2014, p. 347.

④ John W. Dowdell, "An American Right to Be Forgotten", *Tulsa Law Review*, Vol. 52, 2017, p. 337.

⑤ Gertrude N. Levine; Samuel J. Levine, "Internet Ethics, American Law, and Jewish Law: A Comparative Overview", *Journal of Technology Law & Policy*, Vol. 21, 2016, pp. 43-44.

⑥ Ibid., p. 44.

⑦ Ibid., p. 45.

司的数据库中获取欧洲公民的个人信息。① 美国在网络空间占据主导
地位②，用户数据在互联网上通过虚拟路径自由跨越国界，即使携带
大量可识别个人信息也不需要上报海关，网络服务器也不会因为是
否侵犯隐私权而停止工作。③ 2013 年的"棱镜门事件"和 2015 年的
"斯诺登事件"曝光后，"避风港"协议受到重创，技术中立的神话
被打破，数据自由流通的美好理想被打击，原有的协议不能满足欧
盟对数据保护的"充分标准"。随后，欧洲最高法院判决欧美签订的
"跨大西洋数据传输协定"无效，这一已执行长达 15 年、被称为
"避风港"的协定无效后对众多美国大企业产生巨大影响。从欧盟的
角度分析：其一，欧盟委员会副主席维维妮·雷丁提出，由于美国
隐私权的标准过低，该协定并不能为欧洲的个人数据保护提供安全
保障。美国急需协调修改原有隐私权法，使欧盟同意将美国的隐私
权条例归为合理保护欧盟个人信息的范畴内。毕竟，原协定的废除
对多家跨大西洋互联网公司产生了致命的影响。其二，美国的"数
字霸权主义"将严重侵犯自身数字主权保护，阻碍数字经济发展，
必将导致欧洲的数字市场被美国企业逐渐垄断。欧盟收紧了与美国
间的信息流通政策，是为了维护欧洲民众基于《欧盟基本权利宪章》
第 7 条、第 8 条所享有的基本权利。

于是，2015 年 10 月，欧美就数据保护总协议进行谈判，双方洽
谈的完成为横跨大西洋两岸数据传输提供了基本的保护框架。随后，
2016 年双方达成了《隐私盾》协议，该国际协定通过了欧盟的"合

---

① John W. Dowdell, "An American Right to Be Forgotten", *Tulsa Law Review*, Vol. 52, 2017, p. 338.

② 刘勃然：《21 世纪初美国网络安全战略探析》，博士学位论文，吉林大学，2013 年。

③ Michael L. Rustad, Sanna Kulevska, "Reconceptualizing the Right to Be Forgotten to Enable Transatlantic Date Flow", *Harvard Journal of Law and Technology*, Vol. 28, 2015, p. 386.

宪性审查",① 意味着美国对欧盟的让步，是美国重视商业利益和欧盟强化数据主权保护的相互妥协，双方站在互利共赢的角度作出各自的努力。数据保护与数据的自由流通之间的关系必须妥善处理。被遗忘权的确立与数据流通之间的关系需要得到较好的处置。对此，笔者建议，一方面通过协议的方式调和被遗忘权与表达自由的矛盾，毕竟美国法院在协调宪法修正案第一条规定的言论自由与公民名誉权保护的关系上，也拥有50年的经验。与隐私权保护相比，美国更倾向于保护表达自由权。法院已经规定，诽谤造成的侵权也要遵从宪法修正案第一条，受制于表达自由权。我们现在对既定的宪法架构进行延伸，就要对被遗忘权进行限缩；另一方面，可以使用非立法的方式协调美国与欧盟之间的法律冲突，其中包括设置信息保存有效期限，以及通过市场导向促进信息控制者行业自律的方式。

第四节　其他国家和地区的立法实践

欧盟对于被遗忘权的保护，赋予数据主体控制个人信息的权利。于是，被遗忘权引起了世界各国的广泛关注。从20世纪90年代开始，许多国家和地区开始制定本国的个人信息保护法，重视公民的信息安全。当然，各个国家和地区对于被遗忘权的态度并不相同。过去，以美国、英国为代表的国家反对被遗忘权。但是，美国基于对言论自由的重视，已经针对未成年人制定了被遗忘权保护的法案；英国官方表示将通过一部新的数据保护法案，其中包括对被遗忘权的法定化。可见，现今绝大多数国家对被遗忘权持支持态度。这些国家和地区主要分为三类：其一，"明确立法派"，以俄罗斯、澳大利亚、韩国、中国香港地区和英国为代表。其二，"保守观望派"，

---

① 张华：《欧洲联盟对外关系法原理》，法律出版社2016年版，第88—89页。

以日本、阿根廷为代表。其三，"传统守旧派"，以法国、瑞士为代表。

一 "明确立法派"

欧盟提出被遗忘权的理念后，被部分国家支持和认可，并制定了类似的制度。其中，有的国家通过立法的方式明确被遗忘权；有的国家制定和实施了具有被遗忘权理念的其他权利，同样规定了数据主体有权要求数据控制者删除个人信息；还有的国家提出明确的立法计划，反映出制定被遗忘权的立法动向。

（一）英国

1988 年，英国通过《个人数据保护法》，其第 14 条规定，法院可以裁定数据控制者修正、删除关于数据主体不准确的个人信息。不难发现，英国的数据主体仅能删除不准确的个人信息，却无法删除真实、合法的已公开的信息。尽管该规定与"被遗忘权"的内容并非一致，但也是通过立法的方式设置一种与"被遗忘权"理念相同的新权利。2012 年，欧盟提出 GDPR 草案时，欧盟各成员国看法不一。当时，英国官方明确表示持反对态度。伴随着数字经济发展的需要，英国对于被遗忘权的态度逐渐开始转变。2017 年 8 月，英国对外公布《新的数据保护法案：我们的改革》的报告，表示将制定新的数据保护法案（*New Data Protection Law*）。该法案将从欧盟立法中脱离出来，制定本国的"被遗忘权"[①]。英国数码部长指出："英国的数据科学在世界排名前列，该法案赋予英国公民更大的信息自主控制权，为英国脱欧做准备。"据悉，包含被遗忘权的法案目前还是一项法律计划，需要经过议会和两院的审议、女王的批准，才能成为具有法律效力的法令。可见，英国已经提出明确的立法计划，反映制定被遗忘权的立法动向。

---

① 《解读英国新数据保护法：脱欧后的信息安全"补丁"》，搜狐网，http://www.sohu.com/a/164760183_99894831，最后访问日期：2018 年 3 月 3 日。

（二）韩国

韩国互联网发展迅速，该国 98.8% 的家庭是互联网宽带用户，这个比重居于世界首位。[①] 为了保障网络环境的安全，保护作为"新舆论主体"的网络用户的权益，政府制定了一套网络安全管理的法律体系，具体包括：《促进信息化基本法》《信息通信基本保护法》及《促进使用信息通信网络及信息保护关联法》。立法目的在于对有害信息的举报和删除，保护用户的网络安全，并且对这一法律体系不断修正完善。2007 年推行的《促进使用信息通信网络及信息保护关联法》，旨在对韩国的网络监管实行网络实名制。伴随着数据信息化的发展，互联网处理信息的能力过于强大，监管模式从网络实名制与专项法律到废除网络实名制。于是，2012 年修订的《促进使用信息通信网络及信息保护关联法》中，增加了数据主体的"被遗忘权"，如果互联网用户在一定期间内没有使用信息和通信服务，服务运营商有义务完全删除其使用的个人信息。可见，韩国也是通过直接立法的方式明确被遗忘权的保护。

（三）俄罗斯

在俄罗斯联邦，旨在确立被遗忘权的立法草案于 2015 年 5 月 29 日提交议会，联邦法院将"修改《关于信息、信息技术和信息保护》的联邦法案和联邦立法文件"称为"被遗忘权法"。该草案包含了被遗忘权最激进的形式，遭到俄罗斯 IT 公司的普遍批评。一方面，该法案不需要个人提供请求删除的网络链接，而将找到并去除的信息的链接的责任全部留给运营商的搜索引擎；另一方面，运营商需要删除超过三年的网络信息链接，即使发布信息全部真实、准确（除有关犯罪活动的资料外）。而且对个人请求删除姓名输入后产生的搜索结果的行为，没有任何限制。在法案提交议会后，议会议

---

① 《中国互联网用户数 7.21 亿全球第一，韩国普及率 98.8% 居首》，中洁网，http：//www.jieju.cn/News/20160918/ Detail792114.shtml，最后访问日期：2018 年 1 月 15 日。

员、总统府与互联网公司举行了几次会议，讨论对法案的修正，一些拟议修正案及时列入下届议会听证会。2015 年 7 月 13 日，俄罗斯总统签署了"第 264 号联邦法案"。该法规定自 2016 年 1 月 1 日开始，俄罗斯公民享有"被遗忘权"①。

"第 264 号联邦法案"将"被遗忘权"的概念明确为，公民有权要求互联网搜索引擎系统管理人终止提供链接。该法的直接意图是为了约束搜索引擎系统提供的不准确的、无现实意义的、禁止传播的公民个人信息，而创设的新机制。② 然而，该法的根本目的其实是对公民人性尊严的保护。俄罗斯的被遗忘权的立法结构与欧盟有所不同，通过实体法和程序法两个角度保障被遗忘权的实现。在实体法中，包括民法典上的被遗忘权和信息保护法上的被遗忘权；在程序法中，包括民事诉讼法上的被遗忘权。③ 这种分别立法的方式，既可以对被遗忘权作出一般规定、划清具体信息保护领域的案例范围及确立诉讼管辖权的具体规则，还能明确域外效力。可见，俄罗斯通过立法的方式明确被遗忘权，这种将实体法和程序法结合的立法方式为其他国家提供了新的借鉴模式。

（四）澳大利亚

起初，欧盟实施被遗忘权对澳大利亚没有任何直接影响。然而，随着澳大利亚企业的海外业务发展，尤其是在欧盟的发展，海外公司也面临他国用户提出删除网络访问信息的请求。对此，澳大利亚没有选择直接移植欧盟的被遗忘权，而是依据澳洲本土的法律发展出与被遗忘权相类似的权利——"删除权"。2014 年 3 月，澳大利亚法律改革委员会（委）明确提出"删除权"，允许个人要求组织

---

① Ruslan Nurullaev, "The Right to Be Forgotten in the European Union and Russia: Comparison and Criticism", *Higher School of Economics Research*, 2015, pp. 181-182.

② 张建文：《俄罗斯被遗忘权立法的意图、架构与特点》，《求是学刊》2016 年第 5 期。

③ 同上。

删除个人可识别的在线信息。① 澳大利亚的"删除权"与欧盟的"被遗忘权"相同之处在于，删除的请求都是针对已经公开的信息，不论信息收集、储存或处理是否合法。不同之处在于，"删除权"只能删除自己发布的信息，而"被遗忘权"还可以删除他人发布的与数据主体相关的信息。澳大利亚的"删除权"与美国加州第 568 号法案的未成年人被遗忘权相类似，数据主体仅限于删除自己发布的信息，而无权删除他人发布的信息。然而，尽管"删除权"不能完全涵盖欧盟提出的"被遗忘权"，但澳大利亚通过立法的方式设置一种与"被遗忘权"理念相同的新权利，而不是仅通过司法判例的方式提出"被遗忘权"。

（五）中国香港地区

1996 年香港颁布《个人资料（私隐）条例》，设置个人资料私隐专员公署，监督该法执行。2009 年，香港出台了"检讨《个人资料（私隐）条例》咨询文件"，就原条例中敏感个人信息的规制作出修改。2013 年，香港开始实施新修订的《个人资料（隐私）条例》，旨在遏制公民的个人信息被滥用的情况。其中，第 26 条规定：若数据使用者持有的个人资料是用于某目的，但已不再为该目的所需要时，则除以下情况外，数据用户可采取可行措施删除该数据。例外情形包括：其一，该删除被禁止；其二，不删除该数据是符合公众利益的。② 严格来说，这一规定正是"被遗忘权"的内容。可见，我国香港地区也是通过直接立法的方式明确被遗忘权的保护。

---

① "Alison Cairns, *Australia Right to be forgotten in the interest era who has it and does it apply in Australia*", Dan Brush, Colin Biggers & Paisley, last modified February 3, 2018, http：//www. mondaq. com/australia/x /323680/data+protection/Right+to+be+forgotten+in+the+internet+era+who+has+it+and+does+it+apply+in+Australia&email_ access=on.

② 陈海帆、赵国强：《个人资料的法律保护——放眼中国内地、香港、澳门及台湾》，社会科学文献出版社 2014 年版，第 377 页。

二　"保守观望派"

被遗忘权的国际化之路并非一帆风顺。有的国家认可被遗忘权保护的重要性，但对于欧盟的解决方案不是完全赞同，没有直接移植的打算。这些国家在司法判例中对于被遗忘权的保护作出本土化的尝试，其作出的裁定符合被遗忘权的理念。但是，并没有明确提出这个权利，他们抱着观望的态度，以司法判决的形式为未来常设类似权利打下基础。

（一）阿根廷

近年来，阿根廷有超过 200 个个案裁定搜索引擎删除或限制相关个人数据。众多模特、演员或运动员作为原告，向阿根廷法院提起对谷歌和雅虎的诉讼，寻求从他们的搜索结果中删除相关链接。阿根廷法院对著名歌手——弗吉尼亚·达昆哈所涉及案件作出裁定时，难以想象随之而来的是数以百计的移除个人信息的请求。2009 年，弗吉尼亚向法院提起诉讼，表示当她在谷歌和雅虎的搜索引擎输入自己的名字后，搜索结果中的文章和照片就会链接到几个提供色情内容和色情服务的网站上。这造成了她的物质上和精神上的损害，侵害了她的人格权、名誉权和隐私权。遂要求谷歌和雅虎停止在搜索结果中提供存在她不雅照片的网络链接。法官判决弗吉尼亚胜诉，两家公司提起上诉。2010 年，上诉法院认为两家公司的搜索引擎服务具有技术中立性，而推翻原有的初审判决。该案件对南美洲的被遗忘权来说，是具有里程碑式的案例，对于未来处理类似事件提供了司法范式。

本案的案件事实与"冈萨雷斯案"有所不同，但上诉法院中的一名法官在裁定时对"冈萨雷斯案"进行分析。她认为，虽然谷歌和雅虎这类搜索引擎公司不应该被追究法律责任，但在这种情形下，个人应该被赋予一种"被遗忘的权利"，援引意大利法律中"dirito a l'oblio"的规定："罪犯在刑罚执行完毕之后有要求自己的犯罪记录不被公开的权利或删除过去犯罪记录的权利"①。尽管弗吉尼亚以败诉告终，但有关数据踪迹无法磨灭的担忧，已经在整个阿根廷掀起了一场主张"被遗忘权"的运动。案件反映了整个社会面临的大量不确定性，即隐私是什么？应该如何对待？之后的个案裁定搜索引擎删除或限制相关个人数据的请求也存在被法院认可的情形，但大多数的决定仍是基于阿根廷的版权、隐私权和数据保护的法律。因此，阿根廷仍作出了一些本土尝试，为未来建立被遗忘权打下了基础，但将被遗忘权法定化仍需要空间。

（二）日本

日本的被遗忘权是通过司法判决意见确定的。一名日本男子发现在"雅虎"搜索自己的名字后，会出现过去的犯罪记录，遂以人格权遭受侵犯为由向东京法院申请临时禁令，要求删除该链接。东京法院认为，雅虎搜索引擎显示的结果侵犯了该公民的隐私权。这名男子已经服刑完毕，不再是罪犯的身份，而搜索结果中的信息歪曲了他的现有社会地位。因此，法院要求雅虎删除47条相关搜索链接中的11条。尽管该案件没有明确提出被遗忘权，但体现了被遗忘权"删除个人已公开、不相关、过时的个人信息"的理念。2015年3月，雅虎日本公司公布互联网业界关于"删除网络搜索显示信息的标准"。日本雅虎公司会审查用户提出的删除搜索结果链接的请求，并且将提出申请的数据主体的特性作为审查标准。如果数据主体是未成年人或搜索结果中包含病历、被侮辱等内容时，公司会倾向于保护用户的隐私权；如果数据主体是公职人员、公众人物，请求删除其犯罪记录等违法行为，雅虎以保护公众知情权为由作出审慎决定。雅虎公司的这一标准的实施，通过行业自律的方式保障互联网的良性发展。

在日本的另一例涉及被遗忘权案件中，一名男子将谷歌告上法

① Chris Conley, "The Right to Delete", *AAAI Springy Symposium: Intelligent Information Privacy Management*, 2010, pp.53-57.

庭，要求删除搜索结果中的关于其触犯儿童卖淫和色情法的犯罪记录。日本埼玉县法院判决支持原告诉求，责令谷歌删除搜索结果链接。之后，谷歌公司要求复核此案，但法院仍然维持原判。原告律师认为，之前类似案件援引的都是隐私权，其实日本这起案件与西班牙的"冈萨雷斯案"非常相似。她还主张，欧洲最高法院裁定谷歌应该删除过去不再相关的负面信息，日本在判决时可以参考欧洲"冈萨雷斯案"中关于"被遗忘权"的裁决，并使用该判决的逻辑和语言。① 可见，欧盟的被遗忘权间接影响了日本的司法实践，这与日本是典型的继受法国家有关。② 可是欧盟法院对被遗忘权的保护，援引的是《欧洲人权公约》第 8 条、《欧盟基本权利宪章》第 7 条和第 8 条关于个人隐私和信息保护的规定。而日本对于网络隐私的保护，援引的是日本《个人信息保护法》。因此，欧盟与日本在保护公民被遗忘权的基本理念上相同，但日本没有选择直接移植欧盟的概念，而是通过本国法进行解释。

三 "传统守旧派"

欧盟提出被遗忘权的理念，是在数字技术与全球网络的发展打破了原有的平衡的背景之下，记忆成为常态，而遗忘成为例外。但一部分国家的立法仍停留在保护"传统被遗忘权"的阶段，而互联网时代的"数字被遗忘权"尚未法定化。

（一）法国

法国是世界上对个人数据保护最为严格的国家之一。有学者认为，被遗忘权源自法国首次提出的"le droit à l'oubli"，英文中表述为"right to oblivion"，指罪犯在刑罚执行完毕之后有要求自己的犯

---

① 《保护"被遗忘权"日本法院要求谷歌删除旧新闻》，凤凰网，http://news.ifeng.com/a/20160229/ 47621921_ 0.shtml，最后访问日期：2018 年 2 月 1 日。

② 张红：《人格权总论》，北京大学出版社 2012 年版，第 79 页

罪记录不被公开的权利或删除过去犯罪记录的权利。[①] 1978 年，法国通过《信息、档案与自由法》，旨在加强对个人信息的保护。2004 年，法国将"欧盟95 指令"转化为国内法，修订原有的《信息、档案与自由法》。[②] 之后，法国根据《信息、档案与自由法》成立了"国家信息与自由委员会"，作为专门的个人信息保护机构，旨在指导网络用户如何删除搜索引擎上的个人信息。2009 年，法国议员提出"被遗忘权"的立法议案。议案指出，网络用户可以要求网站删除涉及隐私的个人信息，但这项请求仅能通过向网站发送挂号信的方式传达，防止权利的滥用。[③] 然而，该议案之后，法国国务秘书长召集互联网企业共同签署一份关于"被遗忘权"的宣言，法国的被遗忘权并未通过立法的方式被确定下来。

（二）瑞士

在瑞士的被遗忘权第一案中，原告的诉求为要求瑞士电视台停止播出 1980 年的一部纪录片，该片拍摄了原告父亲在 1939 年被判处死刑的过程和执行过程。瑞士电视台主张该纪录片是法庭公正的审判，也是对当时判决的真实记录，停止播放会侵犯公众的知情权。但法院主张，原告的父亲已经服刑完毕，这段纪录片无情地践踏了原告的隐私权，瑞士联邦法庭最终裁定停止继续播放该纪录片。可见，在瑞士法中，当一个人已被定罪，且经过一段时间后，只有在报道这名犯有刑事前科人员的姓名还有新闻价值时，才能披露他的姓名。而当一个人服刑完毕，改过自新后，披露他的姓名并将此与他曾经犯下的罪行联系起来的报道，往往不能被

---

① Chris Conley, "The Right to Delete", *AAAI Springy Symposium*: *Intelligent Information Privacy Management*, 2010, pp. 53–57.

② 蔡雄山：《法国互联网个人数据保护对我国启示》，中国信息产业网，http://www.cnii.com.cn/internet/ content/2011 – 07/13/content _ 893633. htm，最后访问日期：2018 年 2 月 5 日。

③ 杨立新、韩煦：《被遗忘权的中国本土化及法律适用》，《法律适用》2015 年第 2 期。

认定为具有新闻价值。① 因此，瑞士法保护的被遗忘权仍是"传统被遗忘权"。

尽管各国、各地区对被遗忘权的态度存在差异，在制定被遗忘权的价值体系、司法制度内容上也有所不同。但是，发展过程中遵循的基本原则是相同的，即通过对已经公开的个人数据信息进行删除，赋予个人不必面对他人披露本人过去的权利，解决互联网的持久记忆带来的侵犯人性尊严问题，使公开的个人信息转化为隐私信息从而被人们所遗忘。②

值得注意的是，探究国外被遗忘权保护的立法与司法经验，并不意味着我国要直接从西方国家移植网络权利领域中被遗忘权的概念。第一，我国不能用传统的线性比较法去借鉴西方的先进经验，我国在互联网领域已经走在世界领先地位，在平台经济、共享经济的发展上已经超过多数西方国家。本着西方的经验可以参考，但不能完全移植权利的原则，我国应该赋予不同于欧美的被遗忘权新内涵。试图找出欧美等发达国家关于被遗忘权制定和应用上的漏洞，确保我国立法时以此为鉴。因此，各国关于被遗忘权的立法只是为我们提供了一个研究的新窗口，但仅停留在该国的大数据时代经济发展水平。我们不能陷入他国的窠臼之中。第二，结合中国社会生活的现实与长远需要，明确我国有将被遗忘权本土化的必要性。对内而言，在注重经济发展的同时，要保证公民的人性尊严不受侵犯，保障公民网络信息安全，在个人信息公开化的同时减少个人隐私泄露的可能性；对外而言，各国会通过我国个人信息保护标准来决断是否限制国家间的跨国信息流动。如果我国没有完善的个人信息保护法律体系，会受到国内基本人权和国外贸易壁垒的双重压力。因

---

① Franz Werro, "The Right to Inform v. the Right to be Forgotten: A Transatlantic Clash", *Georgetown University Center for Transnational Legal Studies Colloquium*, Vol. 2, 2009, p. 291.

② Meg Leta Ambrose, It's About Time: Privacy, Information Life Cycles, and the Right to Be Forgotten, *Stanford Technology Law Reviews*, Vol. 16, 2013, p. 371.

此，我国需要通过立法明确被遗忘权的保护，既不完全移植欧盟过高标准的价值理念，也不完全赞同美国完全依靠行业自律保护个人信息。我国可以有限度地引入西方的被遗忘权，创设有中国特色的个人信息保护法，以保障数据主体被遗忘权的实现。①

---

① 万方：《终将被遗忘的权利——我国引入被遗忘权的思考》，《法学评论》2016年第 6 期。

第 五 章

我国被遗忘权保护的路径选择

第一节　我国被遗忘权保护的现实基础

一　我国被遗忘权保护的立法基础

我国在互联网领域已经达到世界领先水平，在平台经济、共享经济的发展上已经超过许多西方发达国家，但在个人信息保护方面的立法却与经济发展脱节。我国是否创设被遗忘权，可以从现行法律能否全面保护公民个人信息的角度分析。倘若我国现有法律规定足够保障公民个人信息安全，那么被遗忘权的创设则略显多余，然而事实并未如此。目前为止，我国关于个人信息保护已经有将近 40 部法律、30 部法规和 200 余部部门规章。但是，仍然没有专门性的个人信息保护法，现有法律中也没有明确将被遗忘权上升为基本权利。欧美等国的公民已经被赋予被遗忘权，享有个人信息的保护，反观我国却处于个人隐私保护的萌芽阶段。

（一）我国被遗忘权保护的既有立法

1. 民商法领域

2010 年实施的《侵权责任法》第 36 条规定了互联网用户、网络服务运营商的侵权责任，通过"避风港条约"保护网络服务运营商；《侵权责任法》第 61 条、第 62 条规定：医疗机构、医务人员关于患者个人数据保护的责任等相关内容，但该法仅对特殊个人信息的保护作出规定，没有对一般个人信息作出保护。2017 年出台的《电子商务法（草案）》专节规定电子商务领域个人信息保护。

2. 经济法领域

2012 年，全国人大常委会通过《关于加强网络信息保护的决定》，第 8 条规定："公民发现泄露个人身份、散布个人隐私等侵害其合法权益的网络信息，有权要求网络服务提供者删除有关信息或者采取其他必要措施予以制止。"该条款确定了信息主体的权利和网络服务运营商的义务，旨在维护网络信息安全，保障公民、法人和其他组织的合法权益。尽管首次认同了隐私权是公民基本权利，全国人大颁布的决议也同法律有一样的效力，但决议不是真正的法律，也不能完全做到对被遗忘权的立法保护。2013 年修订的《消费者权益保护法》确定了消费领域个人信息保护，确立个人信息侵权的救济机制。

3. 刑法领域

个人信息保护在我国刑法领域的法律规定具体包括两方面，即刑法法律条文和司法解释。第一，刑法法律条文。2009 年，《刑法修正案（七）》第 253 条增加了出售、非法提供公民个人信息罪名和非法获取公民个人信息罪名的内容，这是我国初次将个人信息买卖入刑。2009 年 10 月，最高人民法院、最高人民检察院在《确定罪名补充规定（四）》实施中明确两项罪名名称。2015 年，《刑法修正案（九）》确立侵犯公民个人信息罪，扩大犯罪主体范围。其中，第 246 条第 3 款规定，通过信息网络公然侮辱他人或者捏造事实诽谤他人，被害人向人民法院告诉，但提供证据确有困难的，人民法院可以要求公安机关提供协助。第 286 条："网络服务提供者不履行法律、行政法规规定的信息网络安全管理义务，经监管部门责令采取改正措施而拒不改正，致使用户信息泄露，造成严重后果的，处三年以下有期徒刑、拘役或者管制，并处或者单处罚金。"这两次修正都在一定程度上为个人信息权的确立和保护提供了刑法上的依据。第二，司法解释。2013 年，最高人民法院、最高人民检察院发布《关于办理利用信息网络实施诽谤等刑事案件适用法律若干问题的解释》，第 1 条将捏造损害他人名誉的事实，在信息网络上散布，或者组织、指使人员在信息网络上散布的行为，以及将数据主体发布的原始信息内容篡改为损害他人名誉的事实，在网络上传播的行为认定为"捏造事实诽谤他人"；2014 年，最高人民法院《关于审理利用信息网络侵害人身权益民事纠纷案件适用法律若干问题的规定》，明确网络服务运营商的义务；2014 年，最高人民法院《关于审理利用信息网络侵害人身权益民事纠纷案件适用法律若干问题的规定》第 12 条：对网络用户或者网络服务提供者利用网络公开自然人基因信息、病历资料、健康检查资料、犯罪记录、家庭住址和私人活动等个人隐私和其他个人信息，造成他人损害，被侵权人请求其承担侵权责任的。

4. 行政法领域

个人信息保护在我国行政法领域的法律规定具体包括三个方面，即行政法律、行政法规及部门规章。第一，全国人大及其常委会制定的行政法律。2003 年通过的《居民身份证法》第 6 条、第 17 条规定涉及个人信息保护，公安机关及人民警察知悉个人身份证信息应予以保密，否则追究刑责。[①] 第二，行政法规。2013 年国务院颁布的《征信业管理条例》和 2015 年颁布的《地图管理条例》提出在信息服务行业和地理产业的个人信息保护。第三，部门规章。2006 年《互联网电子邮件服务管理办法》第 9 条，关于个人的姓名、地址等通信资料，服务提供者有保密义务；2012 年国家质量监督检验检疫总局、国家标准化管理委员会推行的《信息安全技术公共及商用服务信息系统个人信息保护指南》；2013 年实施的《信息

---

① 陈海帆、赵国强：《个人资料的法律保护——放眼中国内地、香港、澳门及台湾》，社会科学文献出版社 2014 年版，第 307 页。

安全技术公共及商用服务信息系统个人信息保护指南》规定："当个人信息主体有正当理由要求删除其个人信息时，及时删除个人信息。"该规定可以视为《网络安全法》删除权的初始形态；2013年印发的《医疗机构病例管理规定》规定：医疗机构及其医务人员严禁泄露个人医疗信息，保护患者隐私；2013年，工信部推行的《电信和互联网用户个人信息保护规定》；2014年国家工商行政管理总局推行的《网络交易管理办法》分别提出各部门关于个人信息保护的规定，强调了国家对个人信息保护的重视；2016年实施的国家网信办提出的《互联网信息搜索服务管理规定》第6条规定：网络服务提供商建立信息安全管理制度，提供技术支持。值得注意的是，2017年12月正式发布，于2018年5月实施的《信息安全技术个人信息安全规范》，一方面，规定了个人信息更正权，即数据主体有权将错误或不完整的信息进行更正；另一方面，规定个人信息删除权，即个人信息控制者违反法律或约定使用个人信息，或向第三方共享、转让个人信息，或未经同意擅自披露个人信息时，数据主体有权要求删除。这已经诠释了被遗忘权的初始含义。

（二）我国被遗忘权保护的最新立法

1.《网络安全法》

2017年正式实施的《网络安全法》专章规定网络信息安全，较为全面地明确了网络运营者的法定义务和网络用户个人信息权利。其中，第41条规定："网络运营者收集、使用个人信息，应当遵循合法、正当、必要的原则，公开收集、使用规则，明示收集、使用信息的目的、方式和范围，并经被收集者同意。"那么，如果网络运营商收集、使用的信息已经过时、不相关或不再相关时，就没有继续储存该信息的意义，这与被遗忘权的基本理念相一致。第43条规定："个人发现网络服务提供者违反法律、行政法规的规定或双方约定收集、使用个人信息的，有权要求删除其个人信息，发现有错误的有权要求网络运营中更正。网络服务提供者应采取措施删除或更正。"尽管该规定中的删除权删除范围十分有限，但在一定程度上反映了被遗忘权的保护理念。①

2.《民法总则》

2017 年 10 月起施行的《民法总则》第 111 条规定："自然人的
个人信息受法律保护。任何组织和个人需要获取他人个人信息的，
应当依法取得并确保信息安全，不得非法收集、使用、加工、传输
他人个人信息，不得非法买卖、提供或者公开他人个人信息。"该条
款首次确立了与个人信息权相关的保护条款，为制定统一个人信息
保护法奠定了基础。

3.《关于办理侵犯公民个人信息刑事案件适用法律若干问题的
解释》

2017 年，最高人民法院、最高人民检察院发布《关于办理侵犯
公民个人信息刑事案件适用法律若干问题的解释》，为依法惩治侵犯
公民个人信息犯罪活动，保护公民个人信息安全和合法权益提供依
据。其中，第九条提出"网络服务提供者拒不履行信息网络安全管
理义务，致使用户的公民个人信息泄露，将以拒不履行信息网络安
全管理义务罪定罪处罚"。该法条将网络运营商的义务法定化，为被
遗忘权的行使创造了有利条件。

4.《未成年人网络保护条例（草案）》

我国立法机关也着手对未成年人被遗忘权的保护进行相关立法。
2016 年 10 月，国家互联网信息办公室发布了关于《未成年人网络
保护条例（草案）》的征求意见稿。旨在营造健康、文明、有序的
网络环境，保障未成年人网络空间安全，保护未成年人合法网络权
益。其中，第 18 条规定："未成年人或其监护人要求网络信息服务
提供者删除、屏蔽网络空间中与其有关的未成年人个人信息的，网
络信息服务提供者应当采取必要措施予以删除、屏蔽。"这在一定程
度上，规定了未成年人的被遗忘权。

---

① 齐爱民：《论大数据时代数据安全法律综合保护的完善——以〈网络安全法〉为
视角》，《东北师大学报》（哲学社会科学版）2017 年第 4 期。

5. 《个人信息保护法》的起草

如果公民个人在现实世界或网络世界活动，那么个人数据就很容易被他人收集、储存和处理，其中以政府机构尤为突出。而《个人信息保护法》的制定相当于给数据运行指出正确的"交通规则"。2003 年，国务院委托专家研究个人数据保护法的立法；2006 年，由中国社会科学院专家拟定《中华人民共和国个人信息保护法（专家建议稿）》，把被遗忘权上升为一项权利[1]；2006 年民建党在全国政协上提交《个人信息数据保护法的提案》；2017 年，全国人大代表、全国人大常委、财经委副主任委员吴晓灵，全国人大代表、中国人民银行营业管理部主任周学东以及 45 位全国人大代表提交《关于制定〈中华人民共和国个人信息保护法〉的议案》，旨在加快推进我国制定《个人信息保护法》的步伐。然而，《个人信息保护法》相关立法建议稿仍存在不足，规定相对模糊，具体表现为如下四个方面：第一，建议稿中已经规定的个人信息无论是列举式、还是排他式，制定都较为模糊。例如身份证号码受保护，但并未说明护照号码、驾驶证号码等信息是否也同样受到保护。第二，法案并未明确约束哪些人。《刑法修正案（九）》约束的是国家机关或金融、电信、交通、教育、医疗等单位及工作人员，而专家建议稿中约束的是政府机构和其他个人信息处理者，并未涵盖立法机关和司法机关。[2] 第三，法案并未明确规定个人有哪些权利。如个人数据处理是否需要征得同意？或目的合法即可；个人是否有权从数据处理的财产收益中获利？个人是否有权了解数据处理情况，要求改正或停止数据使用？第四，法案并未明确规定遵守哪些规则。部分专家建议制定行为规则，部分专家提出增设专门数据保护机构，最终并没有明确的统一意见。

---

① 周汉华：《中华人民共和国个人信息保护法（专家建议稿）及立法研究报告》，法律出版社 2006 年版，第 1—3 页。

② 齐爱民：《私法视野下的信息》，重庆大学出版社 2012 年版，第 135—136 页。

从我国被遗忘权保护的立法基础来看，全社会和立法者对被遗忘权的保护日益重视，个人信息概念、基本原则、相关权利等框架性内容已经达成共识。然而，尽管我国现有法律对被遗忘权已经有所体现，但是仍然需要进一步在立法和司法上得以明确。不足之处包括以下六个方面：第一，我国现有立法（《网络安全法》第43条、《民法总则》第111条）偏向于"删除权"，规定只有在"违反法律规定"时才能删除信息，个人没有权利自行决定信息何时、何地、通过何种方式被收集、储存、处理的控制权。规定指出，医疗机构不得将提供服务过程中获取的公民个人信息出售给商家，但相关行政法规只规定了病历保密，没有规定姓名、电话保密，如医疗机构将上述信息出售给商家，该行为是否为违法行为，尚需探讨。其实，被遗忘权立法可以参考"信息自主权"的设定，即个人对信息的控制权，但不能完全等同于"信息自主权"。第二，立法分散，条文规定缺乏体系性，没有统一的保护规范。网络运营和在线服务中用户的个人信息被不当收集、使用、处理的现象比比皆是，但我国没有关于个人信息保护的专门法律，仍处于学者、专家建议稿的阶段。第三，部门规章居多，缺乏对信息主体权利体系的法律架构，部门规章保护力度不足，效力位阶低。第四，仅有针对特定行业的规章制度，缺乏统一的保护规范。例如"出售、非法提供公民个人信息罪和非法获取公民个人信息罪"，限制了国家机关、金融、电信、交通、教育、医疗等单位及其工作人员的行为，但像公众传媒这样的单位进行数据处理不受该罪限制，出现法律空白。第五，个人信息保护理念滞后，保护力度不足，亟待构建个人信息权利体系，缺乏国家强制性标准，目前仅限于行业自律。第六，个人信息监管机制不明，相关制度难以有效执行。没有独立的个人信息保护办公机构或信息私隐专员公署等执行机构，使个人信息保护规定形同虚设。因此，个人信息保护权益需要在专门的法律中加以明确规定。

二　我国被遗忘权保护的司法实践

（一）我国被遗忘权第一案的案情

2015 年 12 月，北京市海淀区法院审结任某诉北京百度网讯科技有限公司侵犯其名誉权、姓名权和一般人格权案。原告任某在百度搜索引擎中输入自己的姓名后，在点击搜索键之前，搜索栏下方出现的"相关搜索"列表中显示"陶氏教育任某""国际超能教育任某"等关键词。任某认为陶氏教育的业界名声并不好，并且 2014 年她已经与无锡陶氏生物科技有限公司解除劳动关系，而百度公司公开将其姓名与陶氏教育联系在一起，会误导公众以为她还在陶氏教育上班。任某担心陶氏教育的负面信息会影响到她的工作、未来就业及日常生活。任某在多次向百度公司主张删除该"相关搜索"无果后，遂向法院起诉，主张百度公司侵犯其名誉权、姓名权和一般人格权（被遗忘权）。对此，海淀区法院作出了判决，裁定驳回原告的全部诉讼请求。任某不服该判决，遂上诉至北京市第一中级人民法院。二审法院裁定驳回上诉，维持原判。

该案法官作出驳回原告诉求的裁定，包括三方面的原因：其一，"相关搜索"栏中出现的关联词不是百度公司人工设置的，而是通过采集一段时间内的高频词后，由系统自动生成。这种自动生成的数据不存在对原告侮辱、诽谤的侵权故意，故而百度公司没有侵犯原告的名誉权。[①] 其二，任某的名字在搜索引擎中是一串字符组合，并无姓名的指代含义。因此，百度公司的技术中立不存在干涉、盗用、假冒他人姓名的行为，没有侵犯原告的姓名权。其三，我国现有法律规定中并无被遗忘权的权利类型，个人无权删除由他人控制的个人信息，只能将被遗忘权归入一般人格权的抽象保护中。但是，任某主张"被遗忘"的信息不具有"利益正当性"和"受保护必要

---

① 陈昶屹：《现有法律体系下"被遗忘权"案件的审理思路及保护路径——从我国"被遗忘权第一案"说起》，《法律适用》2017 年第 2 期。

性"的双重要件，所以法院不予支持。

法官在论证思路上，主张公众知情权优先于原告的被遗忘权。他认为公众有知晓原告工作经历的客观必要性，原告主张删除相关信息的行为不具有正当性和必要性。但有学者提出，法官以公众知情权具有优先性而否定原告的被遗忘权，在理论依据上并不充分，在法律解释上过于保守①，主要原因有以下两点：其一，公众知情权并非必然优于被遗忘权。"冈萨雷斯案"中，欧洲法院主张《欧盟基本权利宪章》中的基本权利优先于公众知情权，即隐私生活和个人数据保护相对于公众知情权具有优先性。实际上，欧洲法院也是通过对隐私生活和个人数据的保护实现对被遗忘权的保护。② 其二，维护公众知情权与百度公司删除"相关搜索"中的关联词并不冲突。该案与"冈萨雷斯案"中原告的诉求不同，任某既没有要求搜索引擎删除新闻报道的原始链接，也没有要求搜索引擎断开搜索结果中的相关链接，而只是要求搜索引擎删除"相关搜索"中的关联词。删除"相关搜索"中的关联词并不会影响用户通过网页进行检索，也不会影响搜索引擎搜集信息的能力，仅是"相关搜索"中的关键词不将"任某"和"陶氏教育"放在一起，这种诉求具有合理性。因此，原告主张的被遗忘权与公众知情权没有巨大冲突。

（二）我国被遗忘权第一案的启示

本案裁定在既没有民法条文的明确规定，又无最高人民法院司法解释的情况下，法官采取谨慎的态度，不敢任意对一般人格权进行扩张解释，以没有明确的法律规定为由，裁定原告败诉。这是由于我国的法官不享有法定的解释权，只有最高法院才有司法解释的权力，而法官突破法条的解释可能会带来风险。如果法律中找不到

① 段卫利：《论被遗忘权的司法救济——以国内"被遗忘权第一案"的判决书为切入点》，《法律适用》2017年第16期。
② 周辉：《欧盟"被遗忘"第一案概要》，《网络法律评论》2015年第2期。

对应法条或者法条过于抽象，就会导致法官倾向于采取消极拒绝的态度。该案对我国的被遗忘权保护产生了一定的启发作用，具体包括以下两方面：第一，我国应该尽快将被遗忘权法定化，制定具体、明确的法律规定，既可以通过法律衔接将被遗忘权的法律规定明晰化，对《人格权法》《网络安全法》和《侵权责任法》等现有法律进行扩张解释，也可以通过直接路径制定《个人信息保护法》，保证被遗忘权的行使。第二，最高人民法院对《民法总则》第 111 条作出明确的司法解释，确立与个人信息权相关的保护条款，赋予信息主体明确的被遗忘权，为制定统一个人信息保护法奠定基础。希望我国的被遗忘权在未来的司法实践中，不会再以法律无明确规定为由忽视个人的信息自主权。

第二节　我国被遗忘权保护的应然选择

博登海默说过："法律的基本作用之一乃是使人类为数众多、种类纷繁、各不相同的行为与关系达致某种合理程度的秩序，并颁布一些适用于某些应予限制的行动或行为的行为规则或行为标准。"[①] 被遗忘权的实现需要在法律上对它保护，在理论上有充分的依据和可行性。由于网络信息技术的发展，人类进入信息时代，个人数据信息化带来便利的同时也导致新问题的产生。如果需要强化公民个人信息的保护力度，则有必要将被遗忘权法定化。设置被遗忘权的法律救济保护机制可以分为"事前"的立法模式选择，"事中"的司法实践针对不同的权利主体行使不同的删除范围，"事后"的专门机构进行监督保障体制。

---

① ［美］E. 博登海默：《法理学——法律哲学与法律方法》，邓正来译，中国政法大学出版社 1999 年版，第 68 页。

一　我国被遗忘权保护的立法模式

（一）折中模式

被遗忘权保护的折中办法是通过法律衔接，对《人格权法》《网络安全法》《侵权责任法》等现有法律进行扩张解释。

第一，在《人格权法》中，将个人信息权确定为具体人格权，而被遗忘权归于个人信息权之中。由于被遗忘权尚无司法和理论的准备，被遗忘权不能被确定为具体人格权。被遗忘权是信息保护的手段，被遗忘权可以纳入个人信息权之中。[1] 值得注意的是，我国的个人信息权与美国的隐私权、德国的信息自主权并不完全相同。一方面，个人信息权不受美国"隐私权"的限制。美国对个人信息权的保护是通过对隐私权概念的不断扩张而达到的，很多其他基本权利也是采用隐私权扩张的方式给予保护的。但我国的权利谱系与美国不同，无法使用隐私权保护个人信息权；另一方面，个人信息权也不完全等同于德国"信息自主权"。个人信息权是针对数据控制者对个人信息的"信息化处理"的控制权，不是针对"个人信息"的控制权。个人生活在社会中，个人信息基本无法完全被个人所控制，也不应当完全由数据主体自己控制，需要与周围的人和事发生关联、生成信息，从而形成个人的社会存在。而源自于德国法"信息自主权"，定义为个人遵循法律控制自己的个人信息并决定是否被收集和使用的权利，与个人信息权存在交叉，却不能等同。这是由于数据的收集、使用或处理时不得盲目扩大数据主体权利的范围，应与数据控制者相互制衡。可见，我国的个人信息权在法定化的过程中，应该制定明确、全面的法律规定，不能直接移植美国的"信息隐私权"和德国的"信息自主权"。

第二，《侵权责任法》进行扩张解释。一方面，应该扩大义务主体、客体范围。《侵权责任法》第36条规定："网络用户利用网络服

---

[1]　郑志峰：《网络社会的被遗忘权研究》，《法商研究》2015 年第 6 期。

务实施侵权行为的，被侵权人有权通知网络服务提供者采取删除、屏蔽、断开链接等必要措施。"笔者认为，《侵权责任法》调整的义务主体、客体范围不应该局限于此。义务主体规定的"网络用户"可以扩大为"网络用户和网络服务运营商"；客体规定的"侵权信息"可以扩大为"用户自己发布的信息，以及他人发布的与用户有关的信息"；另一方面，将被遗忘权保护确认为特殊侵权行为，应该加重个人数据控制者的责任。将原有的一般侵权责任中数据主体的举证，更改为举证责任倒置，由数据控制者按照无罪推定原则进行举证，需要证明自身对信息进行合理使用。这是由于数据主体和数据控制者的地位不平等，按照之前的过错责任原则会加重数据主体的举证责任和维权成本。①

第三，《网络安全法》进行扩张解释。《网络安全法》第43条的规定偏向于"删除权"，规定只有在"违反法律规定"时才能删除信息，个人没有权利自行决定信息何时、何地、通过何种方式被收集、储存、处理的控制权。其实，被遗忘权立法可以参考"信息自主权"的设定，即个人对信息的控制权。它赋予个人不必面对他人披露本人过去的权利，尤其当披露的过去数据与现在的个人想法不再相关，但不能完全等同于"信息自主权"。那么，该条款可以将适用条件从"违反法律规定"修改为"数据主体享有对于互联网上的已经公开的、不适当的、不相关的或不再相关的、过时的个人数据进行删除或者隐藏的权利"。被遗忘权为人们控制自己的数据提供了一种新的方式。

（二）直接模式

为了全面保护公民的个人信息，维护人性尊严，保护公共安全，回应法治社会的建设需求，我国需要通过直接制定《个人信息保护法》的路径确立被遗忘权。制定《个人信息保护法》的必要性，具

---

① 谢远扬：《信息论视角下个人信息的价值——兼对隐私权保护模式的探讨》，《清华法学》2015年第3期。

体包括以下几个方面：其一，被遗忘权保护的最佳办法是制定全国通用的、保护公民被遗忘权的法律，不受企业地理位置的影响。对比欧盟的综合立法模式和美国的分别立法模式，综合立法模式更加具有优势，在司法实践中更有利于保护个人信息。个人信息具有丰富性，囊括了大量无法归入人格权法中的技术性规定，需要在人格权法之外制定特别法的形式来保护。可见，对被遗忘权进行综合立法有利于保护公民的个人信息。其二，依照全球的趋势应当制定专门的个人信息保护的法律。针对我国的基本国情，将被遗忘权所保护的实质利益以法条的形式法定化，制定具体的实施细则。欧洲国家中，以德国为例，通过一般人格权的扩张来保护具体人格权。德国法律善于将一般人格权通过推演解释来保护公民的被遗忘权。而美国是通过对隐私权的扩张实现对被遗忘权的保护。但在我国，一些新兴权利的保护是通过具体人格权的扩张来实现的。所以，在具体实质内容上，不同于欧美国家的路径，我国立法讲究的是具象化思维。如果法律中找不到对应法条或者法条过于抽象，则会导致法官倾向于采取消极拒绝的态度。因此，建议制定《个人信息保护法》，将被遗忘权确定为依附于个人信息权的基本权利实施保护。

二 我国被遗忘权保护的构成要件

无论被遗忘权采取折中的保护办法进行法律衔接，对《人格权法》《网络安全法》《侵权责任法》等现有法律进行扩张解释，还是采取直接路径制定《个人信息保护法》，前提是明确界定被遗忘权的权利构成，只有这样才能为立法作出明确的方向指引。

（一）权利主体

权利主体，指数据主体，即产生个人信息的自然人。具体构造权利主体时，应当对已有的立法框架进行延伸，区分不同的数据主体享有的权利限制范围。通过限制政府官员、公众人物的被遗忘权，能够对未成年人、被害人的被遗忘权进行特殊保护，行使不同程度删除，实现数据隐私保护的标准统一。因此，我们将信息主体分为一般主体和特殊主体。

第一，一般主体是"普通个人"，指自然人中既不是强势主体中的政府官员或公众人物，也不是弱势群体中的未成年人或被害人。

第二，特殊主体包括强势群体和弱势群体。其一，强势群体包括：政府官员、一般公众人物和有限公众人物。（1）政府官员，指隶属于政府雇员的层次结构，并且在政府工作事务中对公众有实质性的责任，或岗位有明显的重要性对公众个人利益的个体。（2）公众人物分为一般公众人物和有限公众人物。一般公众人物指社会名流，或者非常出名的个体；而有限公众人物是指自愿陷入公众争议中，并且在解决公众问题时起到重要作用，而成为一定范围内的公众人物。其二，弱势群体包括：未成年人和被害人。（1）未成年人，明确规定为不满 18 周岁的我国公民，对于不满 13 周岁的未成年人的个人信息要给予重点保护。（2）被害人，狭义指人身权利、财产权利或其他合法权益受到犯罪行为直接侵害的人。笔者从广义的角度来看，一方面包括刑事诉讼案件中人身权利、财产权利或其他合法权益受到犯罪行为直接侵害的被害人；另一方面包括民事诉讼案件中，婚姻家庭纠纷案件的当事人，即婚姻关系的成立或解除、夫妻共同财产和债务的分割、家庭成员的赡养与抚养，以及收养或继承的一方当事人。其实，这种划分方式有其必要性，具体包括以下几个方面。

首先，政府官员和公众人物的被遗忘权。第一，美国诽谤法中公认的一条原则为"政府官员基于'职务'要接受公民的监督和评议"，所以这一主体承担了沉重的举证责任。在美国，公众人物和政府官员与普通人相比，名誉保护受到极大限制。[①] 对公众人物的调查显示，名人受到损害赔偿的门槛很高。第二，尽管欧洲有关诽谤案的言论自由的发展远不及美国，但欧盟委员会第 29 条工作小组对"冈萨雷斯案"的执行分析中也曾提出：政客、高级官员和商业大亨

---

① 刘青杨：《公众人物名誉权研究》，博士学位论文，黑龙江大学，2016 年。

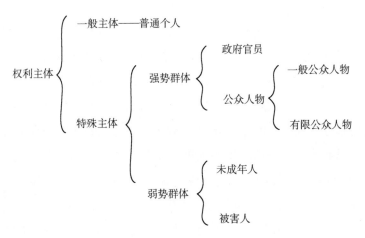

图 5-1 被遗忘权的权利主体分析图

行使被遗忘权受到限制。著名的"卡洛琳案"是"公众人物抗辩"
的代表性案件。德国某媒体公司曝光摩纳哥公主卡洛琳的私人生活
照片,随后卡洛琳向德国法院提起诉讼。法院主张卡洛琳作为公众
人物,他人可以发布与其生活相关的照片。可见普通个人与政府官
员、公共人物之间的被遗忘权的权利范围存在区别,这种差别对待
平衡了数据主体的隐私权与表达自由权的关系。在英国,公众人物
渴望出台颁布"超级禁令"阻挠媒体报道他们,如讨论他们的性丑
闻。该禁令明确出台后,法律保护范围仅限为私生活中与公众利益
无关的隐私。第三,我国公民享有言论自由的基本政治权利,公民
享有遵循个人意愿发表想法、意见的权利,且这些想法、意见不受
政府的审查和限制,更不需要担忧遭受政府的报复。另外,我国
《宪法》第 41 条规定:公民对于任何国家机关和国家工作人员,有
提出批评和建议的权利,但是不得捏造或者歪曲事实进行诬告陷害。
因此,笔者的建议是,我国被遗忘权适用时应该借鉴其他国家区分
的被遗忘权主体的基础上,限缩公职人员、公共人物被遗忘权适用
范围。这是因为,如果信息不实,政府官员和公众人物可以通过社
会地位、财政资源和政治敏锐度来还原事实真相,而被侵权的普通
个人,在网络的大肆传播下很难恢复名誉。因此,政府官员、公众

人物的被遗忘权保护应该与普通个人不同，应该制定严格的限制标准，防止政府官员和公众人物利用被遗忘权掩藏其不光彩的过去。

其次，未成年人的被遗忘权。第一，与隐私权保护相比，美国更倾向于保护表达自由权[1]，但是对未成年人被遗忘权的保护则打破原有倾向，在专门保护未成年人的法律中规定未成年人的被遗忘权。2013 年的美国加州第 568 号法案就属于这种典型的"单列模式"，对应的欧盟的保护属于"混合模式"。美国加州第 568 号法案的第二部分（即第 22581 节）赋予了加州不满 18 周岁的未成年人享有永久删除其在网站或其他在线服务上的个人数据的权利。[2] 第二，欧盟在 2016 年《通用数据保护条例》序言第 38 段中提到，未成年人的个人数据值得给予特殊保护。另外，欧盟第 29 条数据保护工作小组在 2014 年作出了"关于冈萨雷斯案的执行意见"，其中删除标准中提到，如果数据主体发布信息时年龄不满 18 周岁，那么欧盟数据保护主管机关（DPAs）有权将相关的信息数据移除。而实现未成年人的最大利益会被欧盟数据主管机关（DPAs）所重点考虑的原因在于，早在《欧盟基本权利宪章》第 8 条以及第 24 条中，就对未成年人的个人信息保护和利益最大化原则作出了原则性规定。第三，根据中国互联网络信息中心《第 41 次中国互联网络发展状况统计报告》，截至 2017 年 12 月，我国 19 岁以下的青少年上网人数高达 1.77 亿，10 岁以下的未成年人上网人数达到了 0.25 亿。根据中国互联网络信息中心《2015 年中国青少年上网行为研究报告》，我国未成年网民规模早已突破 1.34 亿人。伴随着未成年网民数量的持续增加，未成年人的个人数据安全问题也日益凸显。值得庆幸的是，我国现行的法律对于未成年人被遗忘权的重点保护提供了一定的法律基础。

---

[1]　Michael L. Rustad, Sanna Kulevska, "Reconceptualizing the Right to Be Forgotten to Enable Transatlantic Date Flow", *Harvard Journal of Law and Technology*, Vol. 28, 2015, p. 399.

[2]　James Lee, "SB 568: Does California's Online Eraser Button Protect the Privacy of Minors?", *University of California*, *Davis Law Review*, Vol. 48, 2015, p. 1176.

（1）未成年人被遗忘权在宪法上有一定依据。我国《宪法》第33条关于国家尊重和保障人权的规定，第38条关于公民的人格尊严不受侵犯的规定，第40条关于公民的通信自由和通信秘密受到法律保护的规定，第46条关于青年、少年、儿童全面发展的权利的规定，第49条关于儿童受到国家保护的规定，都在一定程度上为未成年人被遗忘权的确立和保护提供了宪法上的依据。（2）未成年人的被遗忘权在部门法上也有一定的依据。2006年修订的《未成年人保护法》第58条，在不得披露可能推断出未成年人的资料的主体之中，增加了"网络"这一媒体。[①] 2011年通过的《刑法修正案（八）》第19条增加1款作为刑法第100条之第2款，免除了被判处五年有期徒刑以下刑罚的未成年人的前科报告义务。2012年修订后的《刑事诉讼法》第275条规定了未成年人的犯罪记录封存制度。（3）新近实施的《网络安全法》在一定程度上确立了被遗忘权。2017年6月1日正式实施的《网络安全法》第13条、第43条的规定在一定程度上体现了未成年人的遗忘权，但是其删除范围依然十分有限。值得注意的是，我国现有法律虽然对被遗忘权已经有所体现，但是其仍然不够明确，需要进一步在立法和司法上得以明确，同时对于未成年人的被遗忘权益在专门的未成年人网络保护法律中加以明确规定。第四，作为弱势群体的未成年人，被遗忘权优先、重点保护的正当性在于：一方面，未成年人心智不成熟，容易发布一些不谨慎的个人信息。大部分未成年人社会心理的发育刚刚开始，他们在自我反思之前就已经开始自我展现。[②] 使未成年人可以便利地删除其发布的个人信息可以为其未来的生活提供良好的机会；另一方面，以信息自主作为相对优先的理念，来保护未成年人的被遗忘权可以

---

① 刘德良、杨飞：《网络时代的法律保护》，法律出版社2013年版，第111页。

② Brian Geremia, "Chapter 336: Protecting Minors' Online Reputations and Preventing Exposure to Harmful Advertising on the Internet", *McGeorge Law Review*, Vol. 45, 2013, p. 439.

改变未成年人的网络画像，为未成年人在升学、应聘时树立良好的形象。人事部门在招聘时，会通过关注应聘者的社交网络来寻找他们的不良记录（包括酗酒、吸毒等）或者发布的歧视性评论，作为不雇用他们的证据。① 在学生升学方面，学校的招生部门会通过申请者在社交媒体上留下的信息，来决定同意或是拒绝申请者的入学申请。因此，未成年人的被遗忘权理应享有特殊保护。

最后，被害人的被遗忘权。我国的裁判文书在互联网上公开时，具有"可识别性"的个人信息可能对被害人造成损害。2016 年通过的《最高人民法院关于人民法院在互联网公布裁判文书的规定》第8 条规定，人民法院在互联网公布裁判文书时，对刑事案件被害人的姓名进行隐名处理；第 10 条规定，网络裁判文书公开应当删除自然人的家庭住址、通信方式、身份证号码、健康状况等个人信息。值得注意的是：其一，裁判文书仅通过保留姓氏，名字以"某"替代的方式，对姓名进行隐名处理，但通过姓氏与案情相互比对也是可以确定当事人的身份的，且会对被害人的个人名誉产生消极影响。尤其是强奸罪、强迫卖淫罪、引诱幼女卖淫罪、猥亵儿童罪，以及强制猥亵、侮辱妇女罪等性犯罪的被害人，对其个人信息的公开即使能预防、打击性犯罪，也相当于对被害人及被害人家属的二次打击。其二，不论案件是何性质，被害人的隐私并不在公众知情权的范围。仅公开姓名一般是不构成侵权行为的，但以网络公开婚姻家庭纠纷案件的裁判文书为例，个人信息被暴露于大众视野之下，公众可能会以自身公序良俗的视角去分析解读，网络舆论的导向一旦指向某一方，则会形成巨大的精神压力。所以，公开当事人一方的姓名、身份证号码以及其他个人隐私信息，可能加剧网络暴力事件的升级。因此，被害人的被遗忘权理应享有特殊保护。

---

① Brian Geremia, "Chapter 336: Protecting Minors' Online Reputations and Preventing Exposure to Harmful Advertising on the Internet", *McGeorge Law Review*, Vol. 45, 2013, p. 440.

（二）义务主体

在个人数据信息化的时代，人人都站在被遗忘权的立场上：非政府组织、国际组织、私营公司、个人、媒体和政府都参与了关于信息自主、言论自由和获取信息的争论之中。他们有时作为决策者，有时作为被动的参与者。因此，明确划分被遗忘权的义务主体对立法具有方向性的指引作用。

被遗忘权的义务主体可以包括所有的数据控制者，指除信息主体以外，对个人信息进行处理的自然人、法人以及其他组织。2017年3月，全国人大代表提交《关于制定〈中华人民共和国个人信息保护法〉的议案》。参考专家提交的《中华人民共和国个人信息保护法（草案）》，可以将被遗忘权的义务主体分为"公共机构"和"私人主体"。公共机构，也称作"国家机关信息处理主体"，是指为履行职责或接受其他权力机关的委托可以依法收集个人信息的国家机关。私人主体，也称作"非国家机关信息处理主体"，是指为了商业目的或其他职业目的收集、处理和利用个人信息的自然人、法人或其他信息处理主体，包括传统的电信运营商、互联网时代的社交网络服务商和上传他人个人信息的网络用户。无论是"公共机构"还是"私人主体"，都要承担删除或隐藏的义务，删除权利主体在互联网上已经公开的、不适当的、不相关的或不再相关的、过时的个人信息。据此，我国被遗忘权的数据控制者分为"公共机构"和"私人主体"。

（三）权利客体

欧盟的被遗忘权既针对已经公开的个人信息，也针对未公开的个人信息。那么，未公开的个人数据是否属于我国被遗忘权的范围值得进一步分析。我们将未公开的信息分为两个方面。其一，浏览器自带记忆功能记录的信息。用户使用浏览器访问网页后自动生成的浏览痕迹。其二，网站提供的储存个人提供的信息。例如邮箱网站提供的十日内免密码登录，或用户在使用网站、在线服务、在线应用、移动应用时注册的个人信息。其实，这些都是信息处理过程中自动化生成的信息，且并未公开，应该划归为隐私权的保护领域，受《侵权责任法》保护。所以，笔者认为未公开的个人信息不受我国的被遗忘权保护。被遗忘权的客体是指互联网上已经公开的、不适当的、不相关的或不再相关的、过时的个人信息。

在讨论我国被遗忘权概念时，澄清被遗忘权主要针对的是已经公开的个人信息。已公开的信息具体包括四个方面：（1）数据主体自己发布在网络上的信息；（2）数据主体自己发布后，被他人复制、转载的信息；（3）他人发布的与数据主体有关的信息；（4）他人发布后，被第三人转载的信息，且该信息与数据主体有关。公民的个人信息是指，与自然人（数据主体）相关的任何信息，参考信息安全标准化技术委员会制定的国家标准——《信息安全技术个人信息安全规范》将"个人信息"定义为，以电子或者其他方式记录的能够单独或者与其他信息结合识别特定自然人身份或反映特定自然人活动情况的各种信息。值得注意的是，他人可以通过参考姓名、身份证号码、位置数据、网络标识或具体到物理、生理、遗传、心理、经济、文化或社会身份中的一个或多个因素而被直接或间接确定数据主体。[①] 可见，他人可以通过一些已经公开的个人信息搭建出数据主体的"人格画像"（profiling）。

如果能够区分个人信息类型决定是否可以收集，也是对数据主体的一种保护方式。笔者建议，一般的个人信息可以收集，但敏感数据不可以收集，特殊数据技术处理后再行收集。具体陈述为以下几个方面：第一，敏感数据不可以收集。数据控制者不可以收集的敏感数据包括与政治观点、宗教信仰、哲学信仰，以及性生活相关的个人信息[②]，一经发现立即行使删除手段。第二，特殊数据技术处理后再行收集。数据控制者需要采用技术措施处理或加密等安全措

---

① 刁胜先：《个人信息网络侵权问题研究》，上海三联书店 2013 年版，第 73 页。

② 王忠：《大数据时代个人数据隐私规制》，社会科学文献出版社 2014 年版，第 25 页。

施后，再进行处理的信息包括：（1）个人生物识别信息。如面部、声音、指纹、虹膜、DNA等。这些信息具有唯一性，滥用会侵害公民的隐私保护，建议通过信息技术保护基因隐私。① （2）身份识别信息。如身份证号码或其他常用的可识别个人信息的号码，确有正当使用情况时可以采取加密手段，隐去中间号段的几位数字。（3）犯罪记录。在犯罪、刑事犯罪判决或保密事务情况下，如果罪犯已经刑期届满则该信息已经过时、不相关或不再相关，则不可再通过搜索引擎查找出信息链接，除非法律或国家机构能提供全面保障。第三，信息收集的例外情形。敏感信息、特殊信息在以下几种情况可以收集、使用或处理，具体包括：（1）数据主体明确表示同意。（2）国家安全机关出于保护国家安全的公共利益作出的个人信息处理。（3）数据主体根据"私人或家庭活动原则"作出的个人信息处理。（4）基于雇佣关系的原因，但信息使用和处理范围也受到限制，需要征得雇员的同意。② （5）基于预防疾病、疾病诊断、理疗互利的原因进行信息收集和处理。（6）基于法律主张的表达、行使和抗辩而进行的数据处理。

（四）权利内容

在综合国外立法经验、我国法律规定以及专家学者意见后，笔者认为符合以下几种条件之一的，可以行使被遗忘权：（a）对于收集和处理数据的目的来说，所收集的个人数据信息不再是必需的；（b）数据存储期限失效或数据存储的期限届满的；（c）数据主体撤销有关数据处理的，或者数据主体拒绝个人信息数据的处理；（d）非法处理个人数据的行为；（e）法院判决或仲裁机构作出的最终判决或裁定。对于被遗忘权，数据主体享有要求数据控制者删除相关个人信息的权利。具体删除的范围能够界定被遗忘权的权利行

---

① 张民安：《公开他人私人事务的隐私侵权——公开他人的医疗信息、基因信息、雇员信息、航空信息及网络的隐私侵权》，中山大学出版社2012年版，第422—424页。

② 同上书，第429—430页。

使的范围，借此体现数据主体的自由意志。据此，笔者提出四种删除方式。

1. 四种删除的定义

针对已经发布的个人信息，谷歌全球隐私顾问皮特·弗莱舍尔（Peter Fleischer）将被遗忘权的删除范围分为三种常见的情节：个人是否有权删除自己发布在网络上的信息？如果自己发布的信息被他人复制、转载，数据主体是否有权删除他人复制、转载的信息？如果他人发布与个人有关的信息，个人是否有权删除该信息？参考他的三级删除的提法，我们按照数据发布的主体——自己或他人，将被遗忘权的删除范围分为四种。

第一种删除，指数据主体有权删除自己发布在网络上的信息。第二种删除，指数据主体有权删除自己发布后，被他人复制、转载的信息。第三种删除，指数据主体有权删除他人发布的与数据主体有关的信息。第四种删除，数据主体有权删除他人发布后，被第三人转载的信息，且该信息与数据主体有关。需要注意的是，针对第一种删除方式，对于数据主体自行发布的个人信息，网络服务运营商应该提供隐藏或删除的服务后，由数据主体自行删除；针对剩下的三种删除方式，对于他人发布或数据主体发布后被他人复制、转载的个人信息，数据主体无法自行删除，可以请求数据控制者隐藏或删除。

2. 四种删除的适用

第一，第一种删除方式的具体适用。如微信用户在自己的朋友圈可以任意删除自己发布的信息，现今几乎所有的在线服务都已经设置删除自己发布信息的功能。而国外 Facebook 已经允许用户永久删除自己的账号，而不再使用原有的"长期不使用的账号无效停用"的方式。[1] 这种新的删除方式，防止他人通过原有账号收集用户的个

---

① Ashley Stenning, "Gone But Not Forgotten: Recognizing the Right to Be Forgotten in the U. S. to Lessen the Impacts of Data Breaches", *University of San Diego School of Law*, Vol. 18, 2016, pp. 157–158.

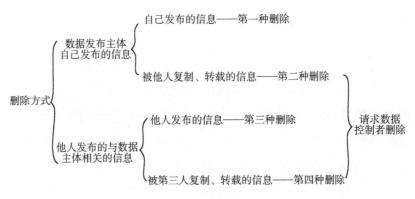

图 5-2　四种删除方式的分析

人信息，制作出用户的"个人轮廓画像"。参考 GDPR 第 17 条规定：
尽管公民自己先将信息公之于众而后又要求网络服务运营商删除，
但欧洲公民有控制个人信息的权利。这种相对宽泛的隐私权赋予数
据主体删除个人已公开信息的权利。所以，第一种删除存在的异议
最小，对表达自由的威胁也最小。① 但公众人物通过删除自己发布的
信息、断开链接的方式，改写了网络记录，特别是发布内容与公众
产生争议的话题。如果这些信息与政府政策相关，删除可能会导致
历史的改写。因此，公众人物仅有权删除与其充当的公众角色无关
的个人信息，公众人物不能要求删除他人发布的与自己社会角色相
关的信息。

　　第二，第二种删除方式的具体适用。微博用户删除自己发布的
信息后，转载的用户在自己原转载信息处可见"抱歉，此微博已被
作者删除"的说明。第二种删除的特殊性表现在：其一，在该方式
没有广泛应用前，如果复制、转载方对于数据主体删除的请求拒绝
或者不回复，只能依靠司法程序维护权益，但这耗时耗力。即便数

---

① Michael L. Rustad, Sanna Kulevska, "Reconceptualizing the Right to Be Forgotten to Enable Transatlantic Date Flow", *Harvard Journal of Law and Technology*, Vol. 28, 2015, p. 390.

据主体可以直接找到管理信息发布的平台，使用相对宽泛的被遗忘权赋予数据主体删除个人已公开信息的权利，但要求平台删除他人复制、转载的个人信息，平台很难在个人信息保护和他人的言论自由之间作出公断。其二，在现实操作中无法做到完全删除。数据主体发布信息后所产生的"数字化足迹"，一旦被第三方标记、圈出、转载或复制就永远无法消除殆尽。一张转载的图片会迅速被闪存驱动器复制，即使不连接网络，在计算机中也有迹可循。因此，在这种情况下针对第二种删除的应用，最好的办法就是每个平台制定自身的管理原则作出决断，是选择让数据主体删除信息保护隐私权，还是出于表达自由权的保护保留信息。

第三，第三种删除方式的具体适用。大数据时代背景之下，网络诽谤比比皆是，"秦志晖诽谤、寻衅滋事案""郭德纲诽谤案"都是要求他人删除网络上发布的不实言论。这种行为破坏网络秩序，在一定程度上也影响了网络用户的习惯性思维。值得注意的是：其一，数据主体仅有权要求发布人删除，无权要求发布信息的网络平台删除。参考新加坡《电子交易法》和《美国通信规范法》（CDA）第 230 条数据主体要求网站删除他人发布的侮辱、诽谤的言论，网站没有义务删除。所以，我国《最高人民法院、最高人民检察院关于办理利用信息网络实施诽谤等刑事案件适用法律若干问题的解释》第 1 条规定，捏造损害他人名誉的事实，在信息网络上散布，或者组织、指使人员在信息网络上散布的行为，以及将信息网络上涉及他人的原始信息内容篡改为损害他人名誉的事实，在信息网络上散布，或者组织、指使人员在信息网络上散布的行为，应当认定为刑法第 246 条第一款规定的"捏造事实诽谤他人"。可见，如果个人有证据证明他人在网络上发布有关自己的信息涉及侮辱、诽谤，那么个人可以要求发布者删除，但网站没有删除义务。尽管这一删除机制费时费力，但公平公正的法律标准长期有效。其二，能否删除他人发布言论，需要平衡公民的隐私权与大众的表达自由权和公众知情权。完全参照欧盟宽泛的被遗忘权不符合我国的基本国情，可以通过划分不同的数据主体适当限缩被遗忘权。如他人发布与社会公众人物和政府官员相关，以及与公众利益紧密相连的信息，数据主体无权删除。但他人在网络上传偷拍普通公民的隐私视频，且未经对方同意，那么数据主体有权要求删除。这是因为如果信息不实，政府官员和公众人物可以通过财政资源、政治敏锐度来还原事实真相，但是类似被上传偷拍视频这样被侵权的公民，在网络的大肆传播下很难恢复名誉。①

第四，第四种删除方式的具体适用。网络的普及，利用互联网发布公民隐私、有诽谤色彩言论的网络诽谤行为时有发生，除了捏造不实信息以外，传播诽谤言论同样存在危害性。信息自主与言论自由之间存在矛盾，隐私权与公众知情权的冲突始终存在。现有法律机制中，转载诽谤言论也属于诽谤罪。刑法第 246 条规定：明知是捏造的损害他人名誉的事实，在信息网络上散布，情节恶劣的，以"捏造事实诽谤他人"论。因此，整治侮辱、诽谤的法律赋予个人权利纠正他人转载关于个人的不实信息，第四种删除存在合理性。

3. 具体分析

美国加州"第 568 号法案"中，第 22581 节规定的被遗忘权属于最狭义的被遗忘权，仅允许第一种删除，即数据主体有权删除自己发布在网络上的信息。欧盟被遗忘权对删除范围不仅包括第一种删除和第二种删除，还包括使用第三种删除和第四种删除的可能，是广义的被遗忘权。以被遗忘权第一案——"冈萨雷斯案"为例，就是对第三种删除和第四种删除请求的解读。案中《先锋报》发布了西班牙公民冈萨雷斯资不抵债的信息，谷歌作为搜索引擎能搜到相关新闻链接，值得注意的是：其一，冈萨雷斯向西班牙数据保护局要求《先锋报》删除该报道，符合"第三种删除"，即数据主体

———————————

① Michael L. Rustad, Sanna Kulevska, "Reconceptualizing the Right to Be Forgotten to Enable Transatlantic Date Flow", *Harvard Journal of Law and Technology*, Vol. 28, 2015, p. 396.

有权删除他人发布的与数据主体有关的信息的请求。其二，冈萨雷斯向西班牙数据保护局要求谷歌删除该报道的链接，符合第四种删除，即数据主体有权删除他人发布信息后，被第三人转载的信息，且该信息与数据主体有关的请求。其三，在其他案件的删除范围上，不能绝对地认为被遗忘权的权利主体只能请求删除搜索结果的链接（第四种删除），而并不拥有要求删除第三方所发布的原始网页信息的权利（第三种删除）。这是因为，虽然谷歌西班牙案的最终判决结果是谷歌断开相关链接，而报社不用删除原始新闻的网页，但这只是个案中利益衡量的结果，并不意味着被遗忘权的权利主体根本不具有要求第三方删除原始网页的权利。

第三种删除、第四种删除要求存在巨大争议，因为这赋予了数据主体有权要求删除他人发布、事关自己的真实评论、帖子、照片，这种删除事关言论自由权和公众知情权，是对隐私自主的过度。但其存在合理性，如有合作意向的业务伙伴或投资者有权知道，他们正在考虑合作的这个人已经宣布破产。其实，公众认为第三种删除、第四种删除过于宽泛的解读是对数据主体私人领域的过度保护，侵犯表达自由权和公众知情权。因此，我国有必要对这种形式下的被遗忘权进行限缩。那就不可避免地要对这四种删除方式进行限制，不能盲目地决定所有数据主体都有权行使全部四种方式下的被遗忘权①，而是针对不同的权利主体使用不同删除程度的被遗忘权进行保护。

4. 不同权利主体的删除范围

被遗忘权的保护以人性尊严不受侵犯为原则，秉持信息自主优先的理念，但这并不意味着被遗忘权是绝对权，仍受限于表达自由权。因此，我国的被遗忘权应当针对不同权利主体确定不同的删除

---

① Michael L. Rustad, Sanna Kulevska, "Reconceptualizing the Right to Be Forgotten to Enable Transatlantic Date Flow", *Harvard Journal of Law and Technology*, Vol. 28, 2015, p. 398.

范围，以不侵犯公众知情权作为前提，调整信息自主与言论自由的利益平衡与权利冲突，保证数据个人信息跨越各洲、各国自由流转。

第一，一般主体中的普通个人，享有第一种删除和第二种删除，即删除自己发布的信息，或删除第三方从数据主体已公开信息中转载、复制的信息，除非信息出于公共利益应该保留。另外，普通个人仅在特殊情况下享有第三种删除和第四种删除，即他人发布的有关数据主体的信息，或被第三人转载他人发布的信息对数据主体造成巨大的心理压力或发布网站以此要挟勒索钱财，那么数据主体有权删除该信息。这也符合我国《宪法》第 33 条关于国家尊重和保障人权的规定，第 38 条公民的人格尊严不受侵犯的规定。

第二，特殊主体中的强势群体——政府官员、一般公众人物和有限公众人物，享有第一种删除和第二种删除，除非信息出于公共利益应该保留。但政府官员、公众人物的被遗忘权保护应该与普通个人不同，需要制定严格的限制标准，防止政府官员和公众人物利用被遗忘权掩藏不光彩的过去。对于他们是否有权享有第三种删除和第四种删除，值得进一步分析。其一，政府官员基于"职务"要接受公民的监督和评议，所以理应承担沉重的举证责任。在美国，如果有人恶意对政府官员发出虚假或诽谤的言论，即使知道这些言论是胡说八道，政府官员也要拿出明确、令人信服的证据才能自证清白。另外，欧洲的隐私权是基于人性尊严保护而产生的，长期以来都是优先于表达自由权的，但如果政府官员被诽谤而提起诉讼，几乎很难胜诉。《欧洲人权公约》（ECHR）第 10 条规定，公众有权在政治问题和公共事务上发表看法。还提出政治辩论自由在民主社会中普遍存在、必不可少。我国《宪法》第 41 条规定：公民对于任何国家机关和国家工作人员，有提出批评和建议的权利；对于任何国家机关和国家工作人员的违法失职行为，有向有关国家机关提出申诉、控告或者检举的权利，但是不得捏造或者歪曲事实进行诬告陷害。可见政府关于有义务接受公民的监督，面对诽谤举证门槛更高。其二，一般公众人物和有限公众人物的名誉保护受到极大限制。

对公众人物的调查显示，名人受到损害赔偿的门槛很高。在国外诽谤事件中，如果被告可以证明原告是公众人物，原告在举证上需要通过更高的标准，证明被告是恶意发表不实言论，而非过失。而我国的国情和媒体的独立性与其他国家并不相同，全部规范必须通过法定程序以成文法的形式生效。公众人物的概念并没有出现在任何法律规范中，但王利明在《人格权法新论》、张新宝在《名誉权的法律保障》中都提出：出于保障舆论监督，网络上络绎不绝的新闻侵权诉讼案、诽谤案中，应将公众人物和普通个人分开讨论，公众人物的名誉侵权案、诽谤案有必要特殊处理。因此，政府官员、一般公众人物和有限公众人物享有第一种删除和第二种删除，但他们无权享有第三种删除和第四种删除。即无法删除他人发布的有关数据主体的信息，或被第三人转载他人发布的信息，除非该信息的发布出于恶意且与公众利益无关。包括搜索引擎在内的数据控制者，出于原则性理由可以拒绝政府官员、公众人物的要求，不删除他人发布的事关政府官员、公众人物的信息。

第三，特殊主体中的弱势群体——未成年人，享有第一种删除和第二种删除，除非信息出于公共利益应该保留。由于未成年人的风险认知能力存在不足，不良记录影响其回归社会，未成年人是否有权享有第三种删除和第四种删除，从"儿童的最大利益原则"出发值得进一步分析。[①] 其一，2017 年教育部办公厅《关于全面清理和规范学生资助公示信息的紧急通知》，规范学生资助公示工作的同时，切实保护好受助学生的个人信息和隐私。坚持信息"最少够用原则"，只处理与处理目的有关的最少信息，将基本信息与敏感信息分别对待。允许公示学生姓名、学校、院系、年级、专业、班级等基本信息，一旦超过公示期限应该撤下基本信息。符合欧盟《通用数据保护条例》中第 17 条第 1 款（a）规定的：基于收集和适用处

---

① ［挪］艾德等：《经济、社会文化权利》，黄列译，中国社会科学出版社 2003 年版，第 403 页。

理的目的来说，所收集的个人数据信息不再是必需的，数据控制者有义务删除个人数据信息。但是针对敏感信息，如学生身份证件号码、家庭住址、电话号码、出生日期等个人敏感信息不得进行公示。这表示在未成年人信息删除的范围上，可以突破美国禁止删除第三方发布或转载的个人信息的规定，而以儿童最大利益为原则，规定可以有条件地删除第三方发布或转载的关于未成年人的个人信息。其二，2016 年，国家互联网信息办公室《未成年人网络保护条例（送审稿）》第 18 条规定："未成年人或其监护人要求网络信息服务提供者删除、屏蔽网络空间中与其有关的未成年人个人信息的，网络信息服务提供者应当采取必要措施予以删除、屏蔽。"可见，当未成年人已经发布的个人信息被他人转载后，如果该项信息对于未成年的利益相关性比较大，那么可以要求他人删除该项信息或者要求网络信息服务提供者屏蔽该信息。由于借助搜索引擎的结构化信息排列，用户得以建立关于信息主体详细的"人格画像"。所以，在删除的范围上，不能认为被遗忘权的权利主体只能请求删除搜索结果的链接，而并不拥有要求删除第三方所发布的原始网页信息的权利。这是因为，虽然"冈萨雷斯案"的最终判决结果是谷歌断开相关链接，而报社不用删除原始新闻的网页，但这只是个案中利益平衡的结果，并不意味着被遗忘权的权利主体根本不享有要求第三方删除原始网页的权利。未成年人作为重点保护的对象，其权利范围相较于成年人应更为广泛。因此，未成年人享有第一种删除和第二种删除，有条件地享有第三种删除和第四种删除。如果该项信息对于未成年的利益相关性比较大，删除方式不仅可以要求搜索引擎断开链接，而且可以有条件地要求第三方删除该项信息或者要求网络信息服务提供者屏蔽该信息，该删除为永久删除。

第四，特殊主体中的强势群体——被害人，享有第一种删除和第二种删除，除非信息出于公共利益应该保留。被害人是否有权享有第三种删除和第四种删除，从被害人的含义出发值得进一步分析。被害人作为数据主体的范围，一方面包括刑事诉讼案件中的被害人，在公诉案件中，隶属于当事人，某种意义上有证人的作用；附带民事诉讼中，属于附带民事诉讼的原告，有权提起诉讼；自诉案件中，属于自诉人，同为当事人；另一方面包括民事诉讼案件中，婚姻家庭纠纷案件，即婚姻关系的成立或解除、夫妻共同财产和债务的分割、家庭成员的赡养与抚养，以及收养或继承的一方。二者任意一方的个人信息有可能在《最高人民法院关于人民法院在互联网公布裁判文书的规定》裁判文书网络公开。我国可以参考德国《基本法》的匿名性要求，即不能在所调查的信息和可个别化的个人之间产生关联性。[①] 据此，裁判文书网络公开时个人信息应该有条件地被删除，即基本信息隐名处理，而敏感信息可以直接要求删除。[②] 基本信息包括被害人的姓名；敏感信息包括被害人的家庭住址、通信方式、身份证号码、银行账号、健康状况、车牌号码、动产或不动产权属证书编号等个人信息。因此，被害人享有第一种删除和第二种删除，有条件地享有第三种删除和第四种删除。裁判文书网络公开时，基本信息隐名处理，敏感信息可以直接要求删除。除非信息出于公共利益应该保留。

表 5-1　　　　　　　　　　　被遗忘权不同权利主体的删除范围

		定义	第一种删除	第二种删除	第三种删除	第四种删除
一般主体	普通人物	既不是公职人员也不是公众人物的个体	有权删除，除非信息出于公共利益应该保留	有权删除，除非信息出于公共利益应该保留	特殊情况下，有权删除，即能证明发布信息将造成（1）数据主体巨大心理压力，（2）原有情况解除，信息不再相关，（3）信息删除不会造成公共利益损失	特殊情况下，有权删除，即能证明发布信息将造成（1）数据主体巨大心理压力，（2）原有情况解除，信息不再相关，（3）信息删除不会造成公共利益损失

[①] 陈戈、柳建龙等：《德国联邦宪法法院典型判例研究：基础权利篇》，法律出版社 2015 年版，第 58 页。

[②] 杨咏婕：《个人信息的司法保护研究》，博士学位论文，吉林大学，2013 年。

续表

			定义	第一种删除	第二种删除	第三种删除	第四种删除
特殊主体	强势群体	政府官员	在政府雇员的层次结构中，或在政府工作事务中对公众有实质性的责任，或岗位有明显的重要性对公众个人利益	有权删除，除非信息出于公共利益应该保留	有权删除，除非信息出于公共利益应该保留	无权删除，除非发布者出于恶意公布信息，并且该信息不再基于合法公共目的	无权删除，除非发布者于恶意公布信息，并且该信息不再基于合法公共目的
		一般公众人物	社会名流，或者非常出名	有权删除，除非信息出于公共利益应该保留	有权删除，除非信息出于公共利益应该保留	无权删除，除非发布者出于恶意公布信息，并且该信息不再基于合法公共目的	无权删除，除非发布者出于恶意公布信息，并且该信息不再基于合法公共目的
		有限公众人物	自愿陷入公众争议中，并且在解决公众问题时起到重要作用，而成为一定范围内的公众人物	有权删除，除非信息出于公共利益应该保留	有权删除，除非信息出于公共利益应该保留	无权删除，除非发布者出于恶意公布信息，并且该信息不再基于合法公共目的	无权删除，除非发布者出于恶意公布信息，并且该信息不再基于合法公共目的
	弱势群体	未成年人	不满 18 周岁的我国公民，对于不满 13 周岁的未成年人的个人信息要给予重点保护	有权删除，除非信息出于公共利益应该保留	有权删除，除非信息出于公共利益应该保留	如果该项信息对于未成年的利益相关性比较大，有权删除。不仅可以要求搜索引擎断开链接，而且可以有条件地要求第三方删除该项信息，或者要求网络信息服务提供者屏蔽该信息，该删除为永久删除	如果该项信息对于未成年的利益相关性比较大，有权删除。不仅可以要求搜索引擎断开链接，而且可以有条件地要求第三方删除该项信息或者要求网络信息服务提供者屏蔽该信息，该删除为永久删除
		被害人	人身权利、财产权利或其他合法权益受到犯罪行为直接侵害的人	有权删除，除非信息出于公共利益应该保留	有权删除，除非信息出于公共利益应该保留	裁判文书网络公开时，个人信息有条件地删除。即基本信息隐名处理，敏感信息可以直接要求删除。除非信息出于公共利益应该保留	裁判文书网络公开时，个人信息有条件地删除。即基本信息隐名处理，敏感信息可以直接要求删除。除非信息出于公共利益应该保留

（五）义务内容

数据控制者的义务是指当权利主体行使被遗忘权时，数据控制者应该采取一切合理措施保证被遗忘权的实现。由于义务主体的性质不同，"公共机构"和"私人主体"两类数据控制者需要承担不同的义务。

"公共机构"作为"国家机关信息处理主体"，通常出于社会管理的目的而收集、储存或处理大量的个人信息，具有一定正当性。参照《中华人民共和国个人信息保护法（草案）》专家意见稿以及《政府信息公开条例》，注重公民个人隐私权的保护的同时[1]，公共机构的基本义务包括：（1）国家机关告知义务：即国家机关收集个人信息，应当事前作出公告或告知数据主体国家机关的名称、收集个人信息的法律依据、目的、处理和使用的方式、个人信息收集是否强制、信息主体的权利和不提供个人信息的法律后果。（2）技术保障义务：公共部门在采集、管理、发布及开发利用公民个人信息时，通过具体的技术方法保障公民的信息安全。[2]

"私人主体"作为"非国家机关信息处理主体"，为了商业目的或其他职业目的收集、处理和利用个人信息，包括传统的电信运营商、互联网时代的社交网络服务商和上传他人个人信息的网络用户。私人主体作为数据控制者的义务，具体包括以下几个方面：（1）审查义务：数据主体以书面或口头形式向网络服务提供者提出删除请求，并列明理由。数据控制者有义务审查数据主体的删除申请，但不应将全部的重担压在网络服务运营商的身上。参考《信息网络传播权保护条例》中关于"避风港"原则的规定，没有证据表明网络服务运营商明知侵权事实存在的，或者网络服务运营商接到数据主

---

[1]　王秀哲：《我国隐私权的宪法保护研究》，法律出版社2011年版，第170页。

[2]　刘雅琦：《基于敏感度分级的个人信息开发利用保障体系研究》，武汉大学出版社2015年版，第238页。

体通知后，采取措施移除相关内容的，不承担行政责任。（2）通知义务：如果数据没有正当理由被公开或传送给第三方，原始数据控制者还应通知第三方，确保数据被删除。另外，数据主体向数据控制者申请删除信息成功后，数据控制者有义务通知公众或第三方。（3）删除义务：在如下情形下，数据主体要求删除的个人信息，数据控制者应及时删除：（a）信息储存时限为信息处理目的所需的最短化时间，个人信息储存期限届满，数据控制者应及时删除或匿名化处理的个人信息；（b）数据控制者违反法律法规规定或与个人信息主体的约定，收集、使用个人信息的，个人信息主体要求删除的，数据控制者应及时删除或匿名化处理的个人信息；（c）数据控制者违反法律法规规定或违反与个人信息主体的约定向第三方共享、转让个人信息，数据控制者应立即停止共享、转让的行为，并通知第三方及时删除；（d）数据控制者违反法律法规规定或与个人信息主体的约定，公开披露个人信息，且个人信息主体要求删除的，数据控制者应立即停止公开披露的行为，并发布通知要求相关接收方删除相应的信息；（e）数据主体要求数据控制者删除特定关键词的链接后，发现可以通过搜索其他相近的关键词找到原信息网页，可以要求数据控制者删除相近的关联词的链接。（4）保障义务：数据主体撤销有关数据处理的同意或者数据主体拒绝个人信息数据的处理时，个人信息控制者的需要履行的义务包括：（a）应向个人信息主体提供方法撤回收集、使用其个人信息的同意授权。撤回同意后，个人信息控制者后续不得再处理相应的个人信息；（b）应保障个人信息主体拒绝接收基于其个人信息推送的商业广告的权利。对外共享、转让、公开披露个人信息，应向个人信息主体提供撤回同意的方法；（c）撤回同意不影响撤回前基于同意作出的个人信息处理。

（六）例外情形

笔者建议，被遗忘权的立法应该引入"比例原则"。被遗忘权的法定化，要求目的正当性与手段适当性、必要性、均衡性。其中，手段必要性原则也称为"最小侵害原则"，是指被遗忘权删除信息的手段应该对其他权益的损害降到最低。那么，需要在被遗忘权立法中制定弹性规定、例外情形，以应对权利冲突和利益平衡。被遗忘权的例外情形是指，数据控制者在某些情况下可以拒绝履行被遗忘权的义务。根据不同的义务主体可以分为：公共机构（国家机关）履行义务的例外情形和私人主体（非国家机关）履行义务的例外情形。

第一，公共机构（国家机关）因履行法定职责符合以下几种条件之一的，数据主体无权要求数据控制者删除数据主体的个人信息。（1）法律法规明文规定的；（2）为维护国家安全、公共安全或增进社会公共利益的；（3）为防止信息主体或他人人身或财产上的重大利益遭受侵害所必要的；（4）进行学术研究所必要且无害于信息主体利益的，但研究人员或机构应当对使用的个人信息进行保密；（5）有利于信息主体权益的；（6）信息主体书面同意或授权的。

第二，私人主体（非国家机关）收集、处理个人信息符合以下几种条件之一的，数据主体无权要求数据控制者删除数据主体的个人信息。（1）基于合理的言论自由和信息自由权利的需要的；（2）信息主体书面同意或授权的；（3）与信息主体有合同或类似合同的关系，并不会损害信息主体的合法权益；（4）已公开的个人信息并不会损害信息主体的合法权益；（5）学术研究有必要且无害于信息主体重大利益的，但研究人员或机构应当采取必要的保密措施；（6）法律法规规定的其他情形。

三　我国被遗忘权保护的组织架构

专门的数据保护机构对于国内和国际的个人数据保护发展都起到推进作用。第一，专门的数据保护机构对于国内的个人信息保护起到规范作用。其一，专门的数据保护机构采取问责机制，能够充分监督搜索引擎等数据控制者履行义务的情况；[①] 其二，专门的数据

①　［美］马克·罗滕伯格、茱莉亚·霍维兹、杰拉米·斯科特：《无处安放的互联网隐私》，苗淼译，中国人民大学出版社 2017 年版，第 172 页。

保护机构在数据主体向法院申请诉讼救济之前保障基本的权利救济；其三，数据保护机构能为完善法律的实施细则提供实践性建议。第二，专门的数据保护机构可以在签订数据跨国流转协议时提供建议，代表国家参加国际上的个人信息保护的谈判。

我国应该成立独立自主的个人数据保护机构，可以履行调查职能，允许行使干涉权，当事人对机构裁定不服提起诉讼时，个人数据保护机构可以参与诉讼。欧盟的个人数据保护机构偏向于强调政府公权力的影响，尽管增强了被遗忘权的保护，但也带来法律规则抽象化、监督管理僵硬化的后果。因此，我国成立个人数据保护机构时，不仅要考虑公权力的影响，也要从私权的方向规定个人信息权的属性和内容。

第三节　我国被遗忘权保护的社会保障

法律不是万能的，仅通过立法方式保障被遗忘权的想法存在片面性，还需要通过市场导向机制鼓励互联网企业行业自律，利用技术措施作为后盾保护个人可识别数据，以弥补立法上的不足，保障互联网的良性发展。

一　积极推进互联网行业自律

2009 年，法国"数字经济发展部"部长娜塔丽·科西阿斯科（Nathalie Kosciusko-Morizet）发起了一场运动，该运动的倡议目标是：第一，教育互联网用户警惕互联网上的隐私风险；第二，鼓励专业人员开发线上隐私保护工具；第三，确保网络环境的数据安全和"被遗忘权"（right to be forgotten）的保护。① 该运动行为规范起

① "French Government Secures 'Right to Be Forgotten' on the Internet", Hunton, Williams LLP, Privacy and Information Security Law Blog, last modified December 13, 2017.https://www.huntonprivacyblog.com/ 2010/10/21/french-government-secures-right-to-be-forgotten-on-the-internet/.

草后，由社交网络、搜索引擎和线上广告营销的行业领导者签署。美国 Facebook 总裁马克·扎克伯格公开提到"社交网络的发展意味着人们对隐私权保护不再抱有过多期待"。因此 Facebook 单方面修改部分服务条款，赋予用户删除自己曾经发布信息的权利。除此之外，日本曾经试图用行业自律来代替统一立法，但鉴于消费者的需求于 2003 年 5 月通过了《个人信息保护法》。为了促进行业自律，国家要求主管部门设立个人信息保护组织，部长在自由领域执行该法，拒绝执行将受到监禁和罚款。到 21 世纪初为止，22 个行业部部长发布了 35 个私人机构个人信息保护规定。可见，世界各国的数据控制者开始自发保护用户的个人信息，重建"网络用户渴望个人隐私数据享有更加安全的保障"的期待可能性。[1]

大数据时代下，我国的企业逐渐通过行业规范的手段，确立被遗忘权。2002 年，中国互联网协会颁布了《中国互联网行业自律公约》，倡导网络行业从业者积极加入。2006 年 11 月，中国互联网协会、违法和不良信息举报中心、反垃圾邮件中心、中国晚报协会编辑记者学会、奇虎公司共同宣布，首个互联网公益品牌"净蓝丝带"正式启动。作为杜绝互联网恶意行为的一个表示，用于宣传"净化互联网空间人人有责，打击互联网犯罪人人出力"的信息，并呼吁"拯救网络弱势群体"。[2] 该行动象征着行业自律的标识已经建立，倡议互联网全行业加入进来。另外，京东作为我国电商企业之一，在《京东隐私协议》第五条第 2 款规定，用户在以下几种情况可以提出删除个人信息的请求：（1）处理个人信息行为违法违规；（2）未征得个人同意处理个人信息；（3）处理信息行为违反约定；（4）用户注销了京东账户；（5）终止服务及运营。可见，数据主体

---

① Michael L. Rustad, Sanna Kulevska, "Reconceptualizing the Right to Be Forgotten to Enable Transatlantic Date Flow", *Harvard Journal of Law and Technology*, Vol. 28, 2015, p. 381.

② 洪海林：《个人信息的民法保护研究》，法律出版社 2010 年版，第 197—198 页。

完全可以不单纯通过法律的途径来删除个人发布的信息和内容，行业内的新规范正朝着被遗忘权的方向快速发展，其管理范围覆盖个人可识别信息、搜索关键字以及国内外搜索引擎自身。以谷歌、百度为代表的搜索引擎公司按照社会行业规范删除搜索他人姓名显示的链接后，他们真正通过断开链接达到遗忘他人信息的目标。

如果行业规范能逐步演化为数据控制者自发参与的协议，需要从如下两个方面作出努力：其一，互联网领域的企业需要联合成立管理委员会，根据市场导向机制自行设立行业规范。这种非正式的社会规范不是法律救济，但也可以强制执行。如果互联网企业通过网络和数字技术，覆盖整个市场的安全保障体系，通过行业规范实施多种管理控制和保障的措施，那么与被遗忘权相关的法律规定也会随之减少，我们通过非立法的手段重建消费者的期待可能性。其二，重建消费者的期待可能性，向控制数据的公司（数据控制者）施压。如果数据控制者能遵守行业规范，保证其处理个人数据是严格遵守行业的规定，对行业规范的形成也起到助推作用。[1] 然而，难点在于社交媒体类公司的运营完全依靠个人信息商品化，它们通过收集、传播信息获取经济利益，所以不会考虑这些信息来源方是否同意。因此，只有在行业规范发展完善，公众对个人信息控制的要求对社交媒体产生巨大影响，使这些公司逐渐适应行业规范的管控，义务遵守删除权的要求。

二　为个人信息设置存储期限

有学者指出，信息经过的时间越长，个人利益越可能优先于公共利益。[2] 针对互联网拥有永久性的记忆，除了依靠单纯的立法保

---

① Michael L. Rustad, Sanna Kulevska, "Reconceptualizing the Right to Be Forgotten to Enable Transatlantic Date Flow", *Harvard Journal of Law and Technology*, Vol. 28, 2015, p. 380.

② Meg Leta Ambrose, It's About Time: Privacy, Information Life Cycles, and the Right to Be Forgotten, *Stanford Technology Law Reviews*, Vol. 16, 2013, p. 16.

护，公民也可以借助网络运营商的力量为个人可识别数据设置有效保存期限。① 这需要从以下几个方面作出努力：其一，网络服务运营商运用技术措施设置一种删除机制。该机制根据提前设置完毕的信息保存期限，确保到规定期限届满时发布的信息自动消失。其二，由数据主体给个人数据设置保存期限，期限届满时第三方无权继续保存或转载个人信息，这一措施要求数字技术的支撑。② 其实，设置信息保存期限是确保数据主体在不影响数字化记忆情况下有所行动，相当于"遗忘"在人们做决定时已经开始准备生效了。然而，出于对公众知情权的保护，数据可能持续留存在网络记忆中，并且发布信息的保存期限无法成为自动默认的法律规范，尤其是在对抗数字化时代永久记忆的规范空白的情况之下。因此，需要网络服务运营商依靠数字化信息技术自行设置删除机制。

值得注意的是，运用设置个人信息保存期限的非立法手段保护被遗忘权，用户和企业均能受益。其一，有效期限给未成年罪犯一个重新开始的机会，免于向法院请求消除犯罪记录，免于公之于众；其二，减少法定被遗忘权操作时的管理压力；其三，有期限地保留最新数据，增加信息的实效准确性，潜在地提升了用户对网络公司的信赖感。有效期限最重要的两个因素：时间和权力。一方面，时间是指信息应该保存多久，需要深谋远虑准确设定。为了公众利益保护，允许数据主体延长保存时间，罪犯犯罪记录可保存至服刑完毕。如联邦药物管理局需要评价一种非处方药时收集评论，需要延长数据的保存期限；另一方面，权力是指谁有权力决定数据的有效期限，这一权限不应赋予调查的主体，而应是客体享有，即被收集

---

① Ashley Stenning, "Gone But Not Forgotten: Recognizing the Right to Be Forgotten in the U. S. to Lessen the Impacts of Data Breaches", 18 *University of San Diego School of Law*, 2016, p. 157.

② Michael L. Rustad, Sanna Kulevska, "Reconceptualizing the Right to Be Forgotten to Enable Transatlantic Date Flow", *Harvard Journal of Law and Technology*, Vol. 28, 2015, p. 382.

信息的个人，有效期限的目的是摆脱网络的永久记忆，让人们意识到忘却的重要。其实，数据保存其技术化执行信息或图片发布时，可以自动生成有效期限届满日期。①

互联网企业可以根据行业规定结合自身提供的服务类型，将数据保存期限设置为 18—24 个月。参考国外将保存期限设置为 24 个月，并针对我国互联网立法和技术的发展现状，可以适当将时限确定为 2 年。此举不仅能最大限度地保护公民的被遗忘权，又能给公民充分地表达自由权和公众知情权，塑造安全良好的网络环境。

---

① Michael L. Rustad, Sanna Kulevska, "Reconceptualizing the Right to Be Forgotten to Enable Transatlantic Date Flow", *Harvard Journal of Law and Technology*, Vol. 28, 2015, p. 383.

结　语

记忆与忘却之间的被遗忘权

　　当今世界，网络技术的发展日新月异，互联网、云计算、大数据等现代信息技术深刻地改变着人类的思维方式和生活方式。网络记忆具有空间上的无限性和时间上的永久性，其在给人类带来便利的同时，也给人类带来了困扰。为了解决这一问题，"被遗忘权"应运而生。被遗忘权是一项典型的新兴权利，其属于人格权的范畴。被遗忘权旨在使已经公开的个人信息重新归入隐私领域。① 现在人们经常谈论的"被遗忘权"往往指的是"数字被遗忘权"，即数据主体所享有的对于互联网上已经公开的、不适当的、不相关的或不再相关的、过时的个人信息进行删除或者隐藏的权利。

　　互联网有无限的搜索和记忆能力，被遗忘权对于应对隐私风险、保护个人信息具有十分积极的意义。在大数据时代，被遗忘权非常值得保护，其应当被明确规定在法律之中。到目前为止，对于被遗忘权的立法化仍然存在着一些质疑。反对者认为，被遗忘权的引入将会给言论自由、公众知情权带来威胁，影响经济的发展，甚至制约整个国家的核心竞争力。保护被遗忘权具有道德和法律上的正当性。赋予数据主体删除个人信息的权利可能会与其他权益发生冲突，

---

① Alessia Ghezzi, Ângela Guimarães Pereira, Lucia Vesnic "-Alujevic", *The Ethics of Memory in a Digital Age*, London：Palgrave Macmillan UK Press, 2014, pp. 65-68.

但是，如果方法得当，完全可以解决权益冲突问题。被遗忘权不是一项绝对的权利，可以通过引入"比例原则"来解决利益的冲突，以实现权益之间的平衡。为了应对数据信息化对个人信息保护所带来的挑战，许多国家已经引入了被遗忘权，通过将被遗忘权确定为一项法定权利来保护人性尊严和信息自主。欧盟与美国对待被遗忘权的态度存在着显著差异。在立法理念上，欧盟更加注重保护信息自主，而美国则更加注重保护言论自由。在两种不同立法理念的引领下，其制定出的保护被遗忘权的法律规定也存在不同，但是这并不影响被遗忘权成为一项法定权利。欧盟和美国等国家都试图以立法的方式来保护被遗忘权，这意味着并不是所有的问题都能通过行业自律来解决，当矛盾不可调和时，需要用法律来"定纷止争"。

相比之下，我国对被遗忘权的立法保护显得比较薄弱。尽管有些法律、法规及部门规章对于个人信息保护已经有所体现，但仍然没有专门性的个人信息保护法，现有法律中也没有明确将被遗忘权上升为一项法定权利。我国宜在专门的《个人信息保护法》中明确规定被遗忘权，在将被遗忘权法定化时，应当尽量将其规定的更具体、明确一些。如果在法律规定得过于抽象、模糊，最高人民法院又没有出台相应的司法解释的情况下，法官往往倾向于采取消极的态度，否定当事人的权利主张，而不敢任意对法条进行扩张解释。这是因为我国法官不享有解释法律的权力，如果法官对法律作了扩张解释，有可能会被追究责任。但是，国外的法官则享有解释法律的权力。例如，在2014年的"冈萨雷斯案"中，当时欧盟尚未将被遗忘权确定为一项法定权利，欧洲法院的法官们依据《欧盟基本权利宪章》的精神，对1995年《欧盟数据保护条例》第12条和第14条进行了扩张解释，从而将被遗忘权纳入法律的保护范围之内。但是，在国内"被遗忘权第一案"中，主审法官则以任某所主张的被遗忘权不具有"利益的正当性"和"受保护的必要性"为由，直接否定了任某的诉讼请求。因此，我国在对被遗忘权进行保护的时候，法律应当规定得相对具体一些，最高人民法院也要及时出台相应的司法解释，从而有利于法官作出司法裁判。

　　被遗忘权为人们防止个人信息对信息主体的"反噬"提供了一种新的表达方式和保护方式，这就需要制定一系列相应的新的规则。被遗忘权的立法化是信息社会发展的必然趋势。被遗忘权犹如一把"奥卡姆剃刀"，在记忆与忘却之间来回穿梭，将那些过时的个人信息剃除出去，使过去被互联网所永久记忆的个人信息被人们遗忘，为人们的未来留下更多的选择机会和更大的发展空间。

参考文献

一　中文文献

（一）专著类

陈戈、柳建龙等：《德国联邦宪法法院典型判例研究：基础权利篇》，法律出版社 2015 年版。

崔聪聪：《个人信息保护法研究》，北京邮电大学出版社 2015 年版。

陈海帆、赵国强：《个人资料的法律保护——放眼中国内地、香港、澳门及台湾》，社会科学文献出版社 2014 年版。

刁胜先：《个人信息网络侵权问题研究》，上海三联书店 2013 年版。

郭瑜：《个人数据保护法研究》，北京大学出版社 2012 年版。

高富平：《个人数据保护和利用国际规则：潮流与趋势》，法律出版社 2016 年版。

何海澜：《善待儿童：儿童最大利益原则及其在教育、家庭、刑事制度中的运用》，中国法制出版社 2016 年版。

洪海林：《个人信息的民法保护研究》，法律出版社 2010 年版。

何志鹏：《权利基本理论：反思与构建》，北京大学出版社 2012 年版。

蒋红珍：《论 比例原则》，法律出版社 2010 年版。

孔令杰：《个人资料 隐私权的法律保护》，武汉大学出版社 2009 年版。

李良荣：《当代西方新闻媒体》，复旦大学出版社 2010 年版。

刘雅琦：《基于敏感度分级的个人信息开发利用保障体系研究》，武汉大学出版社 2015 年版。

陆海娜、［澳］伊丽莎白·史泰纳：《家庭与 隐私权》，知识产权出版社 2016 年版。

刘德良、杨飞：《网络时代的法律保护》，法律出版社 2013 年版。

路娟：《新媒体传播中隐私侵权问题及救济路径研究》，清华大学出版社 2016 年版。

李惠宗：《宪法要义》，台湾元照出版公司 2009 年版。

马俊驹：《人格和人格权理论讲稿》，法律出版社 2009 年版。

马特：《 隐私权研究——以体系构建为中心》，中国人民大学出版社 2014 年版。

齐爱民：《拯救信息社会中的人格—— 个人信息保护法总论》，北京大学出版社 2009 年版。

秦成德：《网络个人信息保护研究》，西安交通大学出版社 2016 年版。

齐爱民：《私法视野下的信息》，重庆大学出版社 2012 年版。

申屠彩芳：《网络服务提供者侵权责任研究》，浙江大学出版社 2014 年版。

孙平：《冲突与协调：言论自由与人格权法律问题研究》，北京大学出版社 2016 年版。

王泽鉴：《人格权法：法释义学、比较法、案例研究》，北京大学出版社 2013 年版。

王忠：《大数据时代个人数据隐私规制》，社会科学文献出版社 2014 年版。

王秀哲：《我国 隐私权的宪法保护研究》，法律出版社 2011 年版。

王秀哲：《信息社会个人 隐私权的公法保护研究》，中国民主法制出版社 2017 年版。

吴彦：《法、自由与强制力：康德法哲学导论》，商务印书馆 2016

年版。

谢永志：《个人数据保护法立法研究》，人民法院出版社 2013 年版。

杨仁涛：《法学方法论》，中国政法大学出版社 2013 年版。

赵树坤：《中国特定群体人权保护的理论与实践》，法律出版社 2012 年版。

周汉华：《中华人民共和国 个人信息保护法（专家建议稿）及立法研究报告》，法律出版社 2006 年版。

张民安：《 隐私权的比较研究——法国、德国、美国及其他国家的隐私权》，中山大学出版社 2013 年版。

张红：《人格权总论》，北京大学出版社 2012 年版。

张红霞、郑宁：《网络环境下 隐私权的法律保护研究》，中国政法大学出版社 2013 年版。

张民安：《公开他人私人事务的隐私侵权——公开他人的医疗信息、基因信息、雇员信息、航空信息及网络的隐私侵权》，中山大学出版社 2012 年版。

张鹏：《个人信用信息的收集、利用和保护——论我国个人征信体系法律制度的建立和完善》，中国政法学出版社 2012 年版。

张立伟：《权利的功利化与其限制》，科学出版社 2009 年版。

张华：《欧洲联盟对外关系法原理》，法律出版社 2016 年版。

张善斌：《权利能力论》，中国社会科学出版社 2016 年版。

张新宝：《 隐私权的法律保护》，群众出版社 2004 年版。

中国科协学会学术部：《大数据时代隐私保护的挑战与思考》，中国科学技术出版社 2015 年版。

（二）译著类

［挪］艾德等：《经济、社会文化权利》，黄列译，中国社会科学出版社 2003 年版。

［美］爱德华·A. 卡瓦佐、加斐诺·莫林：《赛博空间和法律》，王月瑞译，江西教育出版社 1999 年版，第 36 页。

［美］阿丽塔·L. 艾伦、理查德·C. 托克音顿：《美国隐私法：学

说、判例与立法》，冯建妹等编译，中国民主法治出版社 2004 版。

［西］布兰卡·R. 瑞兹：《电子通信中的 隐私权——欧洲法与美国法的比较视角》，林喜芬等译，上海交通大学出版社 2017 年版。

［德］迪特尔·梅迪库斯：《德国民法总论》，邵建东译，法律出版社 2001 年版。

［美］E. 博登海默：《法理学——法律哲学与法律方法》，邓正来译，中国政法大学出版社 1999 年版。

［英］哈特：《法律的概念》（第二版），许家馨、李冠宜译，法律出版社 2011 年版。

［德］卡尔·拉伦茨：《德国民法通论》，王晓晔等译，法律出版社 2003 年版。

［美］卡尔·威尔曼：《真正的权利》，刘振宇等译，商务印书馆 2015 年版。

［美］罗纳德·德沃金：《认真对待权利》，信春鹰、吴玉章译，中国大百科全书出版社 1998 年版。

［美］路易斯·D. 布兰代斯等：《 隐私权》，官盛奎译，北京大学出版社 2014 年版。

［德］罗伯特·阿列克西：《法作为理性的制度化》，雷磊译，中国法制出版社 2012 年版。

［美］理查德·塔克：《自然权利诸理论起源与发展》，杨利敏、朱圣刚译，吉林人民出版社 2014 年版。

［美］莱斯利·阿瑟·马尔霍兰：《康德的权利体系》，赵明、黄涛译，商务印书馆 2011 年版。

［美］罗斯科·庞德：《法的新路径》，李立丰译，北京大学出版社 2016 年版。

［加］L. W. 萨姆纳：《权利的道德基础》，李茂森译，中国人民大学出版社 2011 年版。

［美］马克·罗滕伯格、茱莉亚·霍维兹、杰拉米·斯科特：《无处安放的互联网隐私》，苗淼译，中国人民大学出版社 2017 年版。

［美］迈克尔·佩里，《权利的新生：美国宪法中的人权》，徐爽、王本存译，商务印书馆 2016 年版。

［法］莫里斯·奥里乌：《法源：权力、秩序和自由》，鲁仁译，商务印书馆 2015 年版。

［法］皮埃尔·勒格朗、［英］罗德里克·芒迪：《比较法研究：传统与转型》，李晓辉译，北京大学出版社 2011 年版。

［德］萨缪尔·普芬道夫、［英］詹姆斯·图利，［英］迈克尔·西尔弗索恩：《论人与公民在自然法商的责任》支振锋译，北京大学出版社 2010 年版。

［日］田村悦一：《自由裁量及其界限》，李哲范译，中国政法大学出版社 2016 年版。

［美］特蕾莎·M. 佩顿：《大数据时代的隐私》，郑淑红译，上海科学技术出版社 2017 年。

［英］维克托·迈尔-舍恩伯格：《删除：大数据取舍之道》，袁杰译，浙江人民出版社 2013 年版。

［英］休谟：《人性论》（上册），关文运译，商务印书馆 1980 年版。

［英］约瑟夫·拉兹：《自由的道德》，孙晓春、曹海军、郑维东、王欧等译，吉林人民出版社 2006 年版。

［美］约翰·奇普曼·格雷：《法律的性质与渊源》，马驰译，中国政法大学出版社 2012 年版。

（三）连续出版物中的析出文献

陈昶屹：《现有法律体系下"被遗忘权"案件的审理思路及保护路径——从我国"被遗忘权第一案"说起》，《法律适用》2017 年第 2 期。

段卫利：《论被遗忘权的法律保护——兼谈被遗忘权在人格权谱系中的地位》，《学习与探索》2016 年第 4 期。

段卫利：《论被遗忘权的司法救济——以国内"被遗忘权第一案"的判决书为切入点》，《法律适用》2017 年第 16 期。

刁胜先：《论个人信息权的权利结构——以"控制权"为束点和视

角》，《北京理工大学学报》（社会科学版）2011 年第 3 期。

贺栩栩：《比较法上的个人数据信息自决权》，《比较法研究》2013
年第 2 期。

李汶龙：《大数据时代的隐私保护与被遗忘权》，《研究生法学》
2015 年第 2 期。

刘权：《目的 正当性与 比例原则的重构》，《中国法学》2014 年第
4 期。

连志英：《大数据时代的被遗忘权》，《图书馆建设》2015 年第 2 期。

梁辰曦、董天策：《试论大数据背景下 "被遗忘权" 的属性及其边
界》，《学术研究》2015 年第 9 期。

彭支援：《被遗忘权初探》，《中北大学学报》（社会科学版）2014
年第 1 期。

齐爱民：《中华人民共和国 个人信息保护法示范法草案学者建议
稿》，《河北法学》2005 年第 6 期。

齐爱民：《论大数据时代数据安全法律综合保护的完善——以〈网络
安全法〉为视角》，《东北师大学报》（哲学社会科学版）2017 年
第 4 期。

邵国松：《 "被遗忘的权利"：个人信息保护的新问题及对策》，《南
京社会科学》2013 年第 2 期。

陶乾：《论数字时代的被遗忘权》，《现代传播》2015 年第 6 期。

王泽鉴：《人格权的具体化及其保护范围：隐私权篇》（上），《比较
法研究》2008 年第 6 期。

王泽鉴：《人格权的具体化及其保护范围：隐私权篇》（中），《比较
法研究》2008 年第 6 期。

王泽鉴：《人格权的具体化及其保护范围：隐私权篇》（下），《比较
法研究》2008 年第 6 期。

王利明：《论 个人信息权在人格权法中的地位》，《苏州大学学报》
2012 年第 6 期。

王利明：《论 个人信息权的法律保护——以 个人信息权与 隐私权的

界分为中心》,《现代法学》2013 年第 4 期。

王利明:《隐私权概念的再界定》,《法学家》2012 年第 1 期。

王茜茹、马海群:《开放数据视域下的国外被遗忘权法律规制发展动向研究》,《图书情报知识》2015 年第 5 期。

王克金:《权利冲突——一个法律实证主义的分析》,《法治与社会发展》2004 年第 2 期。

伍艳:《论网络信息时代的"被遗忘权"——以欧盟个人数据保护改革为视角》,《图书馆理论与实践》2013 年第 11 期。

万方:《终将被遗忘的权利——我国引入被遗忘权的思考》,《法学评论》2016 年第 6 期。

吴飞、傅正科:《大数据与"被遗忘权"》,《浙江大学学报》(人文社会科学版)2015 年第 2 期。

夏燕:《"被遗忘权"之争——基于欧盟个人数据保护立法改革的考察》,《北京理工大学学报》(社会科学版)2015 年第 2 期。

谢远扬:《信息论视角下个人信息的价值——兼对隐私权保护模式的探讨》,《清华法学》2015 年第 3 期。

杨立新、韩煦:《被遗忘权的中国本土化及法律适用》,《法律适用》2015 年第 2 期。

杨登杰:《执中行权的宪法比例原则——兼与美国多元审查基准比较》,《中外法学》2015 年第 2 期。

袁梦倩:《"被遗忘权之争":大数据时代的数字化记忆与隐私边界》,《学海》2015 年第 4 期。

张建文、高完成:《被遗忘权的本体论及本土化研究》,《吉首大学学报》(社会科学版)2016 年第 3 期。

张建文:《俄罗斯被遗忘权立法的意图、架构与特点》,《求是学刊》2016 年第 5 期。

张建文、李倩:《被遗忘权的保护标准研究——以我国"被遗忘权第一案"为中心》,《晋阳学刊》2016 年第 6 期。

张新宝:《信息技术的发展与隐私权保护》,《法制与社会发展》

1996 年第 5 期。

郑远民、李志春：《被遗忘权的概念分析》，《长春师范大学学报》2015 年第 1 期。

郑文明：《个人信息保护与数字遗忘权》，《新闻与传播研究》2014 年第 5 期。

郑志峰：《网络社会的被遗忘权研究》，《法学新视野》2015 年第 6 期。

郑晓剑：《比例原则在现代民法体系中的地位》，《法律科学》（西北政法大学学报）2017 年第 6 期。

郑志峰：《网络社会的被遗忘权研究》，《法商研究》2015 年第 6 期。

朱振：《权利与自主性——探寻权利优先性的一种道德基础》，《华东政法大学学报》2016 年第 3 期。

（四）学位论文类

高妮：《网络安全多维动态风险评估关键技术研究》，博士学位论文，西北大学，2016 年。

李媛：《大数据时代个人信息保护研究》，博士学位论文，西南政法大学，2016 年。

刘勃然：《21 世纪初美国网络安全战略探析》，博士学位论文，吉林大学，2013 年。

刘青杨：《公众人物名誉权研究》，博士学位论文，黑龙江大学，2016 年。

任龙龙：《大数据时代的个人信息民法保护》，博士学位论文，吉林大学，2017 年。

王勇民：《儿童权利保护的国际法研究》，博士学位论文，华东政法大学，2009 年。

徐亮：《论隐私权》，博士学位论文，武汉大学，2005 年。

姚岳绒：《宪法视野下的个人信息保护》，博士学位论文，华东政法大学，2011 年。

杨咏婕：《个人信息的司法保护研究》，博士学位论文，吉林大学，

2013 年。

张涛:《个人信息权的界定及其民法保护——基于利益衡量之展开》,博士学位论文,吉林大学,2012 年。

郑志平:《国家与社会关系视角下的中国虚拟社会治理方式创新研究》,博士学位论文,吉林大学,2016 年。

(五) 网络资料、电子文献

《保护 "被遗忘权" 日本法院要求谷歌删除旧新闻》,凤凰网,http://news.ifeng.com/a/20160229/47621921_ 0.shtml。

《法国互联网个人数据保护对我国启示》,中国信息产业网,http://www.cnii.com.cn/internet/content/2011 - 07/13/content_ 893633.htm。

《新刑诉法视野下构建 未成年人前科消灭制度》,中国法院网,http://www.chinacourt.org/article/detail/ 2013/09/id/1083484.shtml。

《中国互联网用户数 7.21 亿全球第一,韩国普及率 98.8% 居首》,中洁网,http://www.jieju.cn/News/20160918/Detail792114.shtml。

二　外文文献

(一) 英文著作

Arthur R.Miller, *Personal Privacy in the Computer Age*: *The Challenge of New Technology in an Information - Oriented Society*. Michigan Law Review Press, 1969.

Alessia Ghezzi and Ângela Guimarães Pereira and Lucia Vesnic "−Alujevic", *The Ethics of Memory in a Digital Age*.London: Palgrave Macmillan UK Press, 2014.

David Lyon, *The Electronic Eye*: *The Rise of Surveillance Society − Computers and Social Control in Context*.Polity Press, 1994.

Daniel J.Solove, *The Future of Reputation*: *Gossip*, *Rumor*, *and Privacy on the Internet*.Yale University Press, 2008.

Erving Goffman, *Stigma*: *Notes on the Management of Spoiled Identity*. Touchstone Press, 1986.

Gutwirth, Serge and Leenes, Ronald and Hert Paul de, *Reforming European Data Protection Law*.Berlin: Springer Netherlands Press, 2015.

H.L.A.Hart, *The Concept of Law*, Second Edition.Oxford: Oxford University Press, 1994.

Joseph Raz, *The Authority of Law*: *Essays on Law and Morality*, 2nd ed. Oxford: Oxford University Press, 2009.

Kristen J.Mathews, *Proskauer on Privacy*: *A Guide to Privacy and Data Security Law in the Information Age*. Practicing Law Institute Press, 2011.

SergeGutwirth and Yves Poullet and Paul De Hert and Ce'cile de Terwangne and Sjaak Nouwt, *Reinventing Data Protection*. Berlin: Springer Netherlands Press, 2009.

Viktor Mayer Schoinberger, *Delete*: *The Virtue of Forgetting in the Digital Age*.Princeton: Princeton University Press, 2011.

WoodrowHartzog, *The Value of Modest Privacy Protections in a Hyper Social World*, 12 *Colorado Technology Law Journal* (2014) 333.

（二）英文期刊

Adam Thierer,"The Pursuit of Privacy in a World Where Information Control Is Failing", *Harvard Journal of Law & Public Policy*, Vol.36, 2013, p.421.

Adam Byrne,"European Data Protection Uncapped: A Critical Analysis of Google Spain v.AEPD", *Loy.L.A.Int'l & Comp.L.Rev.*, Vol.38, 2016.

Aidan Forde,"Implications of the Right to Be Forgotten", *Tul.J.Tech.& Intell.Prop.*, Vol.18, 2015.

Alexis M. Peddy, "Dangerous Classroom Apptitude: Protecting Student Privacy from Third-Party Educational Service Providers", *BYU Education & Law Journal*, Vol.25, 2017.

Alexander Tsesis, "The Right to be Forgotten and Erasure, privacy, data brokers, and the indefinite of data", *RT*, 2014.

Allyson Haynes Stuart, " Google Search Results: Buried If Not Forgotten", *The North Carolina Journal of Law & Technology*, Vol. 15, 2014.

A.M. Klingenberg, "Catches to the right to be forgotten, looking from an administrative law perspective to data processing by public authorities", *International Review of Law, Computers & Technology*, Vol.30, 2016.

Anna Bunn, "The curious case of the right to be forgotten", *Computer Law & Security Review*, 2015.

Ashley Massenger, "What would a 'Right to Be forgotten' mean for media in the United States?", *Communications Lawyer*, 2012.

Benjamin Strauss, "Online Tracking: Can the Free Market Create Choice Where None Exists", *Chicago – Kent Journal of Intellectual Property*, Vol.13, 2013.

Bert – Jaap Koops, "Forgetting Footprints, Shunning Shadows.A Critical A-nalysis of 'the Right to be Forgotten' in Big Data Practice", *SCRIPTed*, Vol.8, No.3, 2011.

Brendan van Alsenoyand Marieke Koekkoek, "The extra – territorial reach of the EU's right to be forgotten", *Center for It & IP Law*, Vol. 20, 2015.

Brian Geremia, "Chapter 336: Protecting Minors'Online Reputations and Preventing Exposure to Harmful Advertising on the Internet", *McGeorge Law Review*, Vol.45, 2013.

Cécile de.Terwangne, "Internet Privacy and the Right to be Forgotten/Right to Oblivion", *Revista de internet, derechoy política*, 2012.

Chelsea E.Carbone, "To Be or Not to Be Forgotten: Balancing the Right to Know with the Right to Privacy in the Digital Age", *Virginia Journal of Social Policy & the Law*, Vol.22, 2015.

Christopher Kuner, "The Court of Justice of the EU Judgment on Data Protection and Internet Search Engines", *LSE Law*, *Society and Economy Working Papers*, Vol.3, 2014.

Christopher Rees and Debbie Heywood, "The ' right to be forgotten' or the principle that has been remembered", Computer Law & Security Review, Vol.30, 2014.

Curtis A. Bradley, "Whaling in the Antarctic (Australia v Japan: New Zealand intervening), *Am. J. Int'l L.*, Vol.108, 2014.

David H. Flaherty, "Controlling Surveillance: Can Privacy Protection Be Made Effective?", Philip E. Agre and Marc Rotenberg eds., *Technology and Privacy: The New Landscape*, Massachusetts: The MIT Press, 1998.

Douwe Korff, "EC Study on Implementation of Data Protection Directive", *Comparative Summary of National Law*, Vol.34, 2002.

Dylan Peterson, "Edtech and Student Privacy: California Law as a Mode", *Berkeley Tech. L. J.*, Vol.31, 2016.

Edward L. Carter, "Argentina's Right to be Forgotten", *Emory International Law Review*, Vol.27, 2013.

Edward Lee, "The Right to Be Forgotten v. Free Speech", *A Journal of Law and Policy*, Vol.12, 2015.

Elena Esposito, "Algorithmic memory and the right to be forgotten on the web", *Big Data & Society*, 2017.

Elisabeth Logeaisand Jean-Baptiste Schroeder, "French Right of Image: An Amiguous Concept Protecting the Human Person", *Loyola of Los Angeles Entertainment Law Review*, Vol.18, 1998.

Erin Murphy, "Databases, Doctrine & Constitutional Criminal Procedure", *Fordham Urban Law Journal*, Vol.37, 2010.

Erik Werfel, "What Organizations Must Know about the Right to be Forgotten", *Information Management*, 2016.

E. Wesley Campbell, "But It's Written in Pen: The Constitutionality of California's Internet Eraser Law", *Columbia Journal of Law and Social Problems*, Vol.48, 2015.

Felicity Gerry, "The Rule of Law Online: You Can't Steal Cakes that Google Hasn't Baked!", *Jounal of Internet Law*, 2015.

Franz Werro, "The Right to Inform v.the Right to be Forgotten: A Transatlantic Clash", *Georgetown University Center for Transnational Legal Studies Colloquium*, Vol.2, 2009.

Francisco J. Urbina, "A Critique of Proportionality", *Am. J. Juris.*, Vol. 57, 2012.

Francoise Gilbert, "The Right of Erasure or Right to be Forgotten: What the Recent Laws, Cases, and Guedelines Mean for Global Companies", *Journal of Internet Law*, Vol.18, 2015.

Gabriela Zanfir, "Tracing the right to be forgotten in the short history of data protection law: The 'new clothes' of an old right", Serge Gutwirth, Ronald Leenes, Paul de Hert ed., *Reforming European Data Protection Law*, Springer, 2015.

Gertrude N. Levine and Samuel J. Levine, "Internet Ethics, American Law, and Jewish Law: A Comparative Overview", *Journal of Technology Law & Policy*, Vol.21, 2016.

Giancarlo F.Frosio, "Right to be Forgotton: Much Ado about Nothing", *COLO. TECH. L. J.*, Vol.15, 2017.

Giorgio Pino, "The Right to Personal Identity in Italian Private Law: Constitutional Interpretation and Judge- Made Rights", *The Harmonization of Private Law In Europe*, M.Van Hoecke and F.Ost, eds., Hart Publishing, Oxford, 2000.

Giovanni Sartor, "The right to be forgotten in the Draft Data Protection Regulation", *International Data Privacy Law*, Vol.5, 2015.

Hans Graux and JefAusloos and Peggy Valcke, "The Right to Be Forgotten in the Internet Era", *ICRI Research Paper*, Vol.11, 2012.

Herke Kranenbor, "Google and the Right to Be Forgotten", *Eur. Data Prot.L.Rev.*, Vol.1, 2015.

James Q.Whitman, "The Two Western Cultures of Privacy: Dignity Versus Liberty", *The Yale Law Journal*, Vol.113, 2004.

Jane K. Winn, "Technical Standards as Data Protection Regulation", Serge Gutwirth, Yves Poullet, Paul De Hert, Cécile de Terwangne, Dr.Sjaak Nouwt (eds.), *Reinventing Data Protection*, Springer Netherlands Press, 2009.

Jaclyn Kurin, "Does the Internet Eraser Button for Youth Delete First Amendment Right of Others", *Revista de Investigacoes Constitucionais*, Vol.4, 2017.

James Lee, "SB 568: Does California's Online Eraser Button Protect the Privacy of Minors?", *University of California, Davis Law Review*, Vol. 48, 2015.

Jeffrey Abramson, "Searching for Reputation: Reconciling Free Speech and the Right to Be Forgotten", *N.C.J.L.& Tech.*, Vol.17, 2015.

Jeffrey Rosen, "The Web Means the End of Forgetting", *NYTimes*, 2010.

Jessica Ronay, "Adults Post the Darndest Things: Freedom of Speech to Our Past", *University of Toledo Law Review*, Vol.46, 2014.

Jean-Francçois Blanchetteand Deborah G.Johnson, "Data Retention and the Panoptic Society: The Social benefits of Forgetfulness", *The Information Society*, Vol.18, 2002.

Jordan D.Brougher, "The Right to Be Forgotten Applying European Privacy Law to American Electronic Health Records", *Indiana Health Law Review*, Vol.13, 2016.

John W.Dowdell, "An American Right to Be Forgotten", *Tulsa Law Review*, Vol.52, 2017.

Joshua Fairfield, "Virtual Property", *Boston University Law Review*, Vol. 85, 2005.

Joy Liddicoat, "The Right to be Forgotton", *NZLS CLE Conference*, 2015.

Julia Kerr, "What is a Search Engine? The Simple Question the Court of Justice of the European Union Forgot to Ask and What It Means for the Future of the Right to be Forgotten", *Chicago Journal of International Law*, Vol.17, 2016.

Julia Powles, "The Case That Won't Be Forgotten", *Loyola University Chicago Law Journal*, Vol.47, 2015.

Julian Rivers, "Proportionality and Variable Intensity of Review", *Cambridge L.J.*, Vol.65, 2006.

Katharine Larsen, "Europe's 'Right to Be Forgotten' Regulation May Restrict Free Speech", *First Amedment & Media Litig*, Vol.17, 2013.

Kimberly A.W.Peaslee, "Does the United States Need a Right to Be Forgotten?", 33 *The Computer & Internet Lawer*, Vol.33, 2016.

Kieron O.Hara and Nigel Shadbol, "The Right to be Forgotten Its Potential Role in a Coherent Privacy Regime", *Eur. Data Prot. L. Rev.*, Vol. 1, 2015.

Kristie Byrum, "The European right to be forgotten: A challenge to the United States Constitution's First Amendment and to professional public relations ethics", *Public Relations Review*, Vol.43, 2017.

Kyu Ho Youm and Ahran Park, "The Right to Be Forgotten in European Union Law, Data Protection Balanced with Free Speech", *Journalism & Mass Communication Quarterly*, Vol.93, 2016.

Lawrence Siry, "Forget Me, Forget Me Not: Reconciling Two Different Paradigms of the Right to Be Forgotten", *Kentucky Law Journal*, Vol. 103, 2014.

Liam J. Bannon, "Forgetting as a Feature, not a Bug: The Duality of

Memory and Implications for Ubiquitous Computing", *CoDesig*, Vol. 2, 2006.

Lisa Owings, "The Right to Be Forgotten", 9 *Akron Intellectual Property Journal*, Vol.37, 2015.

Luke M. Milligan. "The Forgotten Right to Be Secure", *Hastings L. J.*, Vol.65, 2014.

Maria Angela Biasiotti and Sebastiano Faro, "The Italian perspective of the right to oblivion", *International Review of Law, Computers & Technology*, Vol.30, 2016.

Meg LetaAmbrose and Jef Ausloos, "The Right to Be Forgotten Across the Pond", *Journal of Information Policy*, Vol.3, 2013.

Meera E. Deo, "Empirically Derived Compelling State Interests in Affirmative Action Jurisprudence", *Hastings L.J.*, Vol.65, 2014.

Mei Ning Yan, "Protecting the Right to be Forgotten: Is Mainland China Ready?", *Eur. Data Prot. L. Rev.*, Vol.1, 2015.

Michael Douglas, "Questioning the Right to be Forgotten", *Alternative L. J.*, Vol.40, 2015.

Michael J. Kelly and David Satola, "The Right to be Forgotten", *Univesity of Illinois Law Review*, 2017.

Michael L. Rustad and Sanna Kulevska, "Reconceptualizing the Right to Be Forgotten to Enable Transatlantic Date Flow", *Harvard Journal of Law and Technology*, Vol.28, 2015.

Mike Wagner and Yun Li-Reilly, "The Right to be Forgotten", *Advocate Vancouver*, Vol.72, 2014.

Miquel Peguera, "In the aftermath of Google Spain: how the 'right to be forgotten' is being shaped in Spain by courts and the Data Protection Authority" *International Journal of Law and Information Technology*, Vol.23, 2015.

Mozelle W. Thompson, "US/EU Safe Harbor Agreement: What It Is and

What It Says About the Future of Cross Border Data Protection",
Privacy Regulation, 2003.

Nicolae Dragoq, "Google Spain Decision—An Analysis of the Right to Be
Forgotten—A Regression from Past Interpretations of ECJ", *AUB
DREPT*, 2016.

Paul Lanois, "Time to Forget: EU Privacy Rules and the Right to Request
the Deletion of Data on the Internet", *Journal of Internet Law*, 2014.

Paul M.Schwartz, "The EU-U.S.Privacy Collision: A Turn to Institutions
and Procedures", *Harvard Law Review*, Vol.126, 2013.

Paul Schwartz, "The Computer in German and American Constitutional
Law: Towards an American Right of Informational Self -
Determination", *American Journal of Comparative Law*, Vol.
37, 1989.

Patricia Sdnchez Abril and Jacqueline D.Lipton, "The Right to be Forgot-
ten: Who Decides What the World Forgets", *Ky. L. J.*, Vol.
103, 2015.

Patrick O.Callaghana and Sylvia de Mars, "Narratives about privacy and
forgetting in English law", *International Review of Law, Computers &
Technology*, Vol.30, 2016.

R.George Wright, "The Right to Be Forgotten: Issuing a Voluntary Re-
call", *Drexel L.Rev.*, Vol.7, 2015.

Ravi Antani, "The Resistance of Memory: Could the European Union's
Right to Be Forgotten Exist in the United States", *Berkeley Tech.L.J.*,
Vol.30, 2015.

Randall P.Bezanson, "The Right to Privacy Revisted: Privacy, News and
Social Change", California Law Review, Vol.80, 1992.

Robert Lee Bolton, "The Right to be Forgotten: Forced Amnesia in a
Technological Age", *J. Marshall J. Info. Tech. & Privacy L.*, Vol.
31, 2015.

Robert G. Larson, "Forgetting the First Amendment: How Obscurity-Based Privacy and a Right to Be Forgotten Are in Compatible with Free Speech", *Communicational Law and Policy*, Vol.18, 2013.

Ruslan Nurullaev, "The Right to Be Forgotten in the European Union and Russia: Comparison and Criticism", *Higher School of Economics Research*, Vol.54, 2015.

Samuel W. Royston, "The Right to Be Forgotten: Comparing U.S. and European Approaches", 48 *St. Mary's Law Journal*, Vol.48, 2016.

Saif Shahin, "Right to be Forgotten, How National Identity, Political Orientation, and Capitalist Ideology Structured a Trans-Atlantic Debate on Information Access and Control", *Journalism & Mass Communication Quarterly*, Vol.93, 2016.

Simon Wechsler, "The Right to Remember: The European Convention on Human Rights and the Right to Be Forgotten", *Columbia Journal of Law and Social Problems*, Vol.49, 2015.

Sonia E. Rolland, "Google Spain SL v. Agencia Espanola de Proteccion de Datos (AEPD)", *Am. J. Int'l L.*, Vol.108, 2014.

Stephen J. Astringer, "The Endless Bummer: California's Latest Attempt to Protect Children Online Is Far outside Effective", *Notre Dame Journal of Law, Ethics & Public Policy*, Vol.29, 2015.

Stefan Kulk and Frederik Zuiderveen Borgesius, "Freedom of Expression and 'Right to Be Forgotten' Cases in the Netherlands after Google Spain", *Eur. Data Prot. L. Rev.*, Vol.1 2015.

Stephanie Frances Panzic, "Legislating for E-Manners: Deficiencies and Unintended Consequences of the Harmful Digital Communications Act", *Auckland U. L. Rev.*, Vol.37, 2015.

Thomas Hale Kupiec, "Immortal Invasive Initiatives: The Need for a Genetic Right to Be Forgotten", *MINN. J. L. SC. & TECH.*, Vol.17, 2016.

Vivian Reding, "The Upcoming Data Protection Reform for the European

Union", *International Data Privacy Law*, Vol.1, 2011.

W. Gregory Voss, "The Right to be Forgotten in the European: Enforcement in the Court of Justice and Amendment to the Proposed General Data Protetion Regulation", *Journal of Internet Law*, 2014.

W.GregoryVoss and Celine Castets-Renard, "Proposal for an International Taxonomy on the Various Forms of the Right to Be Forgotten: A Study on the Convergence of Norms", *Telecomm. & High Tech. L.*, Vol. 14, 2016.

索　引